Jodocus D. H Temme

Wer steht, der sehe zu, auf dass er nicht falle

Die Mühle am schwarzen Moor - Zwei Erzählungen

Jodocus D. H Temme

Wer steht, der sehe zu, auf dass er nicht falle
Die Mühle am schwarzen Moor - Zwei Erzählungen

ISBN/EAN: 9783742890382

Hergestellt in Europa, USA, Kanada, Australien, Japan

Cover: Foto ©Thomas Meinert / pixelio.de

Manufactured and distributed by brebook publishing software
(www.brebook.com)

Jodocus D. H Temme

Wer steht, der sehe zu, auf dass er nicht falle

Wer steht,
der sehe zu, auf daß er nicht falle.

Die Mühle am schwarzen Moor.

———•———

Zwei Erzählungen

von

J. D. H. Temme.

New-York.

E. Steiger.

1864.

Wer steht, der sehe zu, auf daß er nicht falle.

Es herrschte die volle Stille und Dunkelheit der Nacht.

Auch das Schloß lag still und dunkel da. Kein Fenster in dem großen schönen Gebäude war erleuchtet; kein Laut drang aus seinem Innern heraus. Eben so lautlos und tief finster war es rund umher, auf dem weitläufigen Hofe, in dem Parke, der unmittelbar hinter dem Schlosse nach allen Seiten sich weit ausdehnte. Nur an einer einzigen Stelle sah man Leben und Bewegung.

Ein Nebenpförtchen an der Rückseite des Schlosses führte vermittelst einer kleinen schmalen Freitreppe in den Park.

Oben auf der Freitreppe stand eine Mannesgestalt. Der Mann hatte sich an den Pfosten der Thür, fast in die Thür, hineingedrückt. So konnte, wer auch nahe vorbeikam, ihn in der Dunkelheit nicht gewahren. Er stand wie auf Wache, er wartete auf etwas. Er war zuletzt ungeduldig geworden. Da bewegte er sich, aber vorsichtig, leise, unhörbar. Er lauschte durch die Thür nach innen; er bog den Kopf vor, um oben nach einem Fenster hinauf zu sehen.

Die Fenster blieben dunkel. Aber im Innern des Gebäudes mußte er etwas gehört haben. Er trat einen Schritt weit aus der Thüre heraus.

Im Augenblicke nachher hörte man in der Thür sich leise einen Schlüssel drehen.

Der Mann trat zu ihr zurück.

„Amalie!“ flüsterte er.

Die Thür wurde von innen geöffnet.

Eine Frauengestalt trat hervor, schnell, rasch, eilig.

„Endlich!“ sagte sie.

5

Sie ergriff die Hand des Mannes. Sie wollte mit ihm die Stufen der Treppe hinunter eilen.

„Einen Augenblick!" sagte leise der Mann.

Sie stand.

Er wandte sich nach der Thür zurück, die offen geblieben war. Er zog sie zu, er verschloß sie; den Schlüssel steckte er zu sich.

„Wozu die Vorsicht?" fragte die Frau.

„Wir sind um so sicherer."

„Sicher?" rief die Frau. „Ich bin frei. Endlich, endlich! Und nun fort! Fort für immer! Für alle Zeit!"

Sie rief es laut.

Wenn das Herz jubelt und aufjauchzen muß, dann kann der Mund nicht leise reden. Sie umschlang den Mann, sie flog mit ihm die Treppe hinunter. Sie eilten in ein Bosket, das wenige Schritte vor ihnen sich ausbreitete. Zwischen den Bäumen und Gesträuchen machte die Frau Halt. Sie zog ein Kästchen hervor. Sie übergab es dem Mann.

„Hier, Max. Verwahre es wohl."

„Was ist darin, Amalie?"

„Unser Vermögen. Nein, Deines. Es gehört ja Alles Dir. Es ist eine halbe Million, in Banknoten, in Juwelen."

„Amalie!" sagte der Mann zweifelnd, ungewiß. Ihre großen dunkeln Augen blitzten durch das Dunkel der Nacht.

„Du hälst mich für eine Diebin?" rief sie stolz. „Es ist Alles mein! Noch mehr gehörte mir."

Der Mann steckte das Kästchen zu sich.

„Verzeihe mir, Amalie."

Er wollte weiter. Jetzt hielt sie ihn auf.

„Halt, Max! Drei Worte vorher. Liebst Du mich?"

„Amalie!" sagte der Mann wieder, aber vorwurfsvoll.

„Du hast Recht, Max," rief sie. „Aber wirst Du mich immer lieben? — Antworte noch nicht. Schwöre nicht! Du willst es, Du sollst es! Du sollst mir schwören, daß Du mich immer lieben, daß Du mich nie und nimmer verlassen willst, es möge kommen und geschehen was wolle, oder Du sollst —. Doch vorher höre mir zu! Erst dann will ich Deinen Schwur oder, Max, Deine That."

Sie war in Aufregung, in Leidenschaft. Es war eine heftige, glühende Leidenschaft, aber es war auch etwas Großes, Hohes darin. So fuhr sie fort:

„Ich liebe Dich, Max, wie nie wieder ein Weib Dich lieben kann. Ich mußte Dich so lieben, ich muß es immer und immer. Ich mußte Dein, Du mußtest mein sein, oder der Wahnsinn hätte mich erfassen müssen. Du bist mein, wir gehören einander. Ich mußte Abschied von allem Andern nehmen, das in diesem Leben mein war, dem ich angehöre — dem ich angehörte. Ich mußte es, denn nur Dir allein, nur Dir ganz wollte, konnte, mußte ich angehören. Ich habe den Abschied genommen, heute, so eben, in dieser Stunde, auch von meinem —. Ach, Max, es war ein schwerer Abschied, das Herz blutete mir — aber Du siehst mich an Deiner Seite voll Liebe, voll Glück in meiner Liebe. Aber auch in Deiner Liebe, Max. Könnte sie mir einmal fehlen, könnte sie erkalten, könnte ich Dir gleichgültig werden, könntest Du mich verlassen — Max, wie ich jetzt wahnsinnig werden könnte vor Glück, vor Liebe, vor Seligkeit, so würde dann der furchtbarste Wahnsinn des furchtbarsten Elends, die Raserei der Verzweiflung mich ergreifen. Und nun schwöre mir, Max, schwöre mir Liebe, Treue, schwöre mir, daß Dein Herz mich lieben soll bis zum Tode, über den Tod hinaus, über Deinen, über meinen Tod. Und kannst Du es nicht schwören, kannst Du dem eigenen Herzen nicht vertrauen, ist es Dir Wahnsinn, jetzt schon Raserei der Liebe, was ich von Dir fordere, dann — hier, nimm dies, stoße mich nieder, stoße mit dem Herzen, das mich noch liebt, mir das Messer in das Herz, das immer und ewig nur Dich, nur Dich allein lieben kann. Laß mich jetzt sterben, da Du mich noch liebst, in Deinen Armen, an Deinem Herzen. Und nun wähle, Max! Aber prüfe Dich, schwöre nicht falsch — o, tausendmal lieber tödte mich.“

Sie hatte einen Dolch hervor gezogen; sie wollte ihn seinen Händen aufdringen. Ihre Augen flammten, ihr Gesicht war bleich, ihr Busen wogte. Aber kein Weib konnte schöner sein, als sie es war, in oder trotz dieser Aufregung und Leidenschaft. So leuchtete sie wie ein wunderbares Bild der Schönheit in der dunklen Nacht. Und an dem schönen Weibe hingen trunken die Blicke des jungen Mannes.

„Behalte den Dolch, Amalie,“ sagte er. „Ich schwöre Dir, was Du verlangtest. Liebe und Treue bis zum Tode, über den Tod hinaus, so wahr Gott meiner Seele gnädig sein wolle.“

„Und so sei Gott Deiner Seele gnädig!“ sprach sie feierlich.

Dann ergriff die Gluth der Leidenschaft sie wieder.

„Mensch, Mensch, wie liebe ich Dich! So hat nie ein Weib einen Mann geliebt! So kann nie wieder ein Weib lieben!“

Sie schlang ihre beiden Arme um seinen Nacken, sie preßte ihn an sich, ihre Lippen auf seinen Mund. Und der junge Mann umschlang sie, das hohe, schlanke und doch so üppige, schöne Weib, und seine Lippen brannte auf den ihrigen.

„Und nun fort!" rief sie dann. „Wir gehören uns für unser Leben. Uns kann nichts mehr trennen."

Sie sprach es ruhig, groß, edel. Konnte dieses Weib mit der wilden, unbändigen Leidenschaft edel sein?

Sie eilten weiter in den Park hinein. Der junge Mann machte den Führer. Er suchte verborgene, zwischen Spalieren sich windende, durch Gebüsche sich schlängende Pfade auf. Er war aufmerksam auf Alles. Sie mußten Gefahr befürchten. Sie sprachen nicht davon. Sie eilten in Stille und Dunkel der Nacht durch den weiten Park. Sie kamen an das Ende des Parks. Eine Hecke umschloß ihn. Sie gingen an ihr entlang. Hinten, wo sie sich bog, war ein Pförtchen. Nach dem Pförtchen lenkten sie ihre Schritte. Sie gingen langsamer, leiser, vorsichtiger. An den Park gränzte die kleine Stadt. Unmittelbar jenseits der Hecke lief ein Weg, der um den ehemaligen Stadtwall führte. Der Wall war schon vor Jahren abgetragen und mit den Gärten vereinigt, die zu den äußersten Häusern der Stadt gehörten. In dem Wege jenseits der Hecke konnten Menschen sein. In den Gärten konnte noch waches Leben herrschen. Die Mitternacht war zwar vorüber, aber es war eine warme, würzig duftende Frühlingsnacht. In einigen Häusern sah man noch Licht.

Nach einem der Lichter zeigte die Frau. „Das Haus Deiner Mutter, Max!"

„Und, Amalie, die Wiege unserer Liebe!"

„Von dort aus sahst Du mich zum ersten Male."

„Und ich liebte Dich, wie ich Dich sah."

„Und auch ich hatte Dich gesehen, und Dein Bild, Deine edle Gestalt, Deine Augen voll Muth, voll Treue, voll ächter Manneskraft, das Alles erfüllte mein Herz, meine ganze Seele, war seitdem mein Wachen, mein Träumen, mein Leben."

„War es anders mit mir, Amalie?"

„Und ich mußte Dein werden, Max, von dem Augenblicke an. Das stand fest in meiner Seele. Und ein Anderes war plötzlich auf einmal klar in mir geworden. Ich war bisher nur unglücklich gewesen, tief, schwer unglücklich, aber das Schmachvolle meiner Fesseln hatte ich nicht gefühlt. Auch das, das allein, stand auf einmal vor mir, brennend, mit Flammenzügen mich verzehrend. Ich fühlte die wildeste Gluth der Scham in meinem Gesichte brennen. Ich konnte vor Deinem edlen Bilde die Augen nicht aufschlagen. Aber ich mußte sie doch wieder zu Dir erheben. Deine hohe Gestalt, Dein blitzender Muth, Deine Mannesehre, die aus Deinem ganzen Wesen sprach, sie richteten in dem Augenblicke, da sie mich niederdrückten, zugleich mich wunderbar wieder auf, und mit anderen Flammenzügen stand es auf einmal wieder in meinem Herzen geschrieben: nur er, nur er kann mich aus dieser Schmach befreien, und er muß, er wird es, wenn ich nicht im Wahnsinn mir den Dolch in die Brust stoßen soll. Und Du hast mich befreit, gerettet, die Entehrte, Verworfene!"

„Die Entehrte? die Verworfene?" sagte der junge Mann. „Was macht Dich so ungerecht gegen Dich, Amalie. Du warst die Gattin eines Verworfenen. Konnte das Dich verworfen machen? Dich, Reine, Edle —?"

In der schönen Frau zuckte plötzlich etwas heftig auf.

„Max!" rief sie. Aber als sie mehr sagen wollte, zitterte ihre Stimme, und sie mußte nach ihrem Herzen greifen, als wenn ein furchtbarer Schmerz es ihr zersprengen wollte. In ihren Augen standen Thränen. Ihr Schritt war langsamer geworden. Sie mußte ihn ganz hemmen. Sie nahm sanft die Hand des jungen Mannes; sie legte sich weich an seine Brust und sagte mit ruhiger, klarer, inniger Stimme:

„Nicht wahr, Du theurer Mann, ich bin Dein und Du bist mein und so soll es immer bleiben?"

Und der junge Mann drückte fast feierlich einen Kuß auf ihre Stirn und erwiederte ihr fest und treu: „So ist es, Amalie, und so soll es bleiben, immer und immer.

Sie blieb ruhig. Er wurde stiller und glücklicher an ihrer Seite. So gingen sie weiter. Er sollte noch glücklicher werden.

Sie waren nur noch wenige Schritte von dem Pförtchen entfernt, durch das sie den Park verlassen mußten. Sie waren gerade dem Hause gegenüber, nach dem vorhin die Frau gezeigt hatte, als dem Hause der Mutter des jungen Mannes. Sie konnten es noch deutlicher sehen. Nur ein einziges Fenster war darin und nur schwach erhellt. Nach dem Fenster richtete die Frau wieder ihren Blick.

„Deine Mutter schläft dort, Max? fragte sie ihren Begleiter.

„Es ist das Stübchen meiner Schwester," antwortete der junge Mann. „Und —" wollte er fortfahren, aber er brach ab.

„Und sie schläft nicht, Max?" sagte die Frau.

„Sie schläft nicht."

„Aber sie arbeitet!"

„Sie arbeitet — für ihre Mutter."

Der junge Mann sagte es wehmüthig und doch so stolz.

„Max!" sagte die Frau.

„Was wünschest Du, Amalie?"

„Ich leite die Scheidung gegen meinen Mann ein. Wir werden dann eheliche, treue Ehegatten werden."

„Wir werden es mit Gottes Hülfe werden, Amalie."

„Wir sind reich; Du trägst eine halbe Million bei Dir. Wir suchen den schönsten Fleck der Erde auf, um uns darauf niederzulassen. Er soll uns zur Heimath der Liebe, des Glückes werden, und damit er das ganz werde, darf Deine Schwester nicht mehr arbeiten, und Deine Mutter auch nicht mehr. Sie werden uns folgen, sie werden bei uns leben."

Auch die Augen des jungen Mannes waren feucht geworden. Er drückte warm die Hand der Frau. „Edles Herz!" rief er.

Edles Herz! — Durfte er es jenem wild leidenschaftlichen Herzen zurufen, der Frau, die sich ihm eine Entehrte, eine Verworfene genannt hatte? Aber hatte nicht jenes Herz auch so still, so weich, so klar werden können? Und hatte er nicht schon ihr sagen müssen, daß sie keine Verworfene ist, weil sie die Gattin eines Verworfenen sei? Aber hatte es dann nicht doch auf einmal so heftig in ihr aufgezuckt?

„Edles Herz!" rief er. Du denkst an sie, und Du hast Dein Kind, Dein einziges, Dein hülfloses Kind verlassen müssen, das jener Unmensch um Deinetwillen—"

Die Frau unterbrach ihn.

„Mache mir das Herz nicht schwer, Max." Ihre Stimme zitterte doch wieder.

„Nein, nein," rief er. „Aber muß ich Dir denn nicht sagen, daß Du das schwerste Opfer gebracht hast, das eine Frau bringen kann, das Opfer des Mutterherzens, und daß Du mir das Opfer gebracht hast, und daß mein Herz nie Dir dankbar genug dafür wird sein können?"

„Liebe mich nur, Max," sagte die Frau. „Liebe mich nur immer mit Deinem braven treuen Herzen."

„Und das werde ich.“

Sie hatte es wieder ruhig und innig gesprochen. So hatte er ihr geantwortet. Sie hatten sich an den Händen angefaßt. Hand in Hand gingen sie schweigend weiter.

Der junge Mann war ganz glücklich in seiner Liebe zu dem schönen Weibe, das mit der vollen Gluth des kräftigen und edeln Herzens — hatte er ihr Herz anders als edel kennen gelernt? — ihn wieder liebte.

Und sie — ja auch ihr Herz war nur glücklich, selig, mit jener Kraft, mit jener Gluth konnte, mußte es so sein, trotz des Opfers, dessen Erinnerung auf einen Augenblick ihr Glück hatte trüben wollen.

Sie gingen, Hand in Hand, still, glücklich, weiter. Sie erreichten das Pförtchen. Sie machten Halt an ihm. Die Frau zog einen Schlüssel hervor. Der junge Mann nahm ihn, um das Pförtchen aufzuschließen.

Vorher spähte er durch das Gitter in den Weg auf der andern Seite. Es war Alles still dort. Es schien Alles sicher zu sein. Er wollte den Schlüssel in das Schloß des Pförtchens stecken. Aber der Schlüssel ging nicht hinein.

„Der Schlüssel paßt nicht,“ sagte er zu der Frau.

„Aber es ist der rechte. Ich habe immer damit aufgeschlossen.“

Er versuchte den Schlüssel noch einmal. Es war noch einmal vergeblich. Sie nahm ihn. Auch ihr Versuch schlug fehl.

„Was ist das?“

Sie untersuchten das Schloß.

„Ach, es steckt ein Schlüssel darin — auf der andern Seite.“

„Mein Mann!“ rief die Frau.

„Es wäre sein Schlüssel?“ fragte der junge Mann.

„So kann es nur sein, und dann wäre er in der Nähe und —“

Sie hatte ihre Stimme gedämpft, sie schwieg ganz.

„Du erwartetest ihn vor zwei Uhr Morgens nicht zurück,“ sagte der junge Mann.

„Er kommt nie früher.“

„Und wir haben noch nicht ein Uhr. Hätte ein Verdacht ihn früher zurückführen können?“

„Unmöglich — und doch, wer kann es wissen?“

„Warum hätte er dann den Schlüssel in der verschlossenen Thür zurückgelassen?“

„Auch ich begreife es nicht.“

„Kehren wir um," sagte der junge Mann entschlossen.

„Wohin?"

„Nach der andern Seite des Parks. Ich kenne dort eine Oeffnung in der Hecke."

„Aber wir sind dort weiter von der Gränze entfernt, und wenn mein Mann wirklich in der Nähe ist und wir verfolgt werden —"

„Gerade auf jener Seite wird er uns nicht vermuthen."

Die Frau hatte keine Einwendungen mehr. Sie folgte dem jungen Manne. Sie war von der Hecke zurückgetreten. Sie horchten noch eine Weile nach ihr hin. Sie hörten nichts. Sie kehrten nach der Mitte des Parks zurück. Dann schlugen sie sich rechts einem kleinen Gehölze zu. Sie gingen eilig, sie sprachen im Gehen nur über das Nächste.

„Durch das Pförtchen hätten wir in gerader Richtung die Gränze gewinnen können; wir wären in zehn Minuten da gewesen."

„Und jetzt?" fragte die Frau.

„Müssen wir einen Umweg von fast einer halben Stunde machen. Aber wir haben den Vortheil, immer im Walde zu bleiben. Das Park=gehölz, in dem wir gehen, schließt sich unmittelbar an den Gränzwald an. Nur eine Hecke, vielmehr ein Zaun trennt sie.

Und in dem Zaun kennst Du eine Oeffnung?"

„Ich habe sie selbst gemacht, um unbemerkt in den Park und zu Dir kommen zu können. Sie ist kaum zu sehen. Zudem verdeckt ein Flie=der sie, der dort unmittelbar an dem Zaune steht, und in der Nähe ist weder Weg noch Steg."

„Wir wären also sicher?"

„Vollkommen. Du mußt nur länger und unbequemer in der finstern Nacht auf dem unebenen Waldboden gehen."

„Dein Arm wird mich desto länger und sicherer stützen."

„Sie lächelte ihm freundlich zu. Sie legte schon jetzt ihren Arm fester in den seinigen. Er drückte ihre Hand. Sie waren Beide wieder ruhig; sie waren nur einen Augenblick besorgt gewesen. Sie erreichten den Zaun des Parks. Sie sahen an dem Zaun einen Flieder vor sich. Er blühte schon. Die weißen Blüthen leuchteten ihnen hell durch die Nacht entgegen. Sie waren das Einzige, was in der doppelten Dun=kelheit der Nacht und des Waldes zu unterscheiden war. Die tiefste Stille herrschte in dieser Dunkelheit, an dem abgelegenen, von Weg und

Steg entfernten Orte. Es konnte Einem unheimlich werden, in der Dunkelheit, in der Stille, in der Abgelegenheit.

„Sind wir hier ganz sicher?" fragte die Frau.

„Vollkommen," wiederholte der junge Mann. „Ich bin hier noch nie einem Menschen begegnet."

Sie gingen auf den weißen Flieder zu. Sie erreichten ihn. Sie blieben an ihm stehen. Sie horchten. Die tiefste Stille blieb um sie her. Es war wie eine Todtenstille.

„Komm," sagte der junge Mann.

Er flüsterte es doch unwillkürlich leise, kaum hörbar. Sie gingen an dem Flieder vorüber. Sie standen vor einer schmalen Oeffnung in dem Zaune.

„Du zitterst, Amalie," sagte der junge Mann zu seiner Begleiterin.

„Nein," erwiederte sie.

Sie zitterte doch.

„Einen Augenblick," sagte er.

„Was willst Du?"

„Ich will nachsehen, ob drüben Alles sicher ist."

Sie hielt ihn nicht zurück. Der Zaun war hoch und dicht. Um zu sehen, ob es auf der andern Seite sicher sei, mußte der junge Mann in, durch die Oeffnung treten. Er trat in sie. Er erhob den Fuß, um weiter zu gehen, einen halben Schritt nur. Er wurde zurückgehalten. Eine derbe, kräftige Faust hatte ihn an der Brust ergriffen. Eine breite Riesengestalt stand vor ihm.

„Halt!" rief der Mensch.

„Mein Mann!" taumelte die Frau zurück.

Der junge Mann lag am Boden. Die kräftige, derbe Faust hatte ihn in die Höhe gehoben, fast wie ein Spielwerk, in der Luft ihn geschüttelt, ihn dann gewaltsam niedergeworfen. Auf den Niedergeworfenen setzte der Angreifer seinen Fuß. Auf seiner Brust kniete er dann nieder. Die ganze Last seines schweren Körpers drückte auf den jungen Mann, benahm ihm Athem, Kraft, fast das Bewußtsein.

Der Angreifer lachte höhnisch über ihm, blickte höhnischer zu der leichenblassen Frau hinüber, die in der vollen Bewußtlosigkeit des plötzlichen Entsetzens da stand, an den schwachen Zweigen des Flieders ihre schwankende Gestalt zu halten suchte.

„Ha," lachte der Mensch — der Gatte der schönen, leichenblassen Frau, — „da habe ich Euch ja doch gefangen. Die Falschheit sieht scharf, die Hinterlist kann mit ihren Augen die Nacht durchbohren, aber die Eifersucht sieht schärfer und weiter als beide. Ihr sollt mir nicht entgehen. Und damit Ihr es ferner nicht könnt, komm her, Metze, und sieh', wie ein nichtswürdiger Buhle seinen Lohn empfängt."

Er hatte ein Messer in der Hand; er hielt es hoch empor, um es der Frau zu zeigen, und es dann in das Herz des Buhlen zu stoßen. Er war ein häßlicher Mensch, der Gatte der schönen, leichenblassen Frau. Groß und breit wie sein Körper, war auch das plumpe, gemeine, von Wein, Zorn und wilder Lust hochgeröthete Gesicht. Die wilde Lust war Mordlust. Mit ihr kniete er auf seinem Opfer. Der junge Mann unter ihm konnte sich nicht rühren. Der Last und der Kraft des Menschen, der auf ihm lag, waren seine plötzlich überwältigten und gelähmten Kräfte nicht gewachsen. Der Gedanke eines Widerstandes wäre der Gedanke der Ohnmacht, der Verzweiflung der Ohnmacht gewesen.

„Komm heran, Weib, Metze!" rief noch einmal, befahl der mordlustige Mann, freilich auch der beleidigte Gatte.

Und die Frau gehorchte. Sie kam heran, aber sie flog. Sie war noch leichenblaß, aber ihre Augen blitzten.

Sie gehorchte dem entsetzlichen Menschen, aber in der Hand den Dolch, den ihr vorhin der geliebte Mann ihres Herzens hatte in die Brust stoßen sollen. Sie hatte ihn aus dem Busen hervorgerissen. Er blinkte in ihrer Hand, blitzender, als ihre Augen. Mit ihm kam, flog, stürzte sie heran, warf sich auf den Mörder des Geliebten.

Und er blitzte nicht mehr in ihrer Hand.

Er steckte in dem Herzen des Mörders, des Gatten.

Sie riß ihn wieder heraus und er blinkte wieder, aber von dunkelrothem Blute, und dunkelrothes Blut spritzte hoch empor aus dem Herzen, in das er hineingestoßen war.

Der hatte morden wollen, er war selbst gemordet.

Der Ermordete sank ohne einen Laut neben dem nieder, den er hatte ermorden wollen.

Die Mörderin aber rief: „Mörder, da hast Du Deinen Lohn!"

Dann sprach sie zu dem Geliebten: „Stehe auf, Max. Gehen wir weiter."

Der junge Mann erhob sich.

„Wohin?" fragte er.

„Wohin?" sagte sie.

Ihre Augen blitzten nicht mehr. Ihr Gesicht war noch tiefblaß, aber es hatte feste Züge. Es glich einem schneeweißen Marmorgesichte. Mit den festen Zügen, mit dem ruhigen Ausdruck blickte sie auf den Ermordeten. Mit fester, ruhiger Stimme sprach sie dann zu dem Geliebten:

„Sieh' nach ihm, Max, ob er todt ist."

Der junge Mann bückte sich nieder zu dem Gemordeten.

„Er ist todt," sagte er.

„Wohl, Max, so beantworte mir zwei Fragen."

„Frage, Amalie."

„Von welcher Hand ist er gefallen?"

„Amalie, Du hast mir das Leben gerettet."

„Beantworte meine Frage. Wer hat den Mann da gemordet?"

„Amalie, es war kein Mord. Es war Nothwehr. Kein Richter in der Welt kann es anders beurtheilen, Dein eigenes Gewissen nicht."

Max, Max, Du kannst meine Frage nicht beantworten. Giebt es eine deutlichere Antwort, daß ich Mörderin bin? Und nun antworte mir auf meine zweite Frage, aber offen, offener, bei Deiner Ehre, bei Deiner Seligkeit. Kannst Du die Mörderin, die Mörderin ihres Gatten noch lieben, Max? Kann sie noch Deine Gattin werden?"

Auch der junge Mann war ruhig geworden.

„Sieh' mir in das Auge, Amalie," sagte er. Die Sterne des Nachthimmels lassen Dich darin lesen. Was siehst, was liest Du in ihnen? Siehst Du ein einziges anderes Gefühl, einen einzigen anderen Gedanken darin, als die treueste, innigste, dankbarste Liebe des Mannes, der Dir jetzt Alles zu danken hat, dem Du das Leben gerettet hast, für dessen Leben Du Dein eigenes Leben wagtest, mehr als Dein Leben einsetztest? Du scheutest einen Mord nicht, um mich zu retten. Du nahmst ihn auf Dich, aus Liebe zu mir. Du wolltest ihn auf Dich nehmen. Denn ich wiederhole es Dir, Amalie, das ist kein Mord hier. Gegen einen Mörder übt man nur Nothwehr aus. Kein Gesetz in der Welt bestimmt es anders. Du bist keine Mörderin, aber Du bist meine Retterin, an die mich jetzt, wenn es möglich wäre, noch festere, noch unauflöslichere Bande fesseln. Liest Du es in meinen Augen, Amalie, was meine Worte zu Dir sprechen?"

Er sah sie mit voller Liebe an. Sie las in seinen Augen die volle Liebe. Sie reichte ihm die Hand.

„Du liebst mich, Max," sagte sie. „Und so gehen wir."

„Wohin?" fragte er noch einmal.

„Zum Schloſſe zurück.“

„Wie?“

„Führe mich. Gieb mir Deinen Arm. Ich bin das ſchwache Weib und Du biſt der ſtarke Mann. Meine Kräfte wollen mich ver= laſſen. Hier bleiben dürfen wir nicht. Führe mich, auf dem Wege er= kläre ich Dir Alles.“

„Und der Todte?“ fragte der junge Mann.

„Er muß bleiben, wie er da liegt, ganz ſo.“

Sie nahm ſeinen Arm. Sie mußte ſich feſt darauf ſtützen. So kehrten ſie in das Innere des Parkes, zu dem Schloſſe zurück. Den Todten ließen ſie liegen, wie er da lag. Sie gingen zurück durch die Dunkelheit und Stille der Nacht und des Waldes. Im Gehen ſprach die Frau:

„Ich handelte im Stande der Nothwehr, Max, ſagſt Du? Iſt es Deine wahre Ueberzeugung?“

„Bei Gott, Amalie. Hätte ich anders gehandelt, hätte ich anders handeln können, wenn Dein Leben ſo bedroht geweſen wäre? Hätteſt Du anders handeln dürfen, wenn Jemand das Leben Deines Kindes ſo bedroht hätte?“

„Aber wir waren im Unrechte gegen ihn, Max. Ich war ſeine Gattin.“

„Und gab unſer Unrecht ihm das Recht, mich zu tödten?“

„Gab ſein Unrecht mir das Recht?“

„Er war der Angreifer; nicht Du, nicht ich haben ihn angegriffen. Du haſt nur ſeinen Angriff abgewehrt, den Angriff gegen mich, den Wehrloſen. Du thateſt nur, was ich gethan hätte, was ich für mich hätte thun dürfen, thun müſſen, wenn mir dazu die Kräfte zu Gebote geſtanden hätten. Und was das Mittel der Abwehr betrifft, gab es in unſerer Nähe ein anderes? Kein Geſetz verordnet anders, kein Richter kann anders entſcheiden.“

„Du magſt Recht darin haben, Max,“ ſagte die Frau. „Ich kenne Eure Geſetze und Eure Gerichte nicht. Aber ich habe doch nun einmal einem Menſchen das Leben genommen, und es war mein eigener Gatte, der Vater meines Kindes. Und in meinem Innern ſpricht laut eine Stimme, lauter als die Stimme aller Eurer Geſetze und Gerichte ſein kann, daß ich ein ſchweres, ein blutiges Unrecht gethan habe.“

„Es iſt die Aufregung des Augenblicks, Amalie, der ungewohnte Anblick des Blutes. Es zeugt von der Bravheit Deines Herzens, von der Reinheit, von der Aengstlichkeit Deines Gewissens. Aber wo nicht einmal die Welt verdammen kann, da wird, da muß auch Dein Herz, Dein Gewissen Dich wieder frei sprechen."

„Ich will Dir auch das zugeben," sagte die Frau. „Aber höre mir weiter zu, Max. Worauf soll, worauf muß die Welt ihr Urtheil über uns gründen? Der Todte dort wird gefunden werden. Was werden die Gerichte thun, wenn sie den Leichnam finden? Werden sie nicht einen Mord annehmen und zu allererst nach dem Mörder forschen?"

„Gewiß."

„Und wenn wir Beide nun auf einmal verschwunden sind, und wenn die Zeit des Mordes zusammentrifft mit der Zeit unseres Verschwindens, was wird man dann annehmen? Wird man uns nicht für die Mörder halten?"

„Amalie —"

„Wird man oder wird man nicht?"

„Man wird."

„Und was wird man dann weiter thun?"

„Man würde uns mit Steckbriefen verfolgen, uns nachsetzen —"

„Und uns einholen und als Verbrecher, als Mörder zurückbringen, Max, oder auch nicht einholen, nicht zurückbringen, aber in beiden Fällen uns als die Mörder verurtheilen und verdammen. Meinst Du nicht, Max?"

„In beiden Fällen, Amalie?"

„Zweifelst Du in der That daran, Max? Nimm an, Du seiest in dieser Sache der Richter, Du solltest urtheilen über das angeklagte Paar, über die Frau, die mit ihrem halben Vermögen heimlich dem Manne entlaufen ist, über den jungen Mann, der mit ihr durchgegangen, in die weite Welt geflohen ist, Ehre, Stellung, Verwandte, Freunde, Alles verlassend. Du hättest als Richter das Paar mit Steckbriefen verfolgen lassen, sie wären in dem Momente ergriffen, als sie auf einem Schiffe Europa verlassen wollten, um für immer dem Arme der Gerechtigkeit sich zu entziehen. Sie werden vor Dich geführt. Sie können, sie wollen nicht leugnen, den Mann umgebracht zu haben; aber Verbrecher, Mörder wollen sie nicht sein. Der Todte war der Verbrecher; er wollte sie morden. Sie wehrten sich nur gegen ihn. Sie mußten es; sie waren im Stande der Nothwehr. Sie, Zwei gegen den Einen! — „Haben Sie Beweise?" würde der Richter uns fragen. Hätten wir Beweise, Max? — Du hast keine Antwort. Jetzt schon nicht?"

Der junge Mann hatte keine Antwort.

Die Frau fuhr fort:

„So laß uns annehmen, wir werden nicht gefangen, nicht zurückge=
führt, nicht vor den Richter gestellt. Wie steht dann unsere Sache?
Wird dann nicht die Welt uns erst recht verdammen? Wir wären fort,
meinst Du vielleicht? Aber ist nicht Deine theure, alte, kranke Mutter
hier? Ist nicht Deine Schwester hier, das edle Kind, die die Nächte
durch arbeitet für die kranke, alte Mutter? Und, Max, werden nicht
auch sie uns verdammen müssen, den eigenen Sohn und Bruder, wie
sehr er ihre Freude, ihr Stoz, ihr Alles war? Wir wollten ihnen eine
glückliche Zukunft bereiten, sie sollten uns folgen; werden sie je mit
Mördern Gemeinschaft haben können?“

Der junge Mann hatte wieder keine Antwort.

Die Frau aber war immer klarer, sicherer und muthiger geworden,
und so sprach sie weiter:

„Max, ich liebe Dich über Alles. Ich liebe mit Dir, in Dir Deine
theuren Verwandten, Deine Ehre, Deinen edlen Namen. Für meine
Liebe ist mir kein Opfer zu schwer. Auch Du liebst mich. Kannst auch
Du Deiner Liebe ein Opfer bringen?“

„Der Liebe zu Dir, jedes,“ sagte der junge Mann. „Fordere.“

„Ich kehre in das Schloß zurück. Ich war nur eine Stunde fort.
Alles schlief, als ich ging. Sie schlafen noch. Niemand sah mich gehen.
Niemand wird mich zurückkommen sehen. Niemand kann ahnen, daß
ich fort war. — Weiß Jemand, daß Du hier bei mir bist?“

„Kein Mensch in der Welt.“

„Und kein Mensch in der Welt weiß, oder hat nur eine Ahnung da=
von, daß wir uns kennen, daß wir nur ein einziges Mal uns gesehen
haben. Nur der Todte hatte den Verdacht, und er hatte Recht, die
Eifersucht sieht schärfer, als jedes andere Auge. So thut nur noch
Eines Noth: es darf auch ferner Niemand wissen, Niemand ahnen, daß
wir uns jemals gesehen haben. Wir müssen uns trennen. Das ist
das Opfer, das wir bringen müssen. Ich bleibe als Wittwe hier.
Du kehrst nach drei Tagen, wenn Dein Urlaub abgelaufen ist, in Deine
Garnison zurück. Dein Name kommt nicht über meine, der meinige
nicht über Deine Lippen.“

Sie machte eine Pause. Es schien ihr schwer zu werden, das aus=
zusprechen, was sie weiter zu sagen hatte.

„Und dann, Amalie?“ fragte der junge Mann.

Sie faßte sich ein Herz.

„Und dann, Max, sehen wir uns in diesem Leben nicht wieder."

„Amalie!"

„Es muß so sein!"

„Und Du liebst mich? Und Du fragtest mich, ob ich Dich noch liebe, ob Du noch meine Gattin werden könntest?"

„Ja, ich liebe Dich, und ich fragte Dich so. Und gerade darum muß es so sein, wie ich es aussprach. Ich bin keine Mörderin, sagtest Du. Ich habe nur im Stande der Nothwehr für Dich, für die Rettung Deines Lebens gehandelt! Ja, es ist so, und darum bleibe ich hier, und von Dir und von mir soll kein Mensch etwas erfahren. Wäre ich eine Mörderin, meinst Du, ich könnte mit dem Bewußtsein des schwersten Verbrechens noch eine einzige glückliche Stunde meines Lebens haben? Selbst an Deiner Seite, an der Seite des Mannes, den ich über Alles liebe, von dem ich in jeder Stunde denken müßte: jetzt bin ich ihm die gemeine, dem Henker verfallene Mörderin, die er ohne Abscheu, ohne Grauen nicht mehr ansehen kann. Wäre ich eine Mörderin, Max, mein Weg könnte nur ein einziger sein, er ginge von hier zum Gerichte, um mich als die Mörderin zu stellen, den Schein der Mitschuld von Dir abzuwälzen und mich dem Beile des Henkers zu überliefern."

„Aber ich habe den Mann nicht mit kaltem Blute erschlagen; ich bin keine gemeine Mörderin, Du hast Recht, und auch ich fühle es jetzt, daß ich jenes entsetzliche Beil des Henkers nicht verdient habe. O, ich habe ja so viel, so schwer und so lange tragen, leiden und dulden müssen, und so Schmachvolles, und nun wollte er Dich mir rauben, Dein schönes edles Leben —. Nein, nein, ich habe jenes Beil nicht verdient, ich habe zu viel gelitten und erduldet, als daß ich der Gerechtigkeit der Menschen und ihrer Gesetze noch verfallen müßte. Aber etwas Anderes habe ich verdient, haben wir Beide verdient, und wir Beide müssen es auf uns nehmen. Ich habe freiwillig meinem Gatten, dem Vater meines Kindes das Leben genommen, und wir Beide haben durch Verrath an an ihm uns in die Lage gebracht, daß ich so handeln mußte. Dafür müssen wir eine Buße auf uns nehmen. Und diese Buße kann nur sein, daß wir unserer Liebe jenes Opfer bringen, daß ich von Dir fordere; wir müssen unsere Liebe selbst zum Opfer bringen. Nein, nicht unsere Liebe, aber das Glück der Liebe. Wir lieben uns, wie wir uns je geliebt haben. Du hälst mich noch würdig, Deine Gattin zu werden.

Und ich — o Max, Du bist und bleibst mir der treueste, der beste, der edelste Mensch, den ich kenne. Aber wir müssen uns trennen, trennen für immer, für dieses Leben. Unser Glück sei jenes Bewußtsein unserer gegenseitigen reinen, treuen Liebe; aber auch unser Opfer selbst sei es, unser Muth, unsere Kraft, daß wir eine solche Buße auf uns nehmen konnten. — Weißt Du Besseres, mein armer Max?"

Die Frau fragte das doch mit gebrochener Stimme. Sie hatte einen großen Entschluß gefaßt. Sie hatte ihn gefaßt mit ihrem ganzen glühenden, aber wahrhaftig edeln Herzen. Er hatte sie gehoben. Aber wenn ihr auch die volle Kraft ihres Innern blieb, die äußeren Kräfte wollten ihr versagen.

Und der junge Mann? "Armer Max!" hatte die Frau zu ihm sagen müssen. Und auch Besseres wußte er nicht.

"Es ist ein großes Unglück über uns herein gebrochen, Amalie," sagte er. "Aber wir selbst haben es mit frevelnder Hand über unsere Häupter beschworen. So müssen wir es tragen, so müssen wir büßen."

"O Du theurer, Du edler Mann!" rief die weinende Frau.

Aber sie mußten sich trennen. Sie hatten das Schloß wieder erreicht. Sie trocknete ihre Thränen. Sie hatte wieder die Besonnenheit ihres großen Entschlusses.

"Wir müssen hier scheiden, Max," sagte sie. "Es wird eine strenge Untersuchung der Gerichte eingeleitet werden. Da muß Alles sein, wie es war. Nichts darf vermißt werden. Gieb mir die beiden Schlüssel, gieb mir auch das Kästchen zurück."

Er gab ihr Alles.

"Und nun lebe wohl, Mann meiner Seele. Umarme mich nicht. Aber Deine Hand lege noch einmal in die meine, in die blutige. Lebe wohl, Max."

Ihre Stimme versagte ihr. Wie mußte ihr das Herz bluten! Sie riß ihre Hand aus der seinigen. Sie stürzte zu dem Schlosse, vor dem sie standen.

"Amalie, Amalie!" rief er ihr nach. "Lebe wohl, Du geliebtes Weib!"

Sie hatte die kleine Freitreppe erreicht. Sie schloß leise die Thür auf. Sie verschwand durch sie. Sie schloß sie fast unhörbar hinter sich zu.

Der junge Mann stand allein. Um ihn her war noch die volle Dunkelheit und Stille der Nacht. Auch in dem Schlosse hörte und sah man nichts. — Er wartete noch eine Weile. Es blieb still und dunkel um ihn, auch im Schlosse. Nur oben über der kleinen Treppe schien hinter einem Fenster sich etwas zu bewegen. Es war das Fenster, zu dem der junge Mann ungeduldig hinaufgeblickt hatte, als er auf das Erscheinen der schönen Frau wartete. Es schien ein weißes Gesicht zu sein, was sich dort bewegte. Es schien dem jungen Manne zuzuwinken, als wolle sie ihm sagen, daß Alles sicher und in Ordnung sei.

Der junge Mann ging auf das nahe Boskel zu. Er verschwand nach wenigen Schritten darin.

Niemand hatte ihn gesehen.

———

Der junge Offizier stand an der Hecke des Parkes.

Es war nicht in jener Gegend, in der er mit der Geliebten hatte durch das Pförtchen entfliehen wollen. Es war auch nicht an der andern Stelle, an der die Geliebte, um ihm das Leben zu retten, dem eigenen Manne das Leben genommen hatte. Fern von beiden Gegenden hatte er den Platz aufgesucht, an dem er den Park verlassen wollte.

Er wandte sich noch einmal um, nach der Richtung, in welcher das Schloß lag, von dem er kam. Seine Augen konnten es in der Dunkelheit der Nacht und in der Entfernung nicht sehen. Seine Liebe sah es desto deutlicher; sie war mitten darin.

„Welch' ein großes, welch' ein edles Herz! Das Unglück drückte sie nicht nieder. Es konnte sie nur erheben. Das Unglück? War es denn nicht ein Verbrechen? Ein Mord? Nein, nein! Es war nur ein großes, ein entsetzliches Unglück. Aber wir haben es selbst heraufbeschworen! War nicht das ein Verbrechen? Aber es war kein Mord. Jener Tod ist nur ein Unglück. Hatte denn Einer von uns an Blut, an Widerstand gedacht? Hatte ich sie aufgefordert, ihren Gatten zu tödten, um mich von ihm zu befreien? Und kann ihre Angst, ihr Schreck ihre Verzweiflung, als sie mich unter den Mörderhänden sah, ihr zum Verbrechen angerechnet werden? Nein, nein und immer nein! Wir sind keine Verbrecher. Und das Unglück? Müssen wir denn für unser ganzes Leben daran tragen? Auch sie, auch sie? Ach, wie sie mich liebt! Und ich sie! Und wir sollten für immer unglücklich werden? Wir sollten uns nie wieder sehen dürfen? Das Verbrechen, die Schuld, kann keine Zeit auslöschen. Aber das Unglück kann, muß sie mit sich nehmen, und den tiefsten Schmerz kann und muß sie heilen. Nie sollten wir uns wieder sehen? Mit aller dieser Liebe in unseren Herzen nicht?

O, es war ein großer, ein edler Entschluß, der Entschluß eines erhabensten Herzens, das von dem Unglücke getragen, gehoben wird. Aber das Unglück muß ja in der Zeit verschwinden, und dann —. Nein, nein, wir sind keine Verbrecher, keine Mörder! — Lebe wohl, Du Weib meines Herzens, lebe wohl. Wir sehen uns wieder!"

Er wandte sich zu der Hecke zurück. Er war mit einem Satze hinüber. Er war ein kräftiger, gewandter junger Mann.

Er war auf einem offenen Felde. Er durchschritt es. Er kam an ein kleines Gebüsch. Er ging daran vorüber. Er gelangte in einen Feldweg. Der Weg führte zu der Stadt. Er schlug ihn ein, nach der Stadt hin. Er erreichte diese.

Es war eine kleine, offene Landstadt, ohne Thor und ohne Mauern. Er trat in sie hinein. Es war zwei Uhr Morgens, in der ersten Hälfte des Monats April. Die Nacht herrschte noch mit ihrem vollen Dunkel; nur die Sterne an dem klaren Himmel warfen ihr Licht herunter, wohl schimmernd, aber nicht erhellend. Auch die Straßen des Städtchens waren dunkel. Sie hatte kein anderes Licht, als jenen Schimmer der Sterne, der sie nicht erhellte.

Der junge Offizier, der in sie hineingetreten war, suchte dennoch für seinen Schritt die dunkelsten Stellen auf; er ging dicht an den dunklen Häusern vorüber, als wenn sie ihm schützend ihren Schatten leihen sollten. Auch die volle Stille der Nacht herrschte noch in dem Städtchen, und der junge Mann trat nur leise auf, sein Schritt war fast unhörbar, und wenn er zufällig hart auf einen Stein trat, daß es einen hallenden Laut gab, dann mußte er plötzlich und unwillkürlich um sich blicken, ob Niemand da sei, der ihn gehört habe.

„Warum erschrecke ich denn?" fragte er sich. „Bin ich denn auf bösen Wegen? Habe ich, haben wir etwas verbrochen? War es denn nicht Nothwehr? Kein Gesetz und kein Gericht der Welt kann es anders ansehen. Nur der Beweis fehlt uns. Der fehlende Beweis kann das Gewissen nicht beschweren. Er ist nur ein äußerer Druck. Und auch er wird verschwinden."

Er ging weiter; aber wenn ihm auch der Schritt wieder leichter geworden war, leise und vorsichtig blieb er, wie vorher.

Es kam ihm Jemand in der Straße entgegen.

Er hemmte schnell seinen Schritt ganz.

„Wo verberge ich mich?. Der Mensch darf mich nicht sehen. Aber

warum darf er mich denn nicht sehen? Warum muß ich mich vor ihm
verbergen? Bin ich ein Dieb? Ein Verbrecher?"

Er sprach es fast zornig. Er richtete sich stolz höher auf. Aber
er verbarg sich doch. Er war doch froh, als er gerade neben sich einen
engen, tiefen, stockdunklen Zwischenraum zwischen zwei Häusern sah,
in den er hineinschlüpfen konnte. Und er stand lange darin, bis der
Vorübergehende längst fort war, und er stand mit angehaltenem Athem
da, daß er das Klopfen seines Herzens hören konnte.

Er erreichte die Straße, in welcher das Haus seiner Mutter lag.
Die Brust wurde ihm freier, seine Gedanken, sein ganzes Wesen.
Seine Augen konnten wieder etwas Anderes, als nach dem Dunkel
suchen, das ihn aufnehme, und nach den Steinen, deren Wiederhall sein
Fuß zu vermeiden habe. Und sie sahen etwas Anderes.

„Was ist denn das?"

Er war erschrocken. Er stand wieder still. Seine Augen starrten
nach dem Flecke hin, den sie getroffen hatten.

„Und welche Stille!" sagte er leise.

Er wollte weiter gehen. Er hatte kaum zwanzig Schritte zu dem
Hause seiner Mutter. Seine Augen suchten das Haus.

„Auch dort!" sagte er. Er schüttelte sich, als ob es ihm eiskalt
über den Körper laufe.

„Ostermorgen!" stöhnte er.

Der Tag graute. Der junge Offizier hatte weite Umwege machen
müssen, um, ohne Gefahr gesehen zu werden, die Stadt und das Haus
seiner Mutter erreichen zu können. Hinten am Horizont tauchten
grau=gelbliche Wolken auf. Sie warfen ihren blassen Schein in die
Straße und ließen die Gegenstände in ihr erkennen.

Es war Ostermorgen. Da hatten die Leute in dem kleinen Stätt=
chen am Abend vorher, bis in die Mitternacht hinein, und manche wohl
noch länger, zu dem Osterfeste die Häuser gescheuert und festlich geputzt,
und Mauern, Fenster und Thüren, Klinken und Knöpfe an den Thü=
ren, Alles war so sauber und so blank, und vor jeder Hausthür war
die Schwelle und der Stein, über den man hinaus in die Straße trat,
bis in die Straße hinein mit feinem, schneeweißem Sande bestreut, und
der feine weiße Sand leuchtete so festlich und so feierlich in den herauf=
dämmernden, stillen Ostermorgen hinein. Auch vor dem Hause der
Mutter des jungen Mannes.

„Ostermorgen!" rief er entsetzt, und es war ihm eiskalt geworden.

Tag der Auferstehung! Tag der Freude, des Festes und — des Mordes! „O, mein Gott, bin ich denn ein Mörder? Hat sie den Mann gemordet, und bin ich ihr Helfershelfer? — Nein, nein! Kein Gesetz, kein Richter —! Aber was sind alle Gesetze, alle Richter, gegen das Gefühl, das mir da in der Brust brennt? Ostern! O, da sind sie Alle so fromm, so still und so klar, so ruhig und so glücklich, und in meinem Herzen — Mord, Mörder, Mörderin! ruft es darin? Ich sollte mit der Schwester zur Kirche gehen. Sie freute sich so sehr darauf. Ich hatte mich mit ihr darauf gefreut; ich wußte ja noch nicht—. Kann der Mörder in die Kirche gehen? Ja, ja, ich bin ein Mörder! Ich fühle es an diesem Schrecken, an dieser Todesangst. Und was nun weiter?"

Er stürzte wie bewußtlos zu dem Hause der Mutter. Die Thür war verschlossen. Er wollte die Klingel ziehen. Da kehrte das Bewußtsein in ihm zurück. Aber es war das Bewußtsein der Angst.

„Die Magd würde mich hören! Und morgen, wenn der Todte gefunden wird —"

Ueber der Thür öffnete sich ein Fenster.

„Bist Du da, Max?" fragte leise eine weibliche Stimme hinunter.

„Ja."

„Klingle nicht. Die Mutter schläft. Ich werde Dir öffnen."

Das Fenster verschloß sich wieder.

„Meine Schwester!" sagte der junge Offizier. Es war, als wenn ihn ein neues Entsetzen ergriffen hätte. „Sie ist so ängstlich! Fast noch mehr als die Mutter. Wenn sie in meinem Gesichte läse! Sie darf nicht."

Er nahm sich zusammen. Die Schwester öffnete die Thür.

„Tritt leise ein, Max, damit die Mutter nicht erwacht."

Sie hatte ihn nicht angesehen. Sie war in dem Augenblick nur für den Schlaf der alten kranken Mutter besorgt. Damit er diese bei seiner Rückkehr nicht aufwecken sollte, hatte — sie gewacht.

Sie verschloß die Thür wieder. Sie ging leise mit ihm die Treppe hinauf. Sie wohnten oben. Er wollte sich oben von ihr trennen, um in sein Schlafzimmer zu gehen. Sie ließ ihn nicht.

„Du mußt vorher mit mir gehen, Max. Ich habe Dir etwas zu zeigen."

Sie sagte es so geheimnißvoll glücklich.

„Was ist es, Ernestine?"

„Ich habe das Schlummerkissen für die Mutter fertig bekommen. Du mußt es besehen. Morgen vor der Kirche schenken wir es ihr Beide. Du hast das Material gekauft; ich habe die Arbeit gemacht. Wie wird sie sich freuen! Wie freue ich mich schon jetzt! Du nicht auch, Max?"

„Gewiß. Aber Du hast wohl die ganze Nacht daran gearbeitet?"

„Nun ja. Aber wo warst Du denn die ganze Nacht, Herr Bruder?"

„Die Nacht war so schön —"

„Ei, ei! Doch davon nachher."

Sie hatte ihn in ihr Stübchen gezogen. Es war dasselbe Stübchen, in welchem der junge Mann und die schöne Frau früher das Licht hatten brennen sehen. Das Licht brannte noch. In seinem Scheine standen die Geschwister beisammen.

Ernestine war ein hübsches, frisches Mädchen von siebenzehn bis achtzehn Jahren. Der Ernst des Lebens war oft an sie herangetreten; man sah es dem feinen Gesichte an; es trug schon in dem frühen Alter Züge der Innigkeit, der Weichheit und zugleich des Nachdenkens, die unter frohem Scherz und Spiel sich so nicht hatten bilden können. Aber was auch, selbst Schweres und Bitteres, ihr hatte begegnet sein mögen, es hatte ihr einen frischen und sicheren Muth nicht nehmen können. Man sah ihr das so recht an dem frühen Ostermorgen an. Sie hatte die ganze Nacht durch gearbeitet, um das Geschenk für die Mutter zu vollenden; sie hatte dann noch lange gewacht und auf die Rückkehr des Bruders gewartet, damit er den Schlaf der Mutter nicht stören solle. Ihre Wangen waren wohl etwas blaß geworden und ihre Augen waren müde; aber doch war sie glücklich und fröhlich, daß sie ihn mit der Nachricht empfangen konnte, sie sei mit der Arbeit noch fertig geworden, und sie mußte, ehe sie sich zur Ruhe begab, dem Bruder noch die fertige Arbeit zeigen.

In ihrem Glücke, in ihrer unbefangenen Fröhlichkeit sah sie auch den Bruder nicht genauer an.

Er war bleich. Sein Gesicht war eingefallen. Die Züge waren erschlafft, der Blick war wie erloschen. Man sah kein Unglück in dem Gesichte, nicht den Schrecken, nicht die entsetzliche Angst, die das Innere des jungen Mannes verzehrten. Er hatte das Alles gewaltsam zurück= zudrängen, in sein Inneres zu verschließen gewußt. Aber man sah dem Gesichte dieses gewaltsame Zusammennehmen an und man konnte es nur mit Schrecken, mit Entsetzen ansehen; lange konnte die Fassung

des jungen Mannes nicht vorhalten; brach sie zusammen, welches furcht=
bare Elend, welche Verzweiflung, welche Verzweiflung des Verbrechens
mußte dann zum wahnsinnigen Ausbruch kommen! Auch des Verbre=
chens! Es gab nichts Schreckliches, das man nicht fürchten mußte, wenn
man in das Gesicht sah.

Wie hatten wenige Minuten den kräftigen jungen Mann so verän=
dern können?

Das wachende, das strafende, das ächtende Gewissen ist mächtiger
als Zeit, als Gram, als Elend.

„Ist es nicht schön, Max?“ fragte die Schwester den Bruder. Sie
hielt ihm das Schlummerkissen hin, an dem sie die Nächte hindurch ge=
arbeitet, genäht, gestickt hatte.

„Es ist recht schön, Ernestine.“

„Aber Du bewunderst es nicht! Ich glaube, Du siehst es nicht
einmal an.“

„Gewiß, gewiß —“

„Nun, ich werde Dir nicht böse darum. Es ist spät. Du wirst
sehr schläfrig sein, der Ruhe bedürfen. Aber morgen mußt Du mir
meine Arbeit gehörig bewundern.“

„Ich werde, Ernestine.“

„So gehe jetzt. Willst Du das Licht mitnehmen?“

„Ich danke Dir. Es wird ja schon hell.“

„So schlafe wohl.“

„Gute Nacht, Ernestine.“

„Noch Eins, Max.“

„Was ist es?“

„Schlafe nicht zu lange. Um neun Uhr mußt Du mit mir zur
Kirche gehen.“

Der junge Mann fuhr zusammen.

„Zur Kirche?“

„Nun ja. Es ist Ostern. Und die Mutter wünscht es. Sie sprach
noch am Abend davon. Und ich bin eitel darauf, an Deiner Seite hin=
zugehen. Du mußt Deine beste Uniform anziehen. Wie werden alle
die Leute Dich bewundern, und ein klein wenig mich mit.“

Alle die Leute! Vor allen den Leuten sollte er sich zeigen! Mor=
gen, wenn der Todte gefunden, wenn der Mord entdeckt war! Morgen,
wenn alle die Leute, die zur Kirche kamen aus der Stadt, aus allen
Gegenden der Nachbarschaft, von dem Morde und nur von dem Morde

sprachen, und von dem Mörder, den Keiner kannte und den Jeder in Jedem suchte, dann sollte er, der Mörder, mit allen Schrecken, mit aller Todesangst des Mörders, mit dem Kainszeichen in dem Gesichte, vor alle die Leute treten, in die Kirche, in seiner glänzenden Uniform, an der Seite der Schwester, des fröhlichen, weichen, reinen, unschuldigen Kindes! Vor dem reinen, unschuldigen Kinde stand er. Er drohte zusammenzubrechen bei dem Gedanken. So sah ihn das Mädchen, die ihm bisher noch nicht in das Gesicht gesehen hatte.

„Max!" schrie sie auf.

Ihr zum Tode geängstigtes Herz hatte nur dies eine Wort. Sie war zu dem Bruder gestürzt. Sie hatte krampfhaft seine Hände ergriffen. Ihre Lippen zitterten, ihr Gesicht war todtesbleich. So starrte sie in das todesbleiche Gesicht des Bruders. Er wollte sich von ihr losreißen. Sie hielt ihn fester.

„Max, Max, was ist Dir?"

„Morgen, Ernestine."

„Nein, heute! Gleich! Ich wäre todt bis morgen."

„Aber was hast Du denn, Kind?"

„Was hast Du? Wie siehst Du aus? So entsetzlich, so — so —"

„Wie ein Mörder!" — zitterten ihr die Worte auf den Lippen und die Lippen konnten sie nicht aussprechen?

Er hörte sie dennoch. Er mußte sich noch einmal, er mußte sich kräftiger zusammennehmen. Er vermochte es noch einmal.

„Ich begreife Dich nicht, Ernestine. Ich bin müde, schläfrig. Du sagtest es ja selbst. Aber Dich hat das Nachtarbeiten überreizt. Mir ist nichts. Und nun laß uns schlafen gehen."

Er sprach ruhig. Sie war arglos. Nur eine plötzliche Angst hatte sie so schnell aufgeregt. Mißtrauen, zumal gegen den eigenen Bruder, war ihr fremd. Sein Anblick hatte es nur für einen flüchtigen Augenblick in ihrem Innern können aufkommen lassen. Sie bat ihn schon in dem Augenblick nachher in ihrem Innern um Verzeihung.

„Wie hattest Du mich so erschrecken können, Max! Du sahst so bleich, so verstört. Verzeihe mir!"

Er hörte nicht auf sie.

Draußen auf der Straße war ein Geräusch entstanden. Menschen gingen dort hin und her, sprachen mit einander, schienen eilig aus einander, weiter zu gehen.

Der junge Offizier horchte hin.

„Lösche das Licht aus," unterbrach er auf einmal seine Schwester.

Sie stand neben dem Lichte, das auf dem Tische brannte.

„Warum?" fragte sie verwundert.

Er hatte es schon rasch ausgeblasen.

„Aber was hast Du, Max?"

Er antwortete ihr nicht. Er horchte nach der Straße hinunter. Da hörte sie ebenfalls das Geräusch draußen.

„Was ist es, Max?"

„Nichts! Laß uns schlafen gehen."

Er wollte das Stübchen verlassen. Er stand wie festgebannt. Unten wurde die Hausthür geöffnet.

„Gott der Gerechtigkeit! Schon?" murmelten seine Lippen.

Es mochte ihm vor den Augen dunkeln wollen. Aber sein Blick traf noch die Schwester. Zehn Schritte vor ihm schlief seine alte, kranke Mutter.

„Muth!"

Er richtete sich empor mit seiner letzten Kraft.

Ein Schritt kam die Treppe herauf. Er konnte ihn ruhig herankommen hören. Er lauschte nach ihm, ohne zu beben.

Die Schwester zitterte.

„Wer kann da kommen?"

Er hatte seine volle Geistesgegenwart wieder.

„Die Magd!" sagte er. „Ich kenne ihren Schritt."

Jetzt erkannte auch die Schwester ihn.

„Was ängstigt mich denn Alles!" mußte sie lächeln.

Aber der Bruder hatte eine Bitte an sie, und er konnte sie wie die gleichgültigste von der Welt vorbringen.

„Wolltest Du nicht zu ihr hinaus gehen, Ernestine?"

Sie ging hinaus. Draußen sprach sie mit der Magd. Der Offizier wollte horchen. Sie sprachen draußen zu leise. „Was ängstige ich mich denn?" redete er sich Muth ein. „Niemand sah uns! Niemand hat nur eine Ahnung von den Verhältnissen. Amalie ist der Muth und die Festigkeit selbst. Soll ich den Verräther machen? Ich war einen Augenblick ein Thor, ein schwacher, feiger Thor. Der Ostermorgen! Die feierliche Stille! Pah, gar der weiße Sand! Es ist vorüber!"

War es vorüber? War es der feste, sittliche Muth, der ihn wieder erhoben hatte, der einer augenblicklichen Schwäche hatte weichen können, nun aber nicht mehr von ihm lassen sollte? Oder war er in jene Gewissensphase getreten, in welcher Angst und Verzweiflung sich mit dem letzten Schutzmittel, einem kalten, harten, starren Trotze, zu umgeben suchen? Er spottete über die feierliche Stille des Morgens, über den weißen Sand. Von der Schwester, von der kranken Mutter sprach er nicht. War es eine feste, dauerhafte Schranke, hinter die er sich zurückgezogen hatte?

Die Schwester kehrte in das Stübchen zurück.

Sie sah erschrocken aus.

Die Gesichtszüge des Bruders wurden um so ruhiger, fester.

„Was war es, Ernestine?"

„Der Baron ist todt."

Er hatte die Nachricht erwartet, er hatte keine andere erwarten können. Alles Blut wich ihm dennoch aus dem Gesichte.

„Der Baron?" konnte er kaum über die angeklebte Zunge hervorbringen.

Die Schwester hatte nicht auf ihn geachtet. Sie war zu sehr erfüllt von dem Schrecken der Nachricht.

„Der Schloßherr von drüben!" antwortete sie. „Er ist ermordet gefunden."

„Ermordet?" war wieder das Einzige, was der junge Mann hervorstammeln konnte.

„Soeben haben sie ihn gefunden, Leute, die vorbeikamen. Der Mord muß vor ganz kurzer Zeit verübt sein."

„Und der Mörder?" fragte er.

Er hatte sich wieder gefaßt. Nur zum Erschrecken bleich war er noch im Gesichte, und der Blick seiner Augen — es war jener entsetzliche Blick, der den schuldbewußten Mörder nicht verlassen kann; er sieht immer und immer den blutigen Mord vor sich, er sieht, wie Jeder in ihm den Mörder sucht.

„Der Mörder?" sagte das Kind. „Man weiß nichts von ihm —"

Da sah sie ihn an; das schneeweiße Gesicht, die Augen, in denen der blutige Mord und der Mörder zugleich standen.

„Max!" schrie sie wieder auf.

Er mußte die festeste Kruste jenes Trotzes um sein Herz legen.

„Was ist Dir, Ernestine?" fragte er.

„Du fragst nach dem Mörder, Max?"

„Wie sollte ich nicht?"

„Bruder, Bruder —"

„Aber Ernestine, ich begreife Dich nicht!"

Er sprach so ruhig. Er konnte ihr in das Auge sehen. Und wenn er bleich war, war sie es denn nicht auch? Wie konnte sie dem entsetzlichen Verdacht Raum geben, der plötzlich in ihr aufgestiegen war? Aber wie konnte sie ihn von sich werfen? Hatte sie nicht jenen Blick seiner Augen gesehen? Hatten nicht schon vorher die schrecklichsten Ahnungen sie ergriffen? War er nicht so verstört zurückgekommen? Hatte er nicht ihr Rede und Antwort verweigert? Er hatte vor der Magd sich nicht wollen sehen lassen. Er hatte das Licht ausgelöscht, damit die Menschen unten auf der Straße es nicht sehen sollten. Und — sie wußte noch mehr.

Ihr Bruder — der Mörder? Er doch ein Mörder? Aber entsetzlicher als die entsetzlichste Gewißheit ist die Ungewißheit. — Sie faßte sich. Auch das Kind konnte es. Sie mußte wissen, ob der Bruder ein Mörder war, oder ob er es nicht war. Ihr Schreck, ihre Angst waren auf einmal einer bewunderungswürdigen Ruhe und Klarheit gewichen, oder vielmehr, sie hatten sich darin aufgelöst. Sie stand vor einer entscheidenden, vor der entscheidenden Frage ihres Schicksals. Denn war nicht das Schicksal ihres Bruders zugleich das ihrer Mutter, zugleich ihr eigenes? Wenn der Bruder ein Mörder war, was war sie dann, was war ihre Mutter?

„Max," sagte sie, „Du bist seit vier Wochen hier bei uns auf Urlaub."

„Was willst Du damit, Ernestine?"

„Du warst die ersten acht Tage der fröhlichste, der unbefangenste Mensch."

„Ich denke, ich war es immer."

„Du warst es nur die wenigen Tage. Da wurdest Du zerstreut, unruhig, träumerisch. Die Mutter und ich sprachen oft darüber. Aber Du warst seit drei Jahren nicht bei uns gewesen. Du sahest, wie wir manches entbehren mußten, wie ich arbeitete. Du hattest wohl vorher keine Ahnung gehabt. Es konnte Dich bekümmern —"

„Und es bekümmerte mich, Ernestine, recht tief im Herzen. Ich mußte mir Vorwürfe machen, wie ich dagegen in der Residenz ein so gutes Leben führte."

„Auch die Mutter sagte, das werde es sein. Und ich ließ sie dabei, obwohl ich daran denken mußte, wie Du von Deiner geringen Lieutenantsgage noch sogar Ersparnisse machtest, die Du so oft uns zukommen ließeſt. Ich ließ die Mutter in ihrem Glauben, aber ich hatte einen andern Verdacht."

„Du einen Verdacht gegen mich, Erneſtine?"

„Ich ſah Dich eines Abends in dem Schloßparke drüben."

Der junge Offizier mußte plötzlich die Augen niederſchlagen.

„Warum kannſt Du mich nicht anſehen, Max?"

„Warum ſollte ich es nicht, Erneſtine?"

„Ich ſah Dich nur das eine Mal dort. Ich ſah auch nur einmal die Frau. Ich ſah Euch auch nicht beiſammen. Aber Dich ſah ich heimlich drüben in den Gebüſchen ſchleichen. Und ſie warf brennende Blicke nach meinem Fenſter, und, Max, ich erbebte. — Warum ſchweigſt Du, Max?"

„Was ſollte ich Dir ſagen?"

„Warum fragſt Du nicht, weshalb ich erbebte? Ich will es Dir dennoch ſagen. Jene Frau war jung, ſchön, fremd, ſeit zwei Jahren hier aus weiter, unbekannter Gegend hergekommen; Niemand kannte ſie, nur wenige Menſchen ſahen ſie kaum; man wußte nichts von ihren früheren Schickſalen, nichts von ihrem gegenwärtigen Leben. Das Alles gab ihr den Reiz des Geheimniſſes, der Neugierde. Aber Eins wußte man von ihr: ſie mußte unglücklich, tief unglücklich ſein. Ihr Mann war ein roher, gemeiner Menſch. Die an ihn Gefeſſelte mußte man für um ſo unglücklicher halten, je weniger man eben von ihr ſah und hörte Zu jenem Reize des Geheimniſſes kam das Mitleid. Du warſt jung, Max; Du haſt ein lebhaftes, offenes, leicht empfängliches Herz. Da hatte ich Dich, da hatte ich den Blick der Frau geſehen. Da ſah ich Dich noch immer träumend, unruhig. Mußte ich nicht für Dich erbeben? Ich mußte in's Klare kommen. Ich beobachtete Dich ferner, ich ſah nach der Frau aus. Ich ſah Dich nicht wieder drüben. Die Frau ſah ich gar nicht wieder. Du wurdeſt wieder ruhig, fröhlich, glücklich. Freilich war es ein ſo eigenes geheimnißvolles Glück. Es wollte mir manchmal in das Herz ſchneiden, wenn ich plötzlich dabei doch wieder an die Frau denken mußte. Aber ich ſah nichts mehr, was auch nur im Geringſten einem Verdachte hätte Nahrung geben können. Da biſt Du heute die ganze Nacht aus dem Hauſe entfernt. Gegen Morgen kommſt Du verſtört zurück. Eine halbe Stunde ſpäter kommt die Nachricht, daß der Mann jener Frau todt, ermordet iſt, daß der Mord vor kaum einer Stunde verübt ſein kann. Die Nachricht erfüllt Dich mit Entſetzen. Du ſuchſt Dich zu verbergen. Du ſuchteſt es schon, als Du das ungewöhnliche Sprechen und Gehen auf der Straße hörtest. Du kannst von Deiner Angst, von Deinem Entsetzen Dich nicht erholen. Max, ist Dir der Mord des Mannes fremd?"

Das junge Mädchen hatte so ruhig und klar, und doch so innig und herzlich gesprochen. Aber sie hatte zu einem Herzen gesprochen, daß sich mit jener harten Kruste des Trotzes der Verzweiflung gepanzert hatte. —

„Siehst Du mich ängstlich, entsetzt, Ernestine?" fragte der junge Offizier. „Siehst Du mich nur unruhig?"

Sie sah wohl keine Angst und Unruhe mehr in ihm. Aber das reine, unschuldige Herz sieht klar und scharf.

„Max, ist das nicht ein Beweis gegen Dich? Könntest Du, wenn Du unschuldig wärest, bei meinem Verdachte gegen Dich so ruhig bleiben. Bei dem Gedanken, daß unsere brave Mutter morgen denselben Verdacht fassen möchte?"

„Ach, Du hälst mich schon schuldig, überführt!" wollte er sophistisch ausweichen.

Sie hielt ihm die Hand hin.

„Gieb mir die Hand, wenn Du es nicht bist."

Er wollte ihr die Hand geben. Sie zog die Ihrige zurück. Ein anderer Gedanke hatte das Kind ergriffen.

„Komm mit mir zur Mutter. Gieb ihr die Hand, wenn sie nicht von Blut befleckt ist."

„Ernestine!"

„Komm, komm!"

Sie wollte ihn mit sich aus dem Stübchen fortreißen. Er widerstand ihr. Er zitterte. Er war wieder leichenblaß geworden.

„Ah, siehst Du?" rief sie. „Du bist der Mörder!"

Er hatte kein Wort der Erwiderung, des Leugnens.

Aus ihren Augen drang ein Strom von Thränen. Sie mußte sich auf einen Stuhl werfen. Eines Wortes war auch sie nicht mächtig. Er stand schweigend. Ein furchtbarer Kampf zerriß sein Inneres.

„Max," sagte sie unter ihren Thränen zu ihm, „sprich zu mir. Bist Du unschuldig, so sage es, damit mich diese Angst nicht tödtet. Bist Du schuldig, so sage es mir um Deinetwillen. Du mußt dann fliehen, fort von uns, in die Welt, zu Menschen, die Du nicht kennst, die Dich nicht kennen, die Dich nie kennen dürfen, denen Du nie ein Wort sagen darfst. Dann theile noch vorher mir Deine Schuld mit, theile sie mit mir, damit sie Dich nicht ganz erdrückt, wenn Du sie ganz behalten mußt. O, Max, ich drang ja nicht um meinetwillen in Dich, nicht aus Neugierde. Es war ja die tiefste Angst meines Her= zens, das Dich so unendlich liebt, das die Angst, die Schuld mit Dir theilen, Dir wollte tragen helfen.“

Konnte er dem Kinde widerstehen? Kann der Trotz überhaupt lange widerstehen? Der junge Offizier war ein braves und muthiges Herz. Der Reinheit, der Unschuld, dem Jammern des Kindes konnte er ein freches Leugnen nicht ferner entgegensetzen. Und wie ihm das klar wurde, da hatte er seinen ganzen Muth wieder.

„Höre mir zu, Ernestine,“ sagte er. „Du sollst Alles von mir er= fahren.“

„Gottlob!“ sagte sie für sich.

Sie bebte, aber sie konnte ihm ruhig zuhören, wie er ihr erzählte.

„Ja, Ernestine, ich liebe jene Frau und sie liebt mich. Sie ist un= glücklich, sie ist edel. Sie ist meiner Liebe würdig, wie ich es der ihri= gen bin. Sie ist als Mädchen von sechszehn Jahren an ihren Mann verkauft, den rohesten gemeinsten Menschen. Sie hatte ihrem Vater nach Californien folgen müssen. Er wollte sich dort ein Vermögen suchen. Er fand nur größeres Elend. Da lernte der Vater den Frei= herrn kennen. Dieser hatte mehr Glück gehabt. Er hatte in dem Goldlande Reichthümer gefunden. Sie hatten ihn noch roher, über= müthiger, gemeiner gemacht, als er vielleicht vorher gewesen war. Jede seiner Leidenschaften mußte er befriedigen, da er es konnte. Mit dem Vater hatte er das sechszehnjährige Mädchen kennen gelernt. Sie war ein Bild der Schönheit, der Heiterkeit. Sie mußte sein werden. Er kaufte sie dem Vater ab, der arm war. So war sie sein Eigen= thum, das Eigenthum der Rohheit, der Gemeinheit. Er wurde um so brutaler gegen sie, einen desto höheren Preis er ihrem Vater für sie bezahlt hatte. Er ging mit ihr nach Europa. Er kaufte sich hier an. Er lebte hier roh und gemein, wie früher; er behandelte seine Frau wie früher. Sein Umgang waren die gemeinsten Menschen, in den gemein= sten Häusern. Wenn er betrunken zu Hause kam — Aber, Ernestine, wozu Dir die Mißhandlungen der armen Frau erzählen? Sie durfte nicht mehr in ihrer unglücklichen Lage bleiben. Ich mußte sie daraus befreien. Heute Nacht wollte ich mit ihr entfliehen. Große Vor= bereitungen hatten wir nicht treffen dürfen, um nicht seinen Verdacht zu erregen. Die unglückliche Frau muß doch nicht vorsichtig genug ge=

wefen fein. In dem Augenblick, als wir den Park verlaffen wollten, ftand er plötzlich vor uns. Als ich ihn kaum fah, hatte er mich fchon niedergeworfen, kniete er auf mir, wollte er mir ein Meffer in die Bruft ftoßen. Ich lag wehrlos unter ihm. Ich konnte mich nicht rühren. Es war um mich gefchehen. Da zog die Frau einen Dolch, und, um mir das Leben zu retten, erftach fie den Mann.

Der junge Offizier fchwieg.

„Und weiter?" fragte feine Schwefter.

„Wir gaben unfere Flucht auf. Das entfetzliche Ereigniß hatte keine Zeugen. Unfere Flucht war keinem Menfchen in der Welt bekannt. Wurde fie bekannt, fo waren wir als Mörder verrathen, angeklagt. Blieben wir hier, fo blieb über dem Gefchehenen das tieffte Dunkel."

Die Schwefter hatte fich gefetzt, um dem Bruder zuzuhören. Sie erhob fich. Sie ging fchweigend in dem Stübchen auf und ab. Dann trat fie vor ihn.

„Und um dem Buhlen das Leben zu retten, erftach, ermordete fie ihren Mann."

„Erneftine, unfere Liebe ift die reinfte!"

„Dem Geliebten dann!"

„Sie rettete mir das Leben!"

„Um Mörderin zu werden!"

„Es war Nothwehr, Erneftine. Er wollte mich ermorden."

„Den Räuber feiner Frau!"

„Die er auf den Tod mißhandelte!"

„Den Mörder feiner Ehre!"

„Hatte der Menfch Ehre?"

Das Mädchen wurde ftrenger.

„Max, Du fchafffst mit allen Deinen Sophismen den Mord nicht aus der Welt. Du wollteft dem Manne die Frau entführen. Er trat Dir entgegen, dem Raube zu wehren. Ihr erfchlugt ihn. Das find einfach die Thatfachen. Wenn ein Dieb in ein Haus einbricht, um zu ftehlen, und der Eigenthümer fetzt fich ihm zur Wehre, um feine Habe zu vertheidigen, und der Dieb erfchlägt ihn, hat der Dieb im Stande der Nothwehr gehandelt?"

Der junge Offizier hatte keine Antwort.

„Und was nun weiter?" fragte die Schwefter.

Er konnte auch darauf nicht antworten.

Doch. Ein Entschluß war plötzlich in ihm entstanden.

„Ist sie eine Mörderin, Ernestine, so hat nur die Liebe zu mir sie dazu gemacht, so darf sie nicht dafür büßen; ich muß es, ich allein. Und so muß, so will ich handeln."

„Und was willst Du thun?" fragte sie.

„Sie soll fort. Und wenn sie in Sicherheit ist, stelle ich mich den Gerichten als Mörder. So lange bewahren wir das Geheimniß."

Die Schwester schüttelte den Kopf.

„Es ist nichts," sagte sie.

„Was aber sonst?"

„Ich weiß es noch nicht. Denken wir darüber nach. Nur Eins: verrathe Dich der Mutter nicht. Und nun gehen wir Jeder in unsere Kammer. Zur Kirche kommen wir nicht. Beten wir hier um so inbrünstiger zu Gott um Kraft und Erleuchtung!"

———

Am Nachmittage saß ich, der Schreiber dieser Zeilen, in meinem Arbeitszimmer.

Das Dienstmädchen trat herein.

„Fräulein Ernestine!" meldete sie.

„Führen Sie sie zu den Kindern."

„Das Fräulein wünscht den Herrn zu sprechen."

Fräulein Ernestine lebte mit ihrer alten, kränklichen Mutter in dem Städtchen, in dem ich damals als Criminalrichter angestellt war. Die Mutter war Offizierswittwe. Ihr Mann war früh gestorben, Mutter und Tochter lebten ärmlich von einer kleinen Pension der Ersteren. Um der Mutter Bequemlichkeiten zu verschaffen, gab die Tochter Unterricht im Zeichnen und in der Musik; auch meinen Kindern. So war sie in mein Haus gekommen. So hatte ich sie kennen gelernt, und wir Alle liebten das heitere, liebenswürdige, bescheidene Kind, das schon so früh sich einem Berufe widmen mußte, für den sie nach ihrem Stande nicht bestimmt war.

Was mochte sie von mir wollen? Ich konnte es nicht errathen. Um so mehr glaubte ich ihren Besuch annehmen zu müssen.

„Führen Sie sie her," sagte ich zu der Magd.

Ich legte meine Acten zurück. Ich bedurfte ohnehin des Ausruhens.

Es war ein unruhiger, arbeitsvoller Ostermorgen für mich gewesen.

An dem heiligen Tage, der die Andern zur Andacht und Erholung rief, hatte ich vom frühen Morgen an unablässig inquiriren müssen.

Mit dem Grauen des Tages war mir die Anzeige gemacht, daß der Freiherr — so eben an dem Zaune seines Parkes ermordet gefunden sei. Leute, die vom Lande früh nach der Stadt zur Kirche gegangen waren, hatten die Leiche zuerst gesehen. Der Anzeige mußte die sofortige Untersuchung folgen. Sie bestätigte den Tod, die Vermuthung eines Mordes, aber weiter nichts. Der Todte hatte einen Stich in der Brust, der das Herz getroffen und sofort den Tod herbeigeführt hatte. Der Stich rührte von einem Messer her. Bei der Leiche wurde ein Messer gefunden, aber mit ihm war die Verletzung nicht beigebracht. Ein anderes Messer, eine andere Waffe war nicht da; noch weniger sonst eine Spur, die auf den Thäter oder nur auf die Umstände der Tödtung hätten führen können. Keine Spur nur, daß ein Mensch am Orte der That gewesen sei; keine Fußtritte, keine anderen Zeichen. Auch auf anderem Wege war nichts zu ermitteln. Der Verstorbene führte ein wüstes Leben. Er hielt sich gern die Nächte mit gemeinen Gesellen in einem verrufenen Hause auf. Er war auch die Nacht vorher da gewesen, aber nicht anders, wie immer. Nach Mitternacht hatte er sich entfernt, ebenfalls wie gewöhnlich; auch allein, auch halbbetrunken. Auf jene Gesellen fiel kein Verdacht; auch auf sonst Niemanden. Im Schlosse wußte man von gar nichts. Die sämmtlichen Bewohner hatten ruhig geschlafen. Er hatte den Schlüssel zum Parkpförtchen nächst der Stadt und zu einer Hausthür nach dem Park hin bei sich. Sie waren auch bei der Leiche gefunden. Die That blieb unerklärlich. Auf den Thäter konnte man nicht einmal rathen.

Die freundliche Ernestine trat zu mir in mein Zimmer. Aber ich mußte bei ihrem Anblick erschrecken. Sie war blaß wie der Tod; sie zitterte; sie konnte nicht sprechen.

„Fräulein Ernestine, was ist Ihnen?"

Ein Strom von Thränen drang aus ihren Augen. Sie fiel auf einem Stuhle fast nieder.

Mit welchen Vorsätzen von Muth, vom Zusammennehmen aller ihrer Kräfte mochte das arme Kind zu mir gekommen sein! Wie zerrannen sie alle an dem Zagen ihres Herzens! Sie konnte sich doch wieder sammeln. Das arme, zagende Herz mußte es ja.

„Herr Criminalrath," begann sie leise, zögernd, ohne Einleitung — die Angst drängte sie; „Herr Criminalrath, wenn ein Dieb von Dem,

den er bestehlen wollte, überfallen wird und getödtet werden soll, darf
er sich wehren?"

„Wie kommen Sie zu der Frage, liebe Ernestine?"

„Beantworten Sie sie mir."

„Sie müßten mir vorher nähere Umstände mittheilen."

„Setzen Sie den Fall, es wäre ein Dieb hier in Ihr Zimmer gekommen. Er wollte Sie bestehlen. Sie stellten sich ihm entgegen.
Dürfte er sich gegen Sie wehren?"

„Gewiß nicht."

„Und warum nicht?"

„Weil ich das Recht habe, mein Eigenthum gegen den Dieb zu
schützen."

„Und wenn er Sie nun getödtet hätte?"

„So wäre er ein Mörder."

„Wenn Sie nun aber ihn hätten tödten wollen?"

„Es würde nichts ändern. Ich habe das Recht, zur Vertheidigung
meines Eigenthums auch das Leben des Räubers anzugreifen. Aber
wozu die Fragen, Fräulein Ernestine?"

„Wenn nun aber der Dieb sie nicht gesehen, Sie gar nicht hier vermuthet hätte, und auf einmal, während er ruhig am Einpacken war,
fallen Sie von hinten über ihn her; darf er sich auch dann nicht wehren?"

„Auch dann nicht."

„Selbst wenn Sie ihn tödten wollten?"

„Wenn ich ihn tödten wollte? Müßte ich einen Angriff ja von seiner
Seite erwarten —"

„Nein, nein! Sie hätten ihn niedergeworfen. Sie knieten auf ihm.
Sie wären ihm an Kräften überlegen. Er wäre gar nicht im Stande,
sich zu wehren. Sie wollten ihn dennoch tödten, aus Rache, aus Haß,
— dürfte er sich auch da nicht wehren?"

Ihr Blick heftete sich mit der Angst des Todes auf mein Gesicht.
Sie wollte meine Antwort darin lesen, ehe meine Lippen sie aussprechen
konnten.

Eine furchtbare Ahnung hatte mich ergriffen, eine um so schrecklichere,
je unbestimmter sie war.

Von einem Verhältnisse ihres Bruders zu der Frau des Erschlage-
nen wußte ich nichts, wie in der ganzen Untersuchung mit keinem Worte
daran gedacht war.

„Fräulein Erneſtine!" mußte ich ausrufen, „wie kommen Sie zu den Fragen? An mich? Gerade heute?"

„Antworten Sie mir!" rief ſie. „Ich beſchwöre Sie. Wenn Sie den Dieb niedergeworfen hätten, und er könnte ſich nicht gegen Sie wehren, Sie wollten aber dennoch ihn tödten, dürfte er um ſein Leben gegen Sie kämpfen, und dürfte er, um das eigene Leben zu retten, Sie tödten?"

„Aber, mein Gott, Fräulein Erneſtine, der Mann ſoll ſich ja gar nicht wehren können!"

„Aber wenn ich nun hinzukäme und den Mann retten wollte, und das nicht anders könnte, als, indem ich Sie tödtete?"

„Sie, Erneſtine?"

„Wenn der Mann mein Bruder — mein Vater wäre?"

„Großer Gott, Kind, Kind!"

„Antworten Sie mir!"

„Man müßte Sie von Strafe freiſprechen."

„Müßte man?"

„Sie hätten ein Menſchenleben gerettet, das unrechtmäßig ange-griffen war."

„Ach!"

Sie fiel ohnmächtig auf den Stuhl zurück.

Ihre Kräfte waren erſchöpft. Nur die entſetzlichſte Angſt hatte ſie noch aufrecht halten können.

Sie kam wieder zu ſich.

Sie hatte zu mir kein anderes Wort geſprochen, als ich mitgetheilt habe. Aber ich wußte Alles.

Sie ſah mich mit einem glücklichen Blicke an.

Sie wollte ſprechen.

Ich kam ihr zuvor.

„Kein Wort weiter, liebe Erneſtine. Für Alles, was Sie mir noch würden ſagen können, fehlt der Beweis, und der Richter, wenn er Noth-wehr annehmen ſoll, muß einen ſehr ſtrengen Beweis fordern."

Sie ſah mich voll an mit ihren braven, treuen Augen, als wenn ſie mir ſagen wolle: „Sieh' mir in dieſe Augen. Lieſt Du eine Lüge darin?"

„Ja, ja, meine gute Erneſtine," mußte ich ihr auf den Blick erwi-dern, „ich, Ihr Freund, glaube ja der Unſchuld und der Treue. Aber gerade darum darf der Richter kein Wort weiter von Ihnen vernehmen. Doch noch Eins. Wann ist der Urlaub Ihres Bruders zu Ende?"

„In drei Tagen."

„Lassen Sie ihn keine Minute früher abreisen."

Als sie ging, mußte sie doch wieder bitterlich weinen. Aber bittere Thränen waren es nicht. —

Die Untersuchung über den Tod des Freiherrn führte zu keinem Resultate. —

———

Fast drei volle Jahre waren seit dem Tode des Freiherrn verflossen.

Seine Wittwe war mit ihrem Kinde in dem Schlosse wohnen geblieben. Sie hatte still und eingezogen gelebt. Sie hatte mit Niemandem Umgang gehabt. Nur das Fräulein Ernestine war mit ihr bekannt geworden. Das Fräulein, die meinen Kindern auch ferneren Unterricht ertheilte, erzählte es mir selbst.

Sie war, etwa ein Jahr nach jenen Begebenheiten, in dem Gärtchen hinter ihrem Hause gewesen. In dem offenen Wege zwischen dem Gärtchen und dem Parke hatte das Kind der Freifrau, ein allerliebstes Mädchen von fünf Jahren, mit ihrer Bonne gespielt. Durch eine Unvorsichtigkeit der Wärterin hatte sich das Kind blutig gefallen. Das Blut hatte stark geflossen, die Bonne den Kopf verloren. Ernestine war zur Hilfe hinzugeeilt. Aus dem Parke war die Freifrau herbeigekommen. So waren die Frau und das Fräulein zusammengetroffen und mit einander bekannt und dann Freundinnen geworden.

Sie waren Freundinnen geblieben.

Niemals hatte die Frau nach dem Bruder des Fräuleins gefragt. Niemals hatte diese von ihr ihm erzählt.

Aber mir erzählte sie, welch' ein Engel der Güte, der Milde und des Leidens die Frau sei, des stillen, gottergebenen Leidens.

Und der Bruder Ernestinens? Er war in seine Garnison zurückgekehrt. Er hatte seitdem seine Mutter nicht wieder besucht. Er hatte zum Oefteren geschrieben, an Mutter und Schwester; aber wie die Freifrau nicht nach ihm, so hatte er niemals, auch nur mit einem Worte nach ihr gefragt.

So waren beinahe drei Jahre verflossen.

Da wurde das Fräulein Ernestine nachdenklich, unruhig, gedrückt.

Eine Zeitlang konnte sie es auf dem Herzen behalten, was sie drückte. Dann mußte sie mich wieder allein sprechen.

„Mein armer Bruder geht zu Grunde."

„Ich denke, er ist Hauptmann geworden, Fräulein Ernestine."

„Aber die Briefe sprechen einen Gram aus, der ihm an dem Leben nagt."

„Und warum?"

„Er schreibt kein Wort davon, niemals, aber —"

„Ach! Und was macht die Freifrau drüben?"

„Der Gram zehrt auch sie auf. Sie gleicht einem sterbenden Engel, den man ohne Weinen nicht ansehen kann."

„Hm, Fräulein Ernestine, wie lange ist Ihr Bruder nicht hier gewesen?"

„Seit jener Zeit nicht, Herr Criminalrath. Es werden im nächsten Monate drei Jahre."

„Und seitdem lebt die Freifrau in der strengsten Wittwentrauer und Wittwenabgeschiedenheit?"

„Sie wissen es."

„Fräulein Ernestine, lassen Sie Ihren Bruder herkommen."

„Und?"

„Das Weitere überlassen wir dann dem Lenker der menschlichen Schicksale oben. Lieben sich die Beiden noch, dann haben sie nicht zu viel, aber auch nicht zu wenig gebüßt, und die Buße sühnt."

„O, das sagen Sie mir, als Criminalrichter?"

„Als Mensch, Fräulein Ernestine."

Mein Ausspruch hatte sie glücklich gemacht.

Ihr Bruder kam. Er und die Freifrau sahen sich wieder. Ernestine konnte es mir nicht ohne Thränen erzählen, wie der tiefererregte, blasse Mann und die zum Skelett abgemagerte Frau sich angeblickt, Jeder mit Vorwürfen gegen sich selbst und mit der innigen, klar und still gewordenen Liebe zu dem Anderen; wie die Frau dann so bitterlich geweint, wie er endlich gewagt, ein Wort an sie zu richten, nur ein Wort des Trostes, der Aufrichtung; wie sie dann Beide gewagt, einander in die Augen zu sehen, sich die Hände zu reichen.

Aber sie hatten schwer gebüßt, und die Buße sühnt.

Nach einem Jahre wurden sie Gatten.

Sie zogen nach Italien, wie es schon früher ihr Plan gewesen war. Ernestine und ihre Mutter gingen mit ihnen.

Erneſtine ſchrieb mir noch oft von ihrer ſtillen, glücklichen Liebe.
Und nun; hat noch Jemand einen Stein aufzuheben?
Gegen den Mann und die Frau, die gebüßt und geſühnt hatten?
Wer ſteht, der ſehe zu, auf daß er nicht falle!
Gegen den Criminalrichter, gegen mich?
Ich beuge mich in Demuth.

———•———

Die Mühle am schwarzen Moor.

Draußen war ein furchtbares Wetter.

Der Nordwestwind strich scharf durch die Tannen, die oberhalb der Mühle standen, und trieb Regen und Schnee heulend gegen die Fenster in dem Wohnhause des Müllers.

Es war an einem der letzten Tage des Novembers. Der Abend war schon herangebrochen.

In der Mühle befanden sich nur noch wenige Mahlgäste, die sich auch beeilten, bald fort zu kommen, sie hatten weite Wege bis nach Hause. Die Mühle lag einsam in öder Moorgegend und im Dunkel des Abends konnte man bei dem Unwetter doppelt leicht sich verirren, in Abgründe gerathen.

Der Müller trieb seine beiden Knappen an, er griff selbst mit zu, und obgleich er schon weißes Haar hatte, war er dennoch kräftig und rüstig.

Der Wind erhob sich stärker, er wurde Minutenweise zum Sturm und übertönte das Geklapper der Räder in der Mühle.

Der alte Müller trat manchmal mit bedenklichem Gesichte an das kleine Mühlenfenster und schaute in den Sturm und den dunkler wer-denden Abend hinein. Er sagte nichts, obgleich er wohl Vieles zu sagen gehabt hätte.

Einer der Gäste — es war gleichfalls ein ältlicher Mann — trat an ihn heran.

„Das ist gerade ein Wetter, Meister, wie damals. Ihr erinnert Euch doch noch?"

„Wie kann man so etwas vergessen?" entgegnete der Müller kurz, „es war auch gerade um diese Jahreszeit, und es sind jetzt einund-
45

zwanzig Jahre her. Der Mensch hätte also noch fünf bis sechs Jahre zu sitzen."

„So ungefähr. Er wurde zu sechsundzwanzig Jahren verurtheilt."

Ein anderer, jüngerer Mahlgast hatte sich den Beiden genahet.

„Ihr sprecht von dem Menschen, der vor langen Jahren den Moordamm da oben durchstochen hatte?"

„Von dem sprechen wir."

„Der soll wieder da sein."

Der alte Müller fuhr auf.

„Aus dem Zuchthause?"

„So sagen die Leute."

„Es ist nicht möglich, er wurde zu sechsundzwanzig Jahren verurtheilt und hat erst zwanzig gesessen."

„Die Leute sagen, der König habe ihn begnadigt; er habe sich gut geführt in der Strafanstalt, wahre Reue bewiesen, und da habe der König ihm den Rest der Strafzeit erlassen."

„D e r Reue?" sagte der Müller. „Das war der schlechteste und tückischste Mensch, der mir in meinem langen Leben begegnet ist."

Noch ein anderer, erst später angekommener Gast war hinzugetreten.

„Wenn Ihr von dem Brandstätter redet," sagte er.

„Ja," wurde ihm erwidert.

„Der ist wieder da, bei seinem Bruder, dem Korbmacher, der da hinten allein in der Möhringer Haide wohnt. Er soll in der gestrigen Nacht plötzlich und heimlich in das Haus gekommen sein. Aber von einer Begnadigung habe ich nichts gehört."

„Dagegen," sagte wieder ein anderer Gast — das Gespräch war allgemein geworden — „dagegen wurde heute bei uns in Buchholz davon gesprochen, daß vor ein paar Nächten zwei gefährliche Verbrecher aus Spandau ausgebrochen seien."

„In Spandau saß der Brandstätter," wurde bemerkt.

Den alten Müller hatte die neue Nachricht ergriffen. Blaß geworden, trat er unruhig an das kleine Fenster, um in das stürmischer gewordene Unwetter hinaus zu schauen. Das Gespräch wurde ohne ihn fortgesetzt.

„Wie war es eigentlich mit dem Durchstechen des Dammes?" fragte der jüngere Mahlgast, „ich war damals noch ein Kind."

„Wie das war?" sagte der ältere, „der Meister Leuthold hier hatte in der Mühle einen Knappen, mit dem er sich nicht gut stand, den Brandstätter, der jetzt wieder da sein soll. Was sie Alles mit einander hatten, darüber wurde wohl Viel gesprochen. Gewiß ist, daß der Knappe ein schlechter Mensch war, seinen Herrn und die Gäste bestahl, und das Geld mit nichtsnutzigem Gesindel in den benachbarten Dörfern durchbrachte. Sein Herr mußte ihn zuletzt den Gerichten anzeigen, und er kam wegen seiner Diebereien ein paar Monate in's Gefängniß und hatte dann keinen Dienst mehr. Dafür rächte er sich. In einer Nacht — es war gerade ein Wetter wie jetzt, es schneite und regnete und stürmte, und das Wasser stand hoch — da ging der schlechte Mensch mit Hacke und Spaten auf den Damm da oben, der die Mühle gegen das schwarze Moor schützt, stach den Damm durch, und zehn Minuten nachher war von der Mühle und dem Müllerhause nichts mehr zu sehen. Das hohe Wasser war mit einer schrecklichen Gewalt durch den durchstochenen Damm gestürzt und hatte Alles um und niedergerissen. Es war mitten in der Nacht. In der Mühle hatte Alles geschlafen. Die Müllerin war von dem Brausen des Wassers und dem Erschüttern des Hauses zuerst erwacht, sie hatte ihren Mann geweckt. Beide waren aufgesprungen. Da hatten sie das Wasser gesehen, das schon rund um sie her war. Die Frau griff nach ihrem einen Kinde, das neben ihr schlief, einem Mädchen von drei Jahren. Mit ihm sprang sie fort. Der Mann stürzte fort, das andere Kind zu holen, einen kräftigen Knaben von fünf Jahren, der hinten im Hause bei der Magd schlief. Als er hin kam, war es schon zu spät; das Wasser hatte die Kammer schon eingerissen. Er hörte die Magd noch um Hülfe schreien; er glaubte auch sein Kind zu hören. Als er hineinspringen wollte, wo er die Stimmen hörte, sah er das Mädchen, sein Kind im Arme, von den Wellen fortgetrieben, in den Wellen untergehen. Er konnte nur noch der Frau nacheilen, die mit dem einen Kinde nichts als das nackte Leben gerettet hatte. Die Leichen des Knaben und der Magd wurden erst am andern Tage aufgefunden. Ein Knappe, der in der Mühle schlief, war wie durch ein Wunder gerettet worden. Der Müller hat seit der Nacht das weiße Haar. Der Verbrecher wurde entdeckt und die Gerichte verurtheilten ihn zum Tode; weil aber das Gesetz nicht ganz klar war, so begnadigte ihn der König zu sechsundzwanzigjähriger Zuchthausstrafe."

Der alte Mann schloß seine Erzählung.

„Und der Mensch ist jetzt wieder da?"

„Ihr selbst habt es gesagt."

„Es mag dem alten Leuthold schwer genug an's Herz gehen."

„Man sieht ihm an, daß es das thut."

„Wenn der Mensch ausgebrochen wäre, so hat er wohl Grund."

„Auch wenn er begnadigt wäre. Man kennt solche Reue und Frömmigkeit und Gottesfurcht in den Zuchthäusern. Die schlimmsten Verbrecher werden da gewöhnlich die größten Heuchler, und sie können dreißig, vierzig Jahre lang ihren Haß und ihre Rache in den schlechten Herzen verschließen." —

Die beiden Knappen des Müllers hatten unterdeß die Arbeit gefördert. Sie hatten wohl nach dem Gespräche hingehorcht, mit großer Aufmerksamkeit sogar, aber sie waren dabei nicht müßig geblieben; nur den Einen hatte der Müller einmal antreiben müssen. Der Bursch, ein häßlicher Mensch mit röthlichen Haaren und störrischem Wesen, hatte sich von seiner Neugierde — oder war es etwas Anderes? — so beherrschen lassen, daß seine Arme völlig feierten. Als der Meister ihn antrieb, arbeitete er desto eifriger. Aber auch in ihm arbeitete etwas, und wäre es Tag oder heller in der Mühle gewesen, man hätte in dem tückischen Gesichte vielleicht lesen können, was es war.

Die Mahlgäste hatten sich nach und nach entfernt. Dann hatte der alte Müller Leuthold, der mit seinen beiden Knappen nun allein war, die Mühle geordnet und gesäubert. Es war Sonnabend, und zum Sonntage mußte Alles blank und rein sein.

„Ihr könnt jetzt gehen," sagte der Müller, als sie fertig waren, „ich werde abschließen."

Der eine der Knappen trat an ihn heran, der häßliche mit den rothen Haaren.

„Erlaubt Ihr mir, Meister, nach Buchholz zu gehen?"

„In den Krug?" fragte der Müller.

„Ja; es wird dort getanzt."

„Wie lange willst Du ausbleiben?"

„Wie lange darf ich?"

„Um Mitternacht kannst Du wieder hier sein."

„Gut."

Der Bursch ging still fort.

Den andern hielt der Müller zurück.

„Ich habe noch ein paar Worte mit Dir zu sprechen Stephan."

„Was ist's Meister?"

„Du gehst den Abend nicht mehr aus?"

„Bei dem Wetter nicht, Meister. Aber auch sonst nicht."

„Ja, ja, Du bist ein braver und solider Mensch."

Der Knappe wurde roth bei dem Lobe; er war ein hübscher Bursch, dem der weiße Mehlstaub in dem frischen Gesichte sehr wohl stand.

„Ich bin am liebsten hier," sagte er leise und nochmals erröthend.

Der Müller achtete nicht darauf.

„Du hast vorhin gehört," sagte er, „was über den Menschen, den Brandstätter gesprochen wurde?"

„Ja, Meister."

„Bliebst Du wohl heute Nacht wach mit mir? Morgen ist Sonntag, da kannst Du den Schlaf nachholen."

„Ich werde die ganze Nacht aufbleiben, Meister. Ihr könnt Euch ruhig schlafen legen."

„Nein, Stephan. Vier Augen sehen mehr als zwei."

„Fürchtet Ihr denn wirklich den Menschen, Meister?"

„Hast Du nicht gehört, was sie sprachen? Sage nur den Frauensleuten nichts. Die Sache kann gut gehen, dann hätten sie sich umsonst geängstigt. Morgen werde ich näher erfahren, was es mit dem Menschen eigentlich ist; wenn er aus Spandau ausgebrochen ist, so werden sie ihn Morgen schon unschädlich gemacht haben. Um so mehr muß man heute Nacht auf der Hut sein. Du kannst jetzt gehen."

Der Müller sah noch einmal in der ganzen Mühle umher, ob Alles in Ordnung und gut verwahrt sei. Dann schloß er die beiden Thüren, die nach außen führten, sorgfältig ab; durch die dritte ging er hinaus. Diese führte unmittelbar in das Wohnhaus, das mit der Mühle zusammengebaut war; man gelangte durch dieselbe in einen kleinen Gang, an dem die Wohnstube und neben dieser die Schlafkammer des Müllers lagen.

Er ging auf seine Wohnstube zu. Sein Gesicht war kummer- und sorgenvoll. Er suchte es aufzuheitern, als er an die Thür der Stube trat. —

In demselben Augenblicke vernahm er etwas, was ihn stutzen machte. Er zog die Hand von dem Drücker der Thür zurück und horchte.

Er horchte nach der Hausthür hin, die gleich rechts von ihm lag.

„Ein Wagen noch?" fragte er sich. „So spät und in solchem Wetter? Aber das ist kein Mahlgast mehr. Die Pferde scharren und es

hört sich an wie eine Kutsche. Wer kann das sein? Hier führt kein
Weg vorbei. Wer könnte zu mir wollen? Sollte sich Jemand in der
Dunkelheit verirrt haben? Der Wagen hält!" —

Vor dem Hause des Müllers hielt ein Wagen, der im raschen
Trabe den schmalen aber ebenen Weg, der zur Mühle führte, heran-
gefahren war.

Der Müller öffnete die Hausthür.

Eine herrschaftliche Equipage, mit zwei hellbrennenden Laternen,
hielt unmittelbar an der Thür. In dem Scheine sah der Müller zwei
stolze Rappen; auf dem Bocke einen Kutscher in weitem Mantel;
einen Bedienten, der schon vom Bocke herunter gesprungen war, um
den Kutschenschlag zu öffnen.

In dem Wagen erhob sich eine Dame, und auf den Arm des Die-
ners gestützt, stieg sie aus. Sie war in der Mitte der vierziger Jahre,
groß, vornehm, stolz in Gesicht und Haltung. Ihre Gestalt war dennoch gebeugt, ihr Gesicht verrieth Sorge.

Als sie den Müller sah, wollte sie sich stolzer erheben, doch vermochte sie es nur halb.

Der Müller erschrak bei ihrem Anblick; er erschrak, wie vor einem
Unglück.

„Ist Eure Tochter zu Hause?" fragte ihn die Dame.

„Ja, gnädige Frau. Aber —"

Sie überhörte stolz das Aber.

„Führt mich zu ihr."

Der Müller hatte sich gesammelt.

„Was wollen Sie von ihr?" fragte er.

„Ich habe ihr eine Mittheilung zu machen."

„Nein, gnädige Frau," sagte der Müller entschieden.

„Wie?"

„Sie können, Sie dürfen meine Tochter nicht sehen."

„Ich muß sie sprechen."

„Nein, gnädige Frau."

Der Ausdruck der Sorge in dem Gesichte der Dame trat fast
schmerzlich hervor.

„Meister Leuthold, es handelt sich um das Glück, um das Leben
eines Menschen."

„Wessen?" fragte der Müller.

Er ſah ſie finſter, beinahe drohend, bei der Frage an und ſie mußte vor dem Blick den ihrigen niederſchlagen.

„Meines Sohnes,“ konnte ſie nur leiſe antworten.

„Der Müller kämpfte heftig mit ſich.

Er hatte bittere, zornige Worte auf der Zunge, er konnte ſie nicht ganz zurück drängen.

„O, gnädige Frau,“ ſagte er, „ſeit vier Jahren muß ich hier tag= täglich ein zerſtörtes Menſchenglück um mich ſehen. Und wer hat es zerſtört? — Aber Sie ſollen mein Kind ſprechen, wenn es ſich um das Glück eines Menſchen handelt; ich will nicht Böſes mit Böſem ver= gelten. Folgen Sie mir. Ich muß nur erſt auf Ihren Beſuch vor= bereiten; treten Sie ſo lange in die Stube.“

Er führte ſie in ſeine Wohnſtube. Dort ließ er ſie allein, indem er eine Treppe hinauf ſtieg, die zu den oberen Kammern des Hauſes führte.

Die Töchter des Müllers.

Von den Kammern oben im Hauſe des Müllers waren zwei zu freundlichen Stübchen eingerichtet. Sie lagen neben einander und wur= den von den beiden Töchtern des Müllers bewohnt, ſeinen beiden ein= zigen Kindern, nachdem vor jenen zwanzig Jahren der Tod auf ſo grauſame Weiſe ſeinen Knaben ihm geraubt hatte.

Die beiden Schweſtern ſaßen in der Stube der älteren beiſammen.

Die Aeltere war eine große, ſchöne Frau von etwa dreiundzwanzig Jahren. Ihr feines, von einer Fülle des glänzendſten ſchwarzen Haares umgebenes Geſicht hatte den Ausdruck eines tiefen, aber edlen, faſt erhabenen Schmerzes. Sie trug Trauerkleidung, nach ſtädtiſchem Schnitt.

Die jüngere Schweſter war ein hübſches, liebliches Kind von un= gefähr ſiebenzehn Jahren. Aber ſie war ſchon zur vollen Jungfrau aufgeblüht und nur ihr friſches freundliches Geſicht hatte noch den Ausdruck des Kindlichen. Ihre Kleidung war mehr ländlich, als ſtädtiſch.

Dem Unterſchiede der Kleidung entſprach auch manches in dem

Wesen der Beiden. Die Jüngere erschien wie ein einfaches Land-
mädchen mit gesundem Sinne und einem fröhlichen Herzen, das freilich
auch schon sein Leid getragen und mitunter wohl noch zu tragen hatte.
Die Aeltere in ihrem stillen, edlen Schmerze, hatte Haltung und Bewegungen einer Dame, die die Welt gesehen hatte.

Die beiden Schwestern waren in einem angelegentlichen Gespräche.
Die ältere führte es ruhig, die jüngere konnte eine kleine Aufregung
nicht immer zurück halten.

„Der Vater wird also Ja sagen, Luise?“

„Aber Kind, ich habe Dir nur gesagt, daß er zufrieden mit ihm ist,
daß er ihn gelobt hat.“

„Seinen Fleiß, sein stilles Wesen, sein solides Betragen! Was will
der Vater mehr.“

„Er könnte noch manches Andere fordern. Zum Beispiel Vermögen. Stephan ist arm.“

„Aber der Vater ist reich.“

„Reich, Kind? Er hat Vermögen.“ —

„Und genug für uns Beide künftig. In zwei Theile geht es nur.“

Die ältere Schwester mußte trotz ihrer Trauer lächeln.

„Ei, Charlotte, Du hast schon getheilt?“

Die jüngere wurde roth.

„Ach Luise, es war wohl dumm von mir. Aber wir haben uns so
lieb, der Stephan und ich, und er ist arm. Da macht man sich allerlei
Sorgen.“ —

„Und man sucht sie sich auch wieder zu nehmen.“ .

„Ja, und da rechnete ich ihm denn vor —“

„Ah, auch schon gerechnet habt Ihr“

„Daß der Vater immer genug habe für zwei Familien, für Dich
und mich.“

Die ältere Schwester wurde wieder ernst, ernst und traurig.

„Es wird Alles für Dich sein, mein liebes Kind, für mich rechne
nicht.“

„Doch doch, Luise!“ rief eifrig das Kind. „Du wirst wieder glücklich werden; es werden wieder bessere Tage für Dich kommen.“

„Nie, Kind.“

„Doch, jetzt. Du bist —“

„Nie, nie!“

Luise, die ältere Schwester, rief die Worte leidenschaftlich. Sie war aufgesprungen und heftig ging sie in der Stube auf und ab.

Charlotte, die jüngere, sah ihr traurig nach. Nach einer Weile ging sie zu ihr.

„Verzeihe mir, Luise; und laß uns wieder von Stephan und mir sprechen. Es heitert Dich auf, wenn ich von uns plaudere. Und Du bist ja auch unsere freundliche Beschützerin."

„Und ich bin ja glücklich unter Euch," sagte Luise.

Das Mädchen hatte ihre Hand genommen und führte sie zu ihrem Sitze zurück. Dann setzte sie sich zu ihr und begann wieder zu plaudern.

„Ach, Luise, ich denke es mir prächtig, wenn ich hier künftig die Frau Müllerin bin, und Stephan der Müller. Denn die Mühle müssen wir nun schon haben. Für eine Müllerin, eine Frau Meisterin, bist Du viel zu vornehm. Du wirst wieder in die Stadt ziehen."

„Ich werde nur bei Dir bleiben, Kind. Hier — wenn Ihr mich behalten wollt."

„Behalten, Luise? Wie sprichst Du? Du bist die ältere, und wenn Du wolltest, könntest Du ja Mühle und Haus hier für Dich nehmen."

„Es soll Alles Dir bleiben, Charlotte."

„Und daß der Stephan arm ist, macht mir auch keine Sorge. Wenn der Vater auf Geld sähe — der Konrad hat Geld, seines Vaters Mühle wird ihm künftig zufallen — der Vater kann ihn dennoch nicht leiden. Und, Gott sei Dank, zu Neujahr läßt er den häßlichen Menschen gehen. Nicht wahr, er hat ihm schon gekündigt?"

„Er hat ihm gekündigt."

„Mir wird ein Stein vom Herzen fallen, wenn er fort ist. Gott hat ihn gezeichnet mit seinen rothen Haaren —"

„Charlotte!"

„Ja, ja, Luise, solch ein Sprichwort ist ein wahres Wort. Sieh Dir den Menschen einmal recht genau an. Besonders in den letzten Wochen, seitdem er weiß, daß er fort muß, sieht er so recht tückisch aus. Und vorhin kam er mir ordentlich unheimlich vor. Er war auch so boshaft gegen mich."

„Vorhin?" fragte die ältere Schwester.

„Er begegnete mir unten im Flur; er hatte seinen besseren Rock angezogen und wollte ausgehen. Als er mich sah, blieb er stehen und sah mich frech an."

„Wollen Sie nicht mit mir gehen, Jungfer Charlottchen?"

„Ich gehe nicht aus, sagte ich kurz."

„Ich gehe nach Buchholz, zum Tanzboden."

„Ich gehe auf keinen Tanzboden."

„Ja, ja, das will hoch hinaus zu einem Bettler. — Ah, wenn der, wenn der Herr Stephan Sie hinführen wollte, dann würden Sie nicht nein sagen. Aber mit einem Bettler kann man eine Bettlerin werden, Jungfer Charlottchen."

„Damit ging er lachend zum Hause hinaus. Ich mußte ihm fast erschrocken nachblicken."

„Kümmere Dich nicht um den Menschen," sagte die ältere Schwester. „Er ist eifersüchtig auf Stephan. Wenn er von hier fort ist, wird er nicht weiter an uns denken."

„Er ist rachsüchtig, Luise, Gott hat ihn gezeichnet."

Das Gespräch der Schwestern wurde unterbrochen. Ihr Vater trat zu ihnen ein.

Er hatte sich zusammengenommen. Doch sah man ihm an, daß er etwas auf dem Herzen habe.

Er wandte sich an die ältere Tochter.

„Die Frau von Bilau ist hier, Luise."

Sie war bei dem Namen leichenblaß geworden.

„Was will sie?" sagte sie aufspringend.

„Sie will Dich sprechen."

„Nie, niemals."

„Ich habe ihr das gesagt; doch sie besteht darauf, sie habe Dir eine wichtige Mittheilung zu machen."

„Ich habe nichts gemein mit der Frau, gar nichts. Sagt ihr das, Vater, schickt sie wieder fort. Ich kann sie nicht sprechen."

„Es handle sich um ein Menschenleben, sagte sie."

„Wenn auch, wenn auch!"

„Um das Leben ihres Sohnes."

„Ja, ich weiß das, ich ahne es. Aber nein —"

Nein! wollte sie noch einmal sagen, fester, entschiedener. Aber sie sprach das Wort nicht aus. Ihre Kraft war gebrochen, oder vielmehr ihre Aufregung, die Heftigkeit, die sie plötzlich ergriffen hatte.

Sie mußte sich auf ihren Stuhl setzen. Ein Strom von Thränen entfloß ihren Augen, sie ließ sie still fließen; dann erhob sie sich.

„Laßt die Frau herein kommen, Vater. Sie soll nicht meinen, daß ich mich vor ihr fürchte. Und wenn ich recht errathe, weshalb sie gekommen ist, so soll sie von mir die Gründe vernehmen, aus denen ich nicht kann, was sie will. Führt sie zu mir. Aber laßt mir noch ein paar Minuten Zeit, sie darf die Thränen nicht sehen, die ich nicht zurück halten konnte."

Der Vater ging.

„Verlasse auch du mich, Charlotte," bat die ältere Schwester die jüngere. „Du darfst nicht hören, was ich mit der Frau zu sprechen habe; Du darfst nicht."

Ueber die frischen Wangen des hübschen Mädchens waren schon lange die hellen Thränen geströmt.

„Arme Schwester," sagte sie, „auf Deinem Herzen muß ein schweres Unglück liegen. Kannst Du mir es denn nie mittheilen, damit ich es Dir könnte tragen helfen."

„Ja, Kind, Du sollst es erfahren, vielleicht heute noch. Ich ahne, daß die Frau mir schwere Dinge zu sagen hat; da werde ich einer Freundin bedürfen, an deren Brust ich mein Herz erleichtern kann, an Deiner, Du gutes, treues, unschuldiges Kind. Gehe, gehe jetzt."

Auch das Mädchen ging.

Die Zurückgebliebene mußte noch immer nach Ruhe ringen; selbst ein sicherer, fester Entschluß fehlte ihr noch.

„Werde ich stark genug sein? Ich muß, ich muß es."

Die Thür des Stübchens öffnete sich, die Frau von Bilau trat ein, nicht mit ihrem ganzen Stolze. Sie suchte sogar den harten Zügen ihres Gesichts einen milderen Ausdruck zu geben.

Die junge Frau, ihr gegenüber, wurde dennoch von einem heftigen Zittern befallen.

Die vornehme Dame sah es; ihre Gestalt erhob sich stolzer, imponirender.

Luise hatte ihr schweigend einen Stuhl angewiesen, die Dame ließ sich nieder.

„Setze Sie" — sagte sie — „Setzen Sie," verbesserte sie sich herablassender, „setzen Sie sich zu mir, Madame, ich werde lange mit Ihnen zu sprechen haben."

Luise nahm ihr gegenüber Platz; sprechen konnte sie nicht.

Auch die Frau von Bilau mußte nach einem Eingange suchen.

„Madame Brunner," hob sie an.

Da hatte auch die junge Frau die Sprache wieder gefunden.

„Nicht den Namen, gnädige Frau," sagte sie beinahe heftig. „Sie wissen, daß ich ihn keine Stunde geführt habe."

Die Frau von Bilau blieb ruhig und ward kälter.

„Aber Sie hatten immer ein Recht, den Namen zu führen."

„Vor den Gesetzen — vielleicht."

„Und jetzt lebt Niemand mehr, der Ihnen denselben streitig machen könnte."

„Meine Ehre lebt noch, Frau Baronin!" rief die junge Frau.

Aber auf einmal erblaßte sie.

„Was sage ich? Meine Ehre? — Meine Schande lebt! Mit mir, immer mit mir. Und die Ehre jenes braven, unglücklichen Mannes. Doch, gnädige Frau, lassen Sie uns hier nicht streiten. Darf ich Sie bitten mir zu sagen, was Sie zu mir führt?"

„Eine Bitte an Sie, Madame."

„Lassen Sie hören."

„Ich kann ohne weitere Einleitung zu Ihnen sprechen — das ganze Unglück ist Ihnen bekannt."

Die junge Frau war noch einmal außer Stande, sich zu beherrschen.

„Unglück?" rief sie. „Nur von Unglück sprechen Sie? Jetzt? Ha, früher war es Ihnen auch nicht einmal ein Unglück. Mit Geld, sagten Sie —"

„Wir wollen hier nicht streiten, Madame," unterbrach die ablige Dame die Tochter des Müllers.

„Wohl, Frau Baronin, wir wollen nicht streiten, kommen Sie zu Ihrem Anliegen.

Sie konnte die Worte endlich mit voller Ruhe sprechen, sie hatte sich ganz gefaßt.

Die Baronin hatte ihre unerschütterliche Ruhe nicht verloren.

„Madame, Mein Sohn sitzt jetzt seit drei Jahren in der Festung."

„Ja, Frau Baronin."

„Seine Strafzeit würde noch siebenzehn Jahre dauern."

„Das Urtheil lautete auf zwanzig Jahre."

„Alle unsere bisherigen Schritte für seine Begnadigung sind vergeblich gewesen."

„Der König Friedrich Wilhelm der Dritte ist ein gerechter Monarch, Frau Baronin."

„Der König hat jetzt endlich ein geneigtes Gehör versprochen, wenn —"

„Wenn?" rief die junge Frau und ihr Auge flammte.

„Der König will es allein auf Sie ankommen lassen."

„Auf mich?"

„Sein Ausspruch ist wörtlich folgender: Wir sollen Ihnen ein Kapital von zwölftausend Thalern auszahlen —"

„Ich will Ihr Geld nicht, Frau von Bilau!" fuhr die junge Frau auf, glühend roth in dem feinen, edlen Gesichte.

„Darf ich bitten, mich mit Ruhe anzuhören?"

„Fahren Sie fort, ich werde Sie mit Ruhe anhören.

„Wir sollen Ihnen also zwölftausend Thaler zahlen. Mein Sohn soll dann an Sie schreiben und Sie um Verzeihung und um Ihre Verwendung bei dem Könige für seine Begnadigung bitten."

Die adlige Dame sah die Tochter des Müllers prüfend und fragend an.

Die junge Frau blickte schweigend vor sich nieder.

Jene fuhr fort.

„Mein Sohn soll ferner, so lange Sie leben, oder sich hier aufhalten, seinen Wohnsitz in einer anderen Provinz der preußischen Staaten nehmen."

Die Dame sah wieder die junge Frau an. Diese blickte noch immer vor sich nieder.

„Sie sagen mir nichts, Madame?"

„Sie haben mir nichts weiter zu sagen, Frau Baronin?"

„Ist Ihnen das Alles nicht genug der Satisfaction?"

„Zu welchem Zweck, gnädige Frau? Kommen Sie zum Schluß, zu Ihrem Anliegen an mich."

Nach dem Allen sollen Sie dann den König um die Begnadigung meines Sohnes bitten."

„Ha, der König ist doch gerecht. Jenes Andere waren die Vorschläge, die Sie und Ihre hohen Verwandten und Freunde dem Könige gemacht hatten, um ihn zu bewegen, daß er unter der Maske einer edlen Gnade das Recht beuge. Der König blieb gerecht. Ja, Frau Baronin, alle Ihre bisherigen, alle jene Schritte waren vergeblich. Die letzte Bedingung ist allein die des Königs, sie ist eine königliche."

„Und Ihr Entschluß, Madame?"

„Mein Entschluß? Frau von Bilau, Ihr Geld will ich nicht, ich bedaure, daß ich es Ihnen nochmals erklären muß. Ich bedaure es um Ihretwillen. Erinnern Sie sich — doch nein. Lassen Sie mich fortfahren. Wo in der Welt Ihr Sohn sich aufhält ist mir gleichgültig, denn mich sieht die Welt nicht mehr. Was aber jene letzte Bedingung betrifft, die des Königs, so kann ich sie nicht erfüllen, gnädige Frau. Niemals werde ich für ihren Sohn um Gnade bitten."

Die junge Frau sprach die Worte mit der größten Ruhe, aber auch mit der größten Festigkeit und Entschiedenheit.

Die Baronin erbleichte, aber nur in ihrem gekränkten Stolze.

„Madame Brunner!"

„Frau von Bilau?"

„Sie haben mir Ihren letzten Entschluß gesagt?"

„Meinen ersten und letzten."

„Madame, Sie haben das Leben meines Sohnes in Ihrer Hand. Mein armer Fritz — seine Gesundheit ist angegriffen — er hält es kein Jahr mehr in dem furchtbaren Kerker aus und seine Strafzeit soll noch siebenzehn Jahre dauern. Werden Sie nicht seine Mörderin. Der König ist unerbittlich, sein Wille ist unabänderlich."

„Und der König hat Recht, Frau Baronin. Ihr Sohn hat mehr als einen Mord auf seinem Gewissen. Von meinem zerstörten Lebens-glück will ich nicht sprechen. An den unglücklichen Mann — o, ihm ist wohl in seinem Grabe. — Aber meine Mutter, meine arme Mutter! — Nein, Frau von Bilau. Die Schmerzen, die Leiden, der Tod mei-ner Mutter — nie kann ich das vergessen, nie, nie kann ich das ver-zeihen."

Sie war wieder in großer, heftiger Bewegung, die unglückliche Frau. Sie stand auf.

„Verlassen Sie mich, gnädige Frau," sagte Sie; „ich bitte Sie darum. Quälen Sie mich nicht länger, ich schwöre Ihnen, es ist ver-geblich."

Die stolze Dame war bleicher geworden. Auch sie erhob sich, mit sich kämpfend. Ihre dringenden Bitten waren zurück gewiesen — von der Tochter eines Müllers! Sie hatte vielleicht noch nie eine Frau, die dem Stande nach so tief unter ihr war, um etwas gebeten, in solcher Weise, wie hier, gewiß noch nicht. Sollte sie gleichwohl noch weiter bitten? Sie mußte es.

Sie nahm die Hand der Müllerstochter.

„Madame — Luise, Sie liebten einst Fritz."

Die junge Frau zuckte zusammen, antworten konnte sie nicht.

„Und Sie wollen, Sie können ihn in seinem Kerker sterben lassen?"

Die junge Frau verhüllte ihr Gesicht. Antworten konnte sie wieder nicht.

„Luise, Sie lieben ihn noch."

Man hörte das laute Schluchzen der unglücklichen jungen Frau. Sie hielt beide Hände vor das Gesicht gepreßt, sie kämpfte wohl den schwersten Kampf ihres Lebens mit sich.

„Und er liebt Sie, Luise," fuhr die Frau von Bilau fort. „Er liebte Sie immer, er liebt Sie noch, und ich — ja, ich habe meinen Stolz, nennen Sie es selbst meinen Hochmuth — ich habe ihn überwunden. Er ist mein einziges Kind. Ich muß ihn wieder glücklich sehen. Luise, ich biete Ihnen seine Hand an, werden Sie meine Schwiegertochter. Ich bitte Sie darum. Lassen Sie mein Kind nicht sterben."

Da erhob die junge Frau sich stolz. Sie trat vor die Baronin, enthüllte ihr Gesicht, gebot ihren Thränen. Sie sprach mit strengen Worten und mit strengem Blick:

„Frau Baronin von Bilau, als jene entsetzliche That geschehen war, die Sie vorhin nur ein Unglück nannten, als ein Lebensglück frevelhaft zerstört, eine brave Familie in ihrer Ehre, in ihrem Frieden vernichtet war, als meine Mutter in der Angst um ihr Kind, in der furchtbaren Todesangst da lag, da konnten Sie vor diese arme unglückliche, mit dem Tode ringende Mutter hintreten, da konnten Sie nicht einmal ein Unglück sehen, aber mit Ihrem harten und hochmüthigen Herzen konnten Sie hart und hochmüthig sagen: Nun, was ist denn? die Sache wird mit Geld abgemacht! Und Sie hatten das Herz meiner Mutter tödtlich getroffen, Frau Baronin. Sie starb! Wollen Sie noch eine Antwort von mir?"

Die Frau von Bilau sprach kein Wort mehr, in ihren Shawl sich hüllend, verließ sie schwankend das Zimmer.

Die Tochter des Müllers sank erschöpft auf einen Stuhl.

Der Knappe und sein Gefährte.

Der Sturm schlug lauter an die Fenster der Mühle. Er strich heftiger an den Mauern vorüber. Die hohen Tannen beugte er, als wenn sie brechen sollten. Er trieb keinen Regen mehr, aber den Schnee desto

dichter und wilder. Die großen, schweren Flocken erfüllten und ver=
finsterten die Luft, daß man keine zehn Schritte weit sehen konnte.

Hören konnte man noch weniger in dem Heulen und Brausen rund
umher.

„Besser hätten wir es wohl nicht treffen können," sagte von zwei
Männern, die eilig, aber dennoch vorsichtig durch das Unwetter schrit=
ten, der Eine zu dem Andern.

Sie gingen ohne Pfad, in der tiefen Finsterniß mitten, in der Haide.
Sie kannten gleichwohl den Weg, den sie zu nehmen hatten, wenigstens
der Eine der vorn ging; er schritt sicher einher, ohne anzuhalten, ohne
sich zu besinnen, ohne sich nur einmal umzusehen. Er hatte auch ge=
sprochen.

Sein Begleiter folgte ihm schweigend.

Sie gingen Beide schweigend weiter, jeder ein Grabscheid und eine
Hacke tragend.

Nach einer Weile machte der Erste Halt.

„Hörtest Du nichts?"

„Ich höre nur den Sturm."

„Es war mir, als wenn ich Stimmen gehört hätte."

„Wer wollte an dem späten Abend in solchem Wetter durch die
Haide gehen?"

„Gehen wir doch! Aber laß uns horchen."

Sie hörten nichts.

„Es war nichts. Gehen wir weiter."

„Haben wir noch weit?" fragte der Zweite.

„Wir sind bald da."

Sie gingen noch ein paar hundert Schritte, dann hörten sie wirk=
lich ein Geräusch.

„Was ist das?" fragte der Zweite, der auch gefragt hatte, ob sie
noch weit hätten.

„Die Mühle," antwortete der Andere. „Der Wind schlägt an die
Fenster und fährt durch die Mühlenräder. Es klingt sonderbar genug."

„Aber man sieht nichts."

„Kann man durch den dichten Schnee sehen?"

„Auch kein Licht."

„Desto besser, wenn sie drinnen Alle zu Bett wären. Aber die
Mühle liegt in der Tiefe. Laß uns hingehen, wir wollen nachsehen,
ob sie auf sind.

Sie schritten näher an die Mühle hinan.

Das Haideland, in dem sie bisher gingen, lag hoch. Es war nach allen Seiten flach. Nur rechts von ihnen zog sich dunkel eine lange, gleichmäßige Erhöhung hin, wie ein Wall oder eine Mauer. Sie war mehr als Manneshoch. Man konnte in der Finsterniß ihr Ende nicht absehen.

„Das ist der Damm des schwarzen Moores?" fragte der Zweite der beiden Männer.

„Ja."

„Da ist unsere Arbeit?"

„Ja, aber mehr nach links, vor uns. Der Damm hat hier gleich eine Biegung, daran müssen wir vorbei."

Sie waren dem Damm näher gekommen und gingen wenige Schritte an ihm entlang. An seiner andern Seite hörten sie das Plätschern von Wellen, die an ihn heran schlugen.

„Das Wasser ist wild!"

„Und hoch. — Aber geh' hier vorsichtig, wir sind an der Mühle."

Sie waren in einem schmalen Pfade, der sich senkend, in eine Schlucht zu führen schien.

Von dort unten, aus der Tiefe herauf, tönte auch das Brausen des Windes, der an die Fenster schlug und durch die Räder fuhr.

„Da unten liegt die Mühle?"

„Da unten."

Sie stiegen den Pfad hinunter und befanden sich wirklich in einer sehr engen Schlucht, die von zwei steilen Wänden eingeschlossen, fast einem Hohlwege glich.

Hart an der einen lag die Mühle und das Wohnhaus des Müllers; der obere Stock des Wohnhauses überragte die Wand. Aus einer Thür, die dort angebracht war, gelangte man vermittelst einer schmalen, etwa sechs Fuß langen hölzernen Brücke unmittelbar zugleich in's Freie und auf die Höhe. Der Müller hatte da einen kleinen Garten angelegt.

An der andern Wand, zwischen ihr und den Mühlengebäuden, zog der Weg sich hin, der zur Mühle führte, ein schmaler Fahrweg, eben breit genug für ein Fuhrwerk. Hinter der Mühle war er einige Schritte breiter, zum Umdrehen der Wagen, die zur Mühle kamen und in demselben Wege wieder zurück mußten.

Dreißig Schritte oberhalb der Gebäude, zunächst dem Wohnhause endete die Schlucht, oder fing sie an, wie man will. Der Damm des schwarzen Moores zog sich dort quer vorüber und hinter ihm dehnte in einem ungeheuren, runden Kessel, von dem Umfange einer Stunde das sogenannte schwarze Moor sich aus. Es war ein Landsee, gespeis't von vielen Bächen und Quellen. In Regenzeiten, besonders im Herbst und im Frühjahr, stieg sein Wasser hoch, und es wurde der Umgegend gefährlich; daher war es mit jenem hohen weiten Damm umgeben.

Die größte Gefahr brohte der Mühle.

Nur wenige Schritte von ihm enfernt, tief unter dem Wasser liegend, in der engen Schlucht eingeschlossen, waren, wenn der schützende Damm einmal durchbrochen wurde, die Gebäude unrettbar verloren, mit Allem, was darin war, und sich nicht früh genug retten konnte. Eine Rettung war fast nur möglich durch jene Thür in dem oberen Stock des Wohnhauses, die über die kleine Brücke aus der Schlucht in das Gärtchen führte.

So hatte, als vor einundzwanzig Jahren der jetzt aus dem Zuchthause entlassene oder entsprungene Brandstätter aus Haß und Rache den Damm durchstochen, das wüthende Wasser beinahe in wenigen Minuten Haus und Mühle nieder gerissen, und nur der Müller, sein Weib und sein eines Kind hatten das nackte Leben retten können, sein Knabe hatte mit der Magd in den Fluthen den Tod finden müssen.

Es ist noch Eins zu bemerken. Der Bach, der die Mühle trieb, fiel an der Seite des schwarzen Moores in die Schlucht hinab. Er war in einem überwölbten Kanal unter dem Wohnhause hergeleitet, um dann die Räder der unterhalb liegenden Mühle zu treiben.

Die beiden Männer, die in die Schlucht, den Mühlengrund, hinab gestiegen waren, hatten in dem schmalen Fahrwege Halt gemacht und waren ungefähr zwanzig Schritte von der Mühle entfernt. Sie schauten und horchten nach dieser hin.

„Es ist Alles still!"

„Aber da oben brennt ein Licht."

„Das einzige im Hause. Es ist in der Stube der ältesten Tochter, die immer in die Nacht hinein wacht."

„Die Andern wären also zu Bett?"

„Wie gewöhnlich um diese Zeit. Wir können ruhig an's Werk gehen."

Der Eine der fremd oder fremder war, hatte, trotz der Dunkelheit, sich unterdeß umgesehen.

„Höre, Konrad," sagte er, „wenn der Damm entzwei ist, so rettet hier keiner das Leben."

„Meinetwegen," war die kurze Antwort.

Wie häßlich hätte man den rothhaarigen Bösewicht finden müssen, wenn man in der tiefen Finsterniß sein Gesicht hätte sehen können!

Sie stiegen wieder den Pfad hinauf, den sie gekommen waren. Unterwegs aber sprach der Knappe zu seinem Gefährten weiter:

„Ja, meinetwegen mögen sie Alle umkommen. Sie hassen mich Alle. Und ist keiner mehr da, so kann keiner auf mich rathen."

„Aber wenn Andere auf Dich riethen?" sagte sein Begleiter.

„Man wird an den Brandstätter denken. Und wer kann mir am Ende etwas beweisen?"

„Dem Brandstätter wird man noch weniger beweisen können."

„Er hat den Verdacht gegen sich."

„Wenn er nun aber zu Hause wäre, und sein Bruder könnte beschwören, er sei in der Nacht zu Hause gewesen?"

„Sein Bruder kann nicht beschwören, er ist ein bestrafter Dieb. Aber ich bin ehrlich und ehrlicher Leute Kind."

„Und ich?" fragte der Andere.

„Du, Andreas, bekommst morgen Deine fünfzig Thaler, die ich Dir versprochen habe, und hast nur zu schweigen und Dich um nichts weiter zu bekümmern."

Sie hatten wieder die Höhe erreicht und standen unmittelbar an dem Damm, der sich neben ihnen umbog, um dann in gerader Linie quer vor dem Mühlengrunde sich herzuziehen.

„Steigen wir hinauf," sagte der Knappe, „hier ist der Pfad, der hinaufführt, folge mir."

Der Damm war stark und fest gebaut und wohlerhalten, denn der alte Müller Leuthold, dessen Wohlstand, Leben und der Seinigen Leben von dem Damm abhing, hatte dafür gesorgt.

Er war an fünfzehn Fuß hoch und die Breite betrug unten beinahe das Doppelte. Dann lief er auf beiden Seiten schräg aufwärts, und oben an seiner Krone war er noch neun bis zehn Fuß breit. Da oben war er meist mit Weiden bewachsen.

Der Knappe Konrad führte seinen Begleiter Andreas oben etwa zwanzig Schritte weit zwischen den Weiden, dann machte er Halt.

„Hier ist die Stelle, wo wir graben müssen."

Der Verbrecher hatte die passendste Stelle zu seiner bösen That ausgesucht.

Sie standen gerade vor der Mitte der Schlucht. Weiden, die sie beim Graben hindern mußten, waren nicht da, wohl aber, um sie bei ihrer Arbeit zu verbergen, zu beiden Seiten umher. Sie bedurften indeß kaum eines verbergenden Schutzes, denn die vollste Finsterniß umgab sie, die dichten Schneeflocken hüllten sie vollends gegen jedes spähende Auge in ein undurchdringliches Dunkel. Sie sahen nichts, man konnte auch nichts von ihnen sehen.

„Wir haben auch das Geräusch unserer Arbeit nicht zu fürchten," sagte der Knappe, „in dem Sturm hört uns Einer nicht, der zehn Schritte von uns steht. Sehen wir zu, wo wir am besten anfangen."

Sie wandten sich nach der Seite des Moores. Hier sahen sie nur die dunkle, wogende Wassermasse. Sie war hoch gestiegen und dicht an ihren Füßen, die sie fast bespülte. Wenn eine Welle von dem Winde gepeitscht wurde, schlug sie über die Böschung hinüber und ihr Schaum bespritzte die Weiden, die oben standen.

„Es ist ein gut Stück Arbeit," sagte der Gefährte des Knappen, indem er die obere Breite des Dammes gemessen hatte.

„In einer Stunde können wir fertig sein," erwiderte der Knappe. „Das Erdreich ist von dem Regen aufgelockert, beginnen wir daher hier, an dem äußersten Rande des Dammes und graben hier eine Rinne, drei Fuß breit ist genug. Das Wasser, wenn es einmal darin ist, reißt sie in einer Minute sechs, acht, zehn Fuß breiter. An's Werk! Zuerst lockern wir mit den Hacken noch mehr den Boden auf. — Und nun den Mund zu und die Ohren offen; es könnte doch Jemand kommen, und wir müssen Alles hören!"

Sie legten die Grabscheite neben sich, und nahmen Jeder seine Hacke zur Hand. So wollten sie beginnen, in den Boden einzuhauen.

„Halt!" rief auf einmal leise der Knappe. „Was ist das?"

Sie standen an dem äußeren, von dem Moore abgewandten Rande des Dammes, nach der Seite der Mühle hin. Dort mußten sie, wie der Knappe gesagt hatte ihre Arbeit beginnen, um sie nach der inneren, der Wasserseite, hinzuführen. So war die Gegend zwischen ihnen und der Mühle frei; nur die Finsterniß lag darüber.

In der Finsterniß erschien plötzlich ein Licht und bewegte sich in der Nähe der Mühle, dann nahete es sich ihnen.

„Verdammt," sagte der Knappe. „Wenn der Müller Verdacht be-

kommen hätte und hier nachsehen wollte! Die Nachricht von der Rückkehr des Brandstätter ergriff ihn. Wahrhaftig, das Licht kommt auf den
Damm zu. Es ist eine Laterne. Es sind zwei Menschen dabei. Sicher
der Müller und Stephan. Möchte sie Beide der Teufel holen. Sie
werden hierher kommen, um nachzusehen, ob der Damm in Ordnung
ist." —

„Was machen wir da?" fragte der Gefährte des Knappen.

Der Knappe hatte über etwas gebrütet.

„Andreas, mir kommt ein Gedanke."

„Was ist's, Konrad?"

„Hast Du Muth, Mensch?"

„Wenn Du das nicht wüßtest, hättest Du mich nicht gedungen."

„Höre! Wir verstecken uns in den Weiden, halten unsere Hacken
schlagfertig und lassen sie heran kommen. Einen Menschen hier zu
treffen, daran werden, daran können sie nicht denken. Sind sie bei
uns, so nimmt Jeder seinen Mann, den, der ihm am nächsten ist. Die
Hacke ihm in den Kopf, ihn dann den Damm hinunter in das Moor
geworfen! Was meinst Du, Andreas? Du sagst nichts?"

„Nein," sagte der Andere.

„Du willst nicht? Du hast keinen Muth?"

„Du hast mich dazu nicht gedungen."

„Es ist eine leichtere Arbeit."

„Aber es ist ein Mord."

„Und das Andere nicht, wenn das Wasser sie Alle begräbt?"

„Da haben wir nur das Wasser los gelassen. Was dann kommt,
steht in Gottes Hand."

Es war eine eigenthümliche Logik. — Die Verbrecherwelt hat in
Vielem ihre besondere Logik. Nicht blos die gewöhnliche Verbrecherwelt; auch die andere, die höhere, die nicht dem Strafgesetze zu verfallen pflegt. —

„Du willst nicht, Andreas?" fragte der Knappe noch einmal.

„Für kein Geld in der Welt."

„So komm."

„Wohin?"

„Zurück können wir nicht; wir würden den Beiden geradezu in die
Hände rennen. Wir müssen weiter."

„Wohin?"

„Dort links; den Damm hinunter, nach dem Mühlbache zu."

„Aber wenn wir verfolgt werden. Wir können nicht über den Bach."

„Aber hindurch, Bursch. Hast Du Hacke und Spaten? Wenn hier etwas gefunden würde, es wäre Alles vorbei."

„Ich habe sie."

„Fort!"

Sie eilten, ungesehen in der Finsterniß, und ungehört in dem Sturme, auf der Höhe des Dammes nach links.

Rechts, hinter ihnen erschien oben auf dem Damme das Licht.

Schon nach dreißig Schritten machte der Knappe Halt.

„Hier müssen wir hinunter, da unten ist der Bach. Aber wir sind hier sicher. Sollte man uns auch verfolgen, wir sind im Augenblicke in dem Wasser und drüben. Der Bach ist nicht tief. Wir wollen hier horchen."

Das Licht war auf dem Damme langsam und vorsichtig näher ge= kommen. Nach einer Weile bewegte es sich nicht weiter. Es mußte an derselben Stelle sein, wo die Beiden hatten graben wollen.

„Ah, sie haben die rechte Stelle getroffen. Welch' ein Glück, daß unsere Hacken noch keinen Hieb gethan hatten. Es ist nichts zu sehen. Sie werden beruhigt zurück kehren und wir können ohne alle weitere Störung zu Ende arbeiten."

Es war so, wie der Knappe sagte.

Das Licht bewegte sich auf dem Damme hin und her, bald hoch gehalten, bald dicht unten am Boden. Ohne Zweifel wurde die Be= schaffenheit, des Bodens, und ob sich nichts Verdächtiges zeige, auf das sorgfältigste untersucht. Man ging dann noch etwa fünf Schritte wei= ter vor.

Die Suchenden sprachen dabei.

„Es sind der Müller und der Stephan," flüsterte der Knappe sei= nem Begleiter zu. „Aber ich verstehe kein Wort von dem, was sie sprechen. Verstehst Du etwas?"

„Nein."

Das Licht entfernte sich wieder eben so ruhig und langsam und ver= schwand von der Höhe.

„Wir haben gewonnen Spiel!" frohlockte der Knappe Konrad. „Kehren wir zu unserer Arbeit zurück."

Das Licht war auch in dem Mühlengrunde verschwunden; der Müller und sein Knappe Stephan mußten wohl in das Haus zurück gekehrt sein.

„Beginnen wir," sagte der Knappe Konrad zu seinem Begleiter, als sie zu der Stelle zurück gekehrt waren.

„Sie schlugen die Hacken in die Erde ein. Es machte wenig Geräusch in dem aufgeweichten Boden, unter dem Anschlagen der Wellen an der anderen Seite des Dammes, unter dem Brausen des Windes auf allen Seiten.

„Uns hört Niemand, wir sind völlig sicher bei der Arbeit; sie fördert sich auch in der weichen Erde. In einer Stunde können wir fertig sein. Dann liegen sie Alle im tiefsten Schlafe. Sie hatten nichts gefunden und werden sich jetzt unbesorgt nieder legen."

Die Arbeit förderte sich und in einer Stunde konnte sie beendigt sein. Es war dann auch mit allen den armen Menschen zu Ende, die in der Mühle schliefen.

Aber die Verbrecher wurden noch einmal unterbrochen.

Der Wind wehte ihnen von der Haide her Töne zu, über die sie nicht sogleich in's Klare kommen konnten.

„Was ist denn das wieder?"

„Es kommt näher."

„Halten wir ein mit der Arbeit."

„Es sind Pferde."

„Zwei Reiter kommen durch die Haide."

„Wohin können die wollen?"

„Das klirrt wie Waffen."

„Wenn es Gensdarmen wären!"

„Und sie kommen wahrhaftig hierher."

„Es können nur Gensdarmen sein, die den Brandstätter suchen.

„Und wenn sie ihn suchen, werden sie auch hier auf dem Damm nachsehen, ob er nicht schon da gewesen sei.

„Das ist eine verdammte Geschichte. Sie würden unsere Arbeit finden, es ist schon ein großes Loch da, wir können es nicht wieder zu machen. Sie würden die ganze Nacht Wache halten und für uns wäre Alles vorbei."

„Aber sie reiten vorüber."

„Ja, zur Mühle, um den Müller zu wecken; er soll ihnen suchen helfen, weil sie kein Licht bei sich haben."

„Es wird so sein. Machen wir uns davon."

„Nicht eher, als bis wir Gewißheit haben. Wir können ihnen immer sicher entkommen. Durch den Bach verfolgen sie uns nicht, und die Haide ist groß und die Finsterniß dicht. Sie sprechen mit einander; laß uns horchen."

„Es sind Gensdarmen, ich kenne die Stimme des Einen. Es ist der Buchholzer."

„Kannst Du verstehen, was sie sprechen?"

„Kein Wort in dem Sturme."

„Sie reiten in den Mühlengrund!"

„Siehst Du, sie wollen zu dem Müller."

„Sie scheinen wirklich an der Mühle zu halten."

„Horch, sie pochen an die Thür. Noch einmal."

„Die Thür wird aufgemacht."

„Es spricht Jemand mit ihnen."

„Verdammt, daß man kein Wort verstehen kann."

„Machen wir uns davon."

„Warten wir noch einen Augenblick."

„Die Thür wird wieder zugemacht."

„Sie reiten wieder ab."

„Aber sie kommen nicht zurück, nicht zu uns. Sie reiten weiter."

„Was mögen die gewollt haben?"

„Was geht es uns an; zu uns kommen sie nicht. Frisch wieder an die Arbeit. Zum dritten Male wird uns keiner stören. In einer Stunde sind wir fertig. Es ist jetzt halb zehn; also um halb elf. Dann liegen sie Alle im tiefsten Schlafe."

Sie machten sich wieder frisch an die Arbeit.

***

Eine Hochzeit.

Die beiden Schwestern saßen in dem Stübchen der älteren wieder beisammen. Sie hielten sich umarmt. Beide hatten geweint.

Jetzt erzählte Luise, und die Jüngere horchte mit ihrer ganzen Liebe zu der Schwester, mit ihrem ganzen Leben.

Die Nachtlampe beschien das schöne und traurige Schwesternpaar. Was die Aeltere erzählte, das war Folgendes:

Der Müller Leuthold war nicht immer der wohlhabende Mann ge-

wesen, der er jetzt war. Er hatte die Mühle am schwarzen Moor erst
wenige Jahre vorher angekauft, als sein schlechter Knappe Brandstätter, nachdem er vielfach seinen Herrn bestohlen und beschädigt, mit-
telst Durchstechung des Moordammes ihm Mühle und Haus ganz und
gar zerstörte. Der Müller mußte von vorn wieder anfangen und es
wurde ihm schwer. Er hatte eine wohlhabende Schwester in Berlin,
die Wittwe und ohne Kinder war. Sie kam dem Bruder zu Hülfe; auch
dadurch, daß sie sein Kind, Luise, zu sich nahm. Die Eltern konnten
um so ungestörter in Mühle und Wirthschaft arbeiten. Und tüchtig
arbeiten mußten sie Beide, Mann und Frau, wenn sie wieder obenauf
kommen wollten.

Sie kamen wieder obenauf, freilich nur nach und nach.

Luise erhielt unterdeß bei der braven Tante, von der sie wie von
einer Mutter geliebt wurde, die solide Erziehung des tüchtigen Berliner
Bürgerstandes. Sie erhielt dazu, durch einen besonderen Umstand, eine
mehr als gewöhnliche gesellige Bildung.

In dem Hause der Tante wohnte zur Miethe eine verwittwete
Hauptmann von Bilau. Sie gehörte durch eigene Geburt, wie durch
ihren verstorbenen Mann, dem ersten Adel des Landes an. Sie trug
auch den ganzen Stolz des Adels in sich. Aber es ging ihr knapp. Sie
war sogar arm. Ihr Mann war ein jüngerer Sohn gewesen, mußte
in der Armee dienen und von seiner Familie wurde er mit einem geringen Kapital abgefunden. Das Kapital war aufgezehrt, als er nach
langer Zeit in einem schlechten Avancement Hauptmann wurde und
bald darauf in Folge eines Sturzes mit dem Pferde bei einem Manö-
ver starb.

Seine Wittwe mußte mit ihrem Kinde von einer geringen Pension
leben.

Sie hatte nur ein Kind, einen Knaben. Als er zwölf Jahre alt
war, wurde er in das Kadettenhaus zu Berlin aufgenommen.

Die Mutter zog mit ihm nach Berlin, da sie sich von ihrem einzigen Kinde nicht ganz trennen konnte. Sie miethete ein Stübchen. So
kam sie in das Haus der Frau Beier, der Tante Luisens.

Sie hatte in ihrer Armuth ihren adligen Stolz nicht verloren.
Aber auch eine stolze Frau kann Gefälligkeiten annehmen, wenn sie aus
einem guten freundlichen Herzen kommen. Die wohlhabende bürgerliche
Wittwe erzeigte der armen adligen manche freundliche Gefälligkeit.
Und auch eine stolze Frau kann dankbar sein. Die Frau von Bilau

war dankbar, und bewies es besonders durch eine große Liebe und Sorg=
falt für die Nichte der Frau Beier, für Luise Leuthold. Sie nahm sich
des schönen, liebenswürdigen Kindes fast mütterlich an. Es mußte um
sie sein; sie belehrte, unterrichtete, erzog es. Sie hatte selbst einen ge=
bildeten Geist.

Das Verhältniß der abligen Dame zu der Tochter des Müllers
hatte ein anderes zur Folge. Der Kadett Fritz, der Sohn der Frau
von Bilau, durfte seine Mutter regelmäßig des Sonntags, dann und
wann auch wohl in der Woche besuchen. Er sah Luise bei ihr. Sie war
neun Jahre alt, schön, heiter, immer sanft. Er zählte zwölf Jahre,
war hübsch, munter und wild. Sie fanden Gefallen an einander. Sie
spielten zusammen. Warum kann nicht auch ein Kadett spielen, wenn
er erst zwölf Jahre alt ist? Zumal mit einem schönen Mädchen? Sie
waren unzertrennlich, so oft und so lange er bei seiner Mutter war.
Sie spielten auch noch zusammen, als er vierzehn, als er fünfzehn
Jahre alt war, und sie elf, zwölf. Es war, als wenn sie Einer ohne
den Andern nicht mehr sein konnten.

Die Frau von Bilau sah es, sah es fast mit Sorgen.

Da geschah etwas, was sie aller ihrer Sorgen überhob.

Der Stamm= und Erbherr der Familie Bilau starb am Nerven-
fieber, und das Fieber hatte vierzehn Tage später auch seine beiden
einzigen Söhne hingerafft.

Fritz von Bilau, der Kadett, der arme Sohn der armen Haupt-
mannswittwe, war der nächste Agnat, war auf einmal der Herr der
großen und reichen Bilau'schen Güter, und seine Mutter und natürliche
Vormünderin wurde durch ihn, so lange sie lebte, zur reichsten Edel-
dame.

Sie bezog die Güter, die etwa eine Tagereise von der Residenz
lagen.

Ihr Sohn blieb im Kadettenhause. Er sollte erst einige Jahre als
Offizier die Welt kennen lernen, um dann seine Besitzungen zu über=
nehmen. Es war das so Sitte des preußischen Adels, und sie ist es
vielfach noch.

Er lebte als reicher Stammherr jetzt nun besser im Kadettenhause
— freilich noch mehr wohl außer dem Kadettenhause.

In Einem hatte er sich nicht verändert. Die frühere Wohnung
seiner Mutter, das Haus der Frau Beier, besuchte er nach wie vor
jeden Sonntag, und Luise und er waren dann unzertrennlich, wie

früher. Und sie war darüber sechszehn Jahre alt geworden, und er neunzehn. Und sie war zu einer der schönsten Jungfrauen aufgeblüht und er war ein bildhübscher Fähndrich und stand im Begriff, Offizier zu werden.

Seine ersten Epauletten mußte die Mutter sehen. Sie kam nach Berlin; hier sah sie noch mehr, und was sie sah, gab ihr zu der Freude und dem Stolze der Mutter einen tiefen Stich in das Herz.

Aber die reiche Frau hatte rechnen gelernt und die vornehme Dame rechnete mit dem ganzen Hochmuthe ihres Standes und mit einem Herzen, das nie weich gewesen, aber in Reichthum und Hochmuth härter und härter geworden war. Ihre Rechnung war freilich desto einfacher.

„Sie muß ihm aus den Augen, und mir deshalb unter den Augen bleiben.“

Sie sprach mit der Frau Beier.

„Ihre Nichte ist ein hübsches Mädchen geworden.“

„Sie sieht ganz gut aus, gnädige Frau.“

„Der Vater soll Vermögen haben.“

„Mein Bruder hat, Gott sei Dank, wieder etwas erworben.“

„Da wird Luise eine gute Partie machen.“

„Ich hoffe, sie soll einen braven Mann bekommen.“

„Aber wissen Sie, Frau Beier, was ihr fehlt?“

„Das wäre, Euer Gnaden?“

„Sie leben in dem großen Berlin so zurückgezogen, daher sieht das Mädchen auch Niemanden; geben Sie sie mir mit; bei mir ist viele Gesellschaft, der benachbarte Adel, die Beamten auf meinen Gütern. Sie wissen, ich habe Luise immer gern gehabt. Sie soll die Wirthschaft bei mir lernen und zugleich wie eine Gesellschafterin in meinem Hause sein.“

Die einfache bürgerliche Frau war entzückt über die Ehre, die ihrer Nichte zu Theil werden sollte.

Luise träumte glückliche Träume von mütterlicher Liebe, die sie bei der Mutter Fritzens fand und noch mehr finden sollte. Und mußte zu der Mutter nicht auch oft der Sohn kommen?

Sie ging mit der Baronin nach Bilau.

„Aber Fritz kam nicht dahin; von Fritz war auf Bilau gar nicht einmal die Rede; weder die Mutter sprach von ihm, noch ein Anderer. Außer ihr und der Mutter kannte ihn dort Niemand. Wenn die Mutter flüchtig des Sohnes erwähnte, so war es nur um mitzutheilen, daß er avancirt sei, schon der so und so vielte Secondelieutenant, darauf Premierlieutenant, dann Regimentsadjutant, zuletzt, daß er sogar zum Rittmeister à la Suite befördert sei. Er war reich und Stamm= und Erbherr; da hatte er eine rasche Carriere gemacht.

Allerdings waren vier volle Jahre darüber hingegangen.

Luise unterdeß? Die Baronin hatte ihr Wort gehalten und hatte dem jungen Mädchen, das täglich schöner, das zu einer selten gesehenen Schönheit wurde, immer ihre Liebe gezeigt, sie hatte es wie zum Hause gehörig behandelt. Aber die Liebe der Baronin von Bilau kam aus einem strengen Herzen und die Etikette in ihrem Hause war stets eine gemessene, die nie den Unterschied der Stände aus den Augen setzte. Dazu jene Rechnung.

Und die Frau von Bilau hatte weiter gerechnet, eigentlich ihre Rechnung abgeschlossen.

Auf ihren großen Gütern hatte sie einen Oberförster, einen schönen, gebildeten, gewandten jungen Mann von etwa dreißig Jahren, Brunner hieß er. Er gehörte zu ihren ersten Beamten, mit dem Justiziarius, der den Titel eines königlichen Justizraths führte, dem Prediger, der zugleich Kreis-Superintendent war, und dem Rentmeister der Güter.

Er machte Luise den Hof, und bald war eine heftige Leidenschaft zu dem schönen, braven, liebenswürdigen Mädchen in seinem Herzen entbrannt.

Luise mußte ihn schätzen, achten. Sie konnte seine wachsende Neigung zu ihr ohne Unbehagen ansehen. Welches Mädchenherz freut sich nicht wenigstens im Stillen über die Zuneigung eines schönen, braven, in der Gesellschaft geachteten Mannes? Nur Liebe fühlte sie nicht zu ihm. Ihr Herz hatte vier Jahre lang alte Erinnerungen bewahrt, neben denen eine Liebe, eine — andere Liebe nicht aufkommen wollte.

Da wurde doch auf Schloß Bilau von dem jungen Baron in der Residenz gesprochen; nicht in Gegenwart der Baronin, auch nicht des Oberförsters Brunner, aber zufällig nicht selten in der der Mamsell Luise.

Der junge Adel, besonders die jungen Offiziere in der frommen Residenz Berlin, hatten gerade damals angefangen, ein etwas wildes, wüstes Leben zu führen. Sie scheueten sich selbst öffentlicher Rohheiten und Excesse nicht. Der „Hofjäger“, die „Zelten“, die „Opernbälle“, manche andere Orte und Gelegenheiten wußten viel davon zu erzählen.

Auf Schloß Bilau erzählte man es wieder, und daß der junge Herr bei den Geschichten eine Hauptrolle spiele, zu den Anführern der wüsten, rohen Gesellschaft gerechnet werde.

Und, daß auch Luise das Alles hören mußte, mochte wohl mit zu der Rechnung der Frau von Bilau gehören. Die Thatsache aber war wahr.

Luise hatte an ihre Tante nach Berlin geschrieben, und die alte Frau antwortete ihr: Es ist Alles so, mein Kind, wie sie es Dir erzählt haben. Es ist noch schlimmer. Die jungen Herren treiben es gar zu arg, und wo sie zu finden sind, da mag kein ordentlicher Bürger mit Frau oder Töchtern mehr hingehen. Der Herr von Bilau soll leider einer der schlimmsten unter ihnen sein. Ich habe ihn seit drei Jahren gar nicht mehr gesehen. Ach, wenn ich bedenke, wie gut und ordentlich er früher war! Aber böse Beispiele verderben gute Sitten. —

Das brachte wohl heftiges Weh in das Herz des armen Mädchens. Aber auch der heftigste Schmerz läßt nach, und in einem Mädchenherzen, das durch Rohheit verletzt wird, erwacht leicht ein gewisser Trotz, der selbst einen moralischen Grund hat. Luise hatte den Freund, den Geliebten ihrer Jugend seit vier Jahren nicht gesehen. Dagegen sah sie den liebenswürdigen, allgemein geachteten Oberförster täglich. Um so eher erschien ihr jener als ihrer Liebe nicht mehr würdig und um so leichter erwarb sich dieser ihre Zuneigung und darauf ihre Hand.

Die Baronin von Bilau hatte ihren Zweck erreicht.

Sie war glücklich und übernahm die Ausstattung der Braut. Im Schlosse Bilau wurde die Hochzeit gefeiert. Und zu der Hochzeit durfte dann auch ihr Sohn Fritz endlich nach Hause kommen; er sah ja nur die schöne, freilich die fast wunderbar schöne Frau eines Andern, und — er hatte an der Spitze jener wilden und wüsten Herren in der Residenz gestanden, er gehörte noch zu den ersten unter ihnen.

Die Hochzeit wurde an einem schönen Junitage gefeiert. Die Baronin hatte viele Gäste dazu geladen: ihre näheren Bekannten unter dem Adel der Umgegend: ihre sämmtlichen Beamten; die Verwandten des Bräutigams und der Braut. Auch die Eltern der Braut waren erschienen, der stattliche Müller Leuthold und ihre Mutter, eine feine, stille und blasse Frau, die seit dem Verluste ihres Knaben durch jenes entsetzliche Verbrechen nie ihre frische Farbe und ihre frühere Munterkeit hatte wieder erlangen können. Die Tante aus der Residenz, die Frau Beier, mußte fehlen; Sie war durch Kränklichkeit zurück gehalten.

Die Trauung war des Mittags ein Uhr in der Kirche des Dorfes vollzogen. Um zwei Uhr war große Tafel im Schlosse; sie dauerte bis zum Abende.

Dann wurde getanzt, in einem in dem Schloßpark gelegenen großen Pavillon, den die Baronin zum Tanzsaale hatte herrichten lassen.

Der Tag war ein Freudentag; er blieb es bis zum späten Abend.

Nur die Baronin war zuweilen unruhig. Ihr Sohn, den sie eingeladen, der versprochen hatte, zu kommen, war weder zur Trauung, noch zur Tafel, noch auch im Laufe des Nachmittags erschienen. Selbst als der Tanz begann, war er noch nicht da. Indeß, die Mutter konnte sich beruhigen. Ein Offizier kann allerlei Abhaltungen haben, in und außer dem Dienste. Wenn ihm ein Unfall zugestoßen sei, so hätte sie sicher Nachricht erhalten. Endlich, wenn er auch gar nicht erschiene, so zeigte das ja nur, wie sehr gleichgültig ihm die junge Frau geworden war, für die er früher jene ihr bedenkliche, selbst gefährliche Zuneigung empfunden hatte. Sie hoffte gleichwohl noch immer, daß er erscheinen werde. Sie sprach darüber mit ihren Gästen, und diese hofften mit ihr, den jungen Offizier, den reichen Gutsherrn zu sehen, den die Wenigsten kannten und von dem die Meisten so Vieles gehört hatten, Gutes und noch mehr Böses.

Die Braut, die junge Frau vielmehr, war glücklich. Sie mit ihrem jungen Gatten. Es war auch eine Freude, das schöne Paar zu sehen, wie ihre Augen, ihre Hände, ihre Herzen sich suchten und fanden. Hatte Luise den Bräutigam nicht eigentlich geliebt, dem heute ihr angetrauten Gatten schien ihr Herz eine wie plötzlich entstandene zärtlichere Neigung entgegen zu tragen. So flogen sie, das schönste und glücklichste Paar im Saale, auch in den Reihen der Tanzenden dahin.

Der junge Baron wurde erwartet, die junge Frau konnte ihn mit Ruhe in ihrem Herzen erwarten.

Es war zehn Uhr Abends. In dem Tanzsaale entstand eine Bewegung.

„Der junge Herr ist so eben angekommen," hieß es. Der Herr Rittmeister! Der gnädige Herr!"

Er war der rechte Gutsherr hier. Er war als solcher noch nie hier gewesen.

Die Thür des Saales wurde von einem Bedienten weit aufgerissen.

Der Tanz hörte auf.

Die Baronin hatte sich in der Mitte des Saales aufgestellt, ihn zu empfangen. Neben ihr stand das Brautpaar; auf der andern Seite der eingeladene Abel; hinter ihr die Beamten. Die andern Gäste waren gespannte Zuschauer.

Der junge Baron trat in den Saal.

Er war ein bildschöner Mann, er wäre es auch ohne die reiche, knappe Uniform der Rittmeister der Garde-Dragoner gewesen. Das wilde Leben hatte in diesen kräftigen Körper, in dieses blühende Gesicht keine Spuren eingraben können.

Er umarmte die Mutter und sie küßte ihn zärtlich und stolz.

Er begrüßte das Brautpaar, auch die — Braut, die junge, jungfräuliche Braut.

Seine Augen und sein Gesicht erglühten.

Das war eine vollendete Schönheit. Was war seine Mannesschönheit gegen diesen Wuchs, gegen diesen Nacken, gegen dieses so edel geschnittene, von der zartesten Anmuth übergossene Antlitz?

Sein erglühendes Auge fiel wie plötzlich drohend auf den Bräutigam an ihrer Seite.

Er sah einen schönen, sehr schönen Mann.

„Aber — Du? Du sollst sie besitzen?" rief sein drohender Blick.

Sie war dennoch erbleicht, als sie ihn wieder sah, ihn, den schöneren, den hohen Mann, der der Geliebte ihrer ersten Jugend gewesen war. Nur auf eine Secunde war die Farbe aus ihrem Gesichte entwichen.

Er hatte es gleichwohl bemerkt und sein Auge blitzte noch einmal auf, diesmal triumphirend.

Er mußte weiter begrüßen, aber es geschah kalt, ruhig glatt. Nicht umsonst war er der Führer jener abligen Jugend der Residenz.

Der Tanz hatte wieder begonnen, das Brautpaar tanzte zusammen.

Die junge Frau, als wenn sie sich hätte strafen wollen für jenes plötzliche Erblassen und dessen Grund, den tiefen Stich, der ihr wohl unwillkürlich durch das Herz gefahren war — sie hatte sich inniger an den Mann ihrer Wahl und ihrer Pflicht und auch ihres Herzens angeschlossen. Mit herzlicher Liebe sah sie zu ihm auf, und der Oberförster strahlte in seinem Glück. Jene Blicke des jungen Barons, seines Gutsherrn, hatte er nicht gesehen, weder den drohenden, noch den triumphirenden. Er hatte in seinem Glücke auch ferner auf ihn nicht geachtet. Die Braut w o l l t e wohl nur ihren Bräutigam sehen.

Der Baron beobachtete sie Beide darum nicht weniger, und eine wilde Gluth ergriff und erfüllte mehr und mehr sein ganzes Wesen. Er konnte sie nur mit Mühe verbergen, aber er konnte es.

Er war zu dem Paare heran getreten.

„Darf ich um den nächsten Tanz bitten, schöne, junge Frau?" hatte er leicht scherzend gebeten. „Es ist lange Zeit her, daß wir nicht zusammen getanzt haben."

Sie hatte ihm den Tanz bewilligt.

Es war natürlich, daß der Gutsherr mit der Braut tanzte, auch wenn sie nicht frühere Bekannte gewesen wären.

Der junge Gatte hatte sich geschmeichelt gefühlt.

Der Gutsherr stand mit der Braut oben an in der Reihe, den nächsten Tanz mit ihr beginnend.

Es war doch ein schöneres Paar, als das Brautpaar. Der junge Offizier war schöner als der Bräutigam, und welcher Adel in seiner Haltung, welche Gewandtheit und Vornehmheit in allen seinen Bewegungen. Er war schöner, und seine Schönheit hob die seiner Tänzerin.

Und diese feine Taille hielt sein Arm umschlungen; diesen Nacken berührte seine Hand; dieser Busen klopfte an seiner Brust; diese Rosenwangen, diese Lippen. —

Der Baron erblaßte, er jetzt, vor einem Gedanken, vor einem entsetzlichen Gedanken, der auf einmal in ihm aufgestiegen war. Dunkle Gluth überzog dann sein Gesicht, und seine Augen glühten wild. Dann war er ruhig, und der entsetzliche Gedanke erschreckte ihn nicht mehr. Er war schnell zum Vorsatze, zum ausgearbeiteten Plane in ihm geworden.

„Madame, ich habe Ihnen etwas mitzutheilen."

„Sie mir, Herr Baron?"

„Es ist etwas Ernstes, Wichtiges; aber kein Mensch darf es nur ahnen."

„Aber was ist es?"

„Darum lassen Sie uns vor allen Dingen den Tanz nicht unterbrechen, und nehmen wir die gleichgültigsten oder vergnügtesten Mienen von der Welt an. Wer uns sieht muß nur plaudernde Tänzer in uns sehen."

„Herr Baron, Sie erschrecken mich."

„Ah, sehen Sie? Sie würden die Herrschaft über sich verlieren. Ich muß es Ihnen an einem andern Orte sagen. Aber es ist dringend, Sie müssen es in der nächsten Stunde wissen."

Je weniger er, nach seinen Worten, sie hatte erschrecken wollen, desto erschrockener war sie.

„Wen betrifft es?" fragte sie zitternd.

„Sie, Ihr Glück!"

„Und weiter?"

„Luise, ich besaß einst Ihre Freundschaft, Ihr Vertrauen."

„Um Gotteswillen, was ist es?

„Können Sie noch Ihren Freund in mir sehen? Können Sie mir noch Ihr Vertrauen schenken?"

„Ich beschwöre Sie Herr Baron, was haben Sie mir zu sagen? Was ist es?"

„Es betrifft das Glück Ihres Lebens."

„Und noch in der nächsten Stunde muß ich es wissen?"

„Ja."

„Es betrifft meinen Mann!"

„Luise haben Sie Vertrauen zu mir?"

„Es betrifft meinen Mann? Ich beschwöre Sie."

„Ja, es betrifft ihn. Und ich muß es Ihnen sagen, noch heute Abend, Aber es kann hier nicht geschehen. Sie sind schon jetzt leichen= blaß geworden. Kann ich Sie im Park sprechen?"

„Draußen im Park?"

„In einer halben Stunde."

„Mein Gott!"

„Sie müssen allein und ohne Aufsehen den Pavillon verlassen; hinten rechts am Schwanenweiher werde ich auf Sie warten. Ich kenne Park und Weiher noch aus meinen Knabenjahren. Hinter dem Weiher ist ein Boskett, dort werden wir ungestört sein. — Sie ant= worten mir nicht, Luise?"

„Darf mich Niemand begleiten?" fragte sie zögernd. „Nicht meine Mutter, mein Vater?"

„Ach, Luise, Sie vertrauen mir nicht. Dann habe ich kein Wort zu Ihnen gesprochen; denn was ich Ihnen sagen könnte, setzt das unbe= bedingte Vertrauen in einen treuen Freund voraus. Darf Ich Sie zu Ihrem Platze zurück führen?"

Die arme Frau war auf den Tod geängstigt.

„Es betrifft meinen Mann?" wiederholte sie.

„Ja, Madame."

„Und ich muß es erfahren?"

„Das Glück Ihres Lebens hängt davon ab."

„Und heute noch, in dieser Stunde muß ich es wissen?"

„Sonst wäre es zu spät."

„O mein Gott! — Ich komme Herr Baron; ich vertraue Ihnen."

„Ah! Sie dürfen es. In einer halben Stunde; folgen Sie mir nicht früher. Nicht der leiseste Verdacht darf gegen Sie aufkommen, daß Sie sich mit mir entfernt haben könnten; ich werde deshalb den Saal schon jetzt gleich verlassen und von meiner Mutter unter dem lauten Vorwande mich verabschieden, daß ich von der Reise ermüdet sei und ein paar Stündchen auszuruhen wünschte."

„Es sei," sagte sie.

Sie war in ihrem Herzen für die Rücksicht dankbar, die er selbst auf ihren Ruf nahm.

Er führte sie auf ihren Platz zurück. Darauf verabschiedete er sich von seiner Mutter leichthin, und verließ etwas angegriffen den Saal.

Die Braut hatte sich gesammelt; sie tanzte weiter; auch mit ihrem jungen Gatten. Sie war nur etwas zerstreuter, träumerischer, was man natürlich fand.

Pünktlich nach einer halben Stunde verließ sie den Saal, den Augenblick wahrnehmend, da Alles tanzte. Ihr Bräutigam hatte sich ungefähr fünf Minuten vorher entfernt. So achtete man um so weniger auf sie, kein einziger der Anwesenden hatte ihr Fortgehen bemerkt.

Sie trug das schneeweiße seidene Brautkleid, in dem sie getraut war und über dasselbe hatte sie einen gegen die Nachtluft schützenden Shawl geworfen. Ihr schönes, reiches, glänzend schwarzes Haar schmückte noch der bräutliche Myrthenkranz.

So trat sie aus dem Pavillon in den Park.

Von dem Pavillon zum Schlosse führte eine Allee, die festlich und hell durch farbige Lampen erleuchtet war. Nach allen andern Seiten des Pavillons war es dunkel; in der tiefsten Finsterniß lag auch weiterhin, so weit das Auge reichte, der ganze Park da.

Die junge Frau war unmittelbar aus der Thür des Pavillons seitab in das Dunkel getreten, Niemand hatte sie gesehen, denn es war menschenleer draußen.

Dies beruhigte sie. Es setzte sie gleich darauf wieder in eine Unruhe, die ihr selbst unerklärlich war.

Sie mußte in die dichte Finsterniß des Parks hinein gehen, ganz allein. Sie mußte, denn es galt ihr Glück, ihren Mann. Und es war ja ein Freund, zu dem sie sich begab. Der Freund ihrer Kindheit, ihrer Jugend, den sie geliebt, der sie wieder geliebt hatte, der ein Edelmann, der ihr Herr, ihr natürlicher Beschützer war. Er war in neuerer Zeit wild, wüst geworden. Wo er anzutreffen war, ließ sich kein ehrbarer Bürger mit Frau oder Tochter sehen. Aber, wenn sie auch daran dachte, sie m u ß t e zu ihm; es galt ihr Glück, ihren Mann.

Sie ging in die Finsterniß des Parks, fester in ihren Shwal sich wickelnd, ging sie entschlossen, rasch voran.

Ein gewundener Weg durch ein Boskett führte sie auf einen freien Platz. Da lag schon der Schwanenweiher vor ihr. Er hatte eine Breite von hundert, eine Länge von hundertundfünfzig Schritten. Sie stand vor der Breite, drüben am andern Ufer rechts, wartete der Baron auf sie. —

Es herrschte in der dichten Finsterniß die tiefste Stille um sie her. Kein lebendes Geschöpf begegnete ihr, kein Laut wurde von ihr vernommen.

Sie ging muthig voran, erreichte das jenseitige Ufer des Weihers und stand vor dem Boskett, das dort vorsprang.

„Sie sind es, Luise?" flüsterte eine Stimme neben ihr.

Es war der Baron.

„Ich bin Ihnen gefolgt."

„Sprechen Sie leise. Ich hörte vor einigen Minuten Menschen. Sie können zurück kehren. Gehen wir um der Sicherheit willen lieber in das Boskett hinein. Darf ich um Ihren Arm bitten?"

Er sprach Zutrauen erweckend, und bot ihr fast ehrerbietig seinen Arm; sie nahm denselben an und folgte ihm, wohin er sie führte.

Er führte sie durch das Boskett.

„Wohin gehen wir?" fragte sie doch.

„Wir werden gleich in völliger Sicherheit vor jedem lauschenden Ohr sein."

„Wären wir es nicht schon hier?"

„Noch wenige Schritte!"

Weiter gehend, standen sie an einem Fahrwege, der durch den Park

und aus dem Park in die weit hinter diesem sich ausdehnenden Guts-
waldungen führte.

Zehn Schritte von ihnen schien zwischen den Bäumen, die den Weg
einfaßten, sich etwas zu bewegen.

„Was war da?" fragte die geängstigte Frau.

„Nichts."

Ein Pferdehuf scharrte.

„Um Gotteswillen!"

Sie wollte sich von seinem Arme losreißen.

„Luise!" rief der Baron und hielt sie fest.

„Lassen Sie mich los!"

„Luise, ich liebe Sie, ich bete Sie an."

„Lassen Sie mich los! Elender! Hülfe!"

Sie konnte das Wort nicht zum zweiten Male rufen; er hatte sie
mit seinen kräftigen Armen umfaßt, hielt ihr den Mund zu, hob sie
auf und trug sie fort.

Zehn Schritte von ihm hielt ein Wagen, dessen Schlag offen
stand.

Er trug sie in den Wagen und zu ihr hinein springend, rief er dem
Kutscher, der auf dem Bocke saß, zu: „fort!" und schlug die Wagen-
thür zu.

Der Wagen flog durch die dunkle Nacht in den Wald hinein.

An einzelnen, einsamen, verborgenen Stellen des Waldes befanden
sich kleine Einsiedeleien. Der vorige Besitzer von Bilau hatte sich gern
darin aufgehalten, auf der Jagd, bei anderen Gelegenheiten. Sie
standen unbewohnt, aber immer bereit, Bewohner aufzunehmen. — —

In dem Pavillon des Schloßparks war man munter und fröhlich
geblieben.

Der Oberförster hatte den Saal fünf Minuten vor seiner jungen
Frau verlassen.

Nach einer halben Stunde kehrte er zurück. Er hatte in seiner
Wohnung, die in der Nähe des Schlosses lag, selbst nachsehen wollen,
ob zu dem Empfange der Gattin Alles festlich bereitet sei. Er hatte
seine Freude an den Anordnungen gehabt, den Laubgewinden über der
Hausthür, dem Blumenschmuck im Vorhause, den frischen Rosen in
den Stuben; er hatte verbessert, neu geordnet; war glücklich.

Mit seinem Glücke im Herzen und im Gesichte trat er in den Saal
ein; seine Augen suchten die Braut, ihr sein Glück mitzutheilen. Sie

war nicht da. Er suchte sie im ganzen Saale, in den Nebenzimmern, sie war nirgends. Er fragte nach ihr, bei den näheren Bekannten, dann bei Jedermann. Niemand wußte von ihr. Keiner hatte sie den Saal verlassen sehen.

„Wir meinten, sie müsse mit Ihnen gegangen sein." Das war die Antwort, die er von allen Seiten erhielt.

Er wurde unruhig. Eine halbe Stunde war er fort gewesen; seit so langer Zeit war auch sie fort. Wohin konnte sie gegangen sein? wo konnte sie so lange verweilen?

„Im Schlosse," suchte er sich zu beruhigen, „von ihrem Stübchen, das sie vier Jahre bewohnt hat, das sie jetzt verlassen muß, wird sie Abschied nehmen. Sie kann sich nicht sogleich von ihm trennen."

Er wartete.

Es verging eine halbe Stunde, sie kam noch immer nicht wieder. und nun war sie schon seit einer ganzen Stunde fort.

Er ging zum Schlosse. Auch dort hatte Niemand sie gesehen. Er ließ durch ein Dienstmädchen sich zu ihrer Stube führen. Die Stube war verschlossen. Er klopfte an die Thür. Er erhielt keine Antwort. Er rief durch die verschlossene Thür in die Stube hinein: „Luise, bist Du hier?" Er rief es wiederholt. Es kam keine Antwort. Nichts regte sich jenseits der Thür. Sie war auch nicht in ihrem Stübchen.

Wo konnte sie sein?

Der Angstschweiß trat ihm auf die Stirn.

Er eilte zu dem Pavillon, in den Tanzsaal zurück. Sie war noch immer nicht wieder da. Kein Mensch wußte von ihr.

Man sah seine Unruhe, seine Angst.

Sie theilten sich weiter mit, seinen Freunden, den Eltern der Braut, der Baronin. Auch ihr.

Einen Augenblick erschrak sie. Dann rief sie ihren vertrauten Kammerdiener herbei.

„Sieh nach, ob mein Sohn in seinem Zimmer ist," sagte sie leise zu ihm. „Sei diskret."

Der alte Mann wußte schon, was sie meinte. Er wußte wohl viel.

Nach zehn Minuten kam er zurück. Sein Gesicht sagte nichts, seine Lippen hatten desto mehr in das Ohr seiner Gebieterin zu flüstern.

„Der Herr Baron ist nicht da. Er ist nur einen Augenblick dort gewesen, seinen Mantel zu holen. Mit diesem ist er in den Park ge-

gangen. Aber gleichzeitig hat sein Kutscher, den er von Berlin mitgebracht, anspannen und fortfahren müssen."

„Wohin?" fragte die Baronin.

„Das weiß man nicht."   .

„Wann ist das gewesen?"

„Vor stark einer Stunde."

„Du schweigst!"

Sie war von Neuem erschrocken, heftiger als das erste Mal; aber
sie wußte sich zu fassen. Es war ein Unglück geschehen; sie konnte nicht
mehr daran zweifeln und zweifelte nicht mehr daran. Es war ein
schweres Unglück. Aber sie war die Frau, die sich auch in ein schweres
Unglück finden konnte, zumal wenn es mehr Andere als sie betraf.

„Die Sache muß nur mit Anstand und ohne Eclat wieder gut gemacht werden. Und dazu wird sich ja Rath finden."

Sie trat zu der Mutter der Braut.

Der Tanz hatte aufgehört, die Musik im Saal schwieg. Die meisten Gäste hatten sich zerstreut. Man durchsuchte, der Bräutigam und
der Vater der Braut an der Spitze, mit Fackeln und Laternen den
Park. Wo anders konnte man sich die Verlorne denken, wenn sie nicht
im Pavillon und im Schlosse war?

Die Frau Leuthold, die blasse, kränkliche Frau, konnte in ihrer
Angst sich kaum aufrecht halten.

Die Baronin tröstete sie herablassend.

„Will Sie nicht in Ihr Stübchen gehen, liebe Frau, das im Schlosse
für Sie hergerichtet ist? Sie ist angegriffen. Sie wird dort schlafen
und sich erholen. Ihre Tochter findet sich unterdeß wieder."

„Wie könnte ich schlafen, gnädige Frau Baronin?"

„Aber Sie kann dort mit mehr Ruhe die Rückkehr Ihrer Tochter
oder Nachrichten von ihr erwarten."

Das war richtig, und die Frau sah es ein.

Sie ließ sich durch einen Bedienten zum Schlosse führen.

Der Baronin war ein Stein vom Herzen gefallen. Aber noch
Manches drückte sie.

Wohin hatte ihr Sohn die Verlorne, die Gattin eines Andern, ent-
führt? Wie war dem ersten Sturme über die Nachricht von der Ent-
führung zu begegnen? Das Weitere alsdann machte ihr freilich geringere Sorge. Und jenes — sie mußte es vor der Hand mit Ruhe
abwarten.

Ihrem Kammerdiener den Befehl hinterlassend, sie sofort zu benachrichtigen, wenn etwas vorfalle, begab sie sich ebenfalls in ihr Schlafgemach. Ob sie schlafen konnte? Vielleicht —

Im Park hatte man vergeblich gesucht, auch in dessen nähere Umgebung, aber nicht die geringste Spur war aufgefunden. Die Suchenden waren zurück gekehrt.

Mitternacht war vorbei. Drei Stunden waren vorüber seit dem Verschwinden der Braut. Die Gäste hatten sich erschrocken von dem gestörten Feste längst nach Hause begeben, um so erschrockener, je räthselhafter ihnen das Ereigniß war, je weniger sie nur eine Ahnung von dem hatten, was geschehen sein könne.

Der junge Baron? Einige dachten wohl an ihn. Aber man hatte nichts gesehen, und keiner sprach aus, was er dachte.

Der Gatte und der Vater der Vermißten waren nicht zurück gekehrt. Sie suchten noch, im Parke, an den Weihern, in weiterer Entfernung.

Es war zwei Uhr Morgens geworden, der Tag begann zu grauen.

Der alte Kammerdiener weckte die Baronin.

„Gnädige Frau, sie ist wieder da.“

„Wo?“

„Ihr Vater, der sie gefunden haben muß, kommt so eben mit ihr an und bringt sie zu ihrer Mutter.“

„Und mein Sohn?“

„Der Kutscher ist vor einigen Minuten mit den bloßen Pferden zurück gekommen. Der Herr Baron sind mit Extrapost nach Berlin gereist.“

„Gut.“ —

Die Frau Leuthold lag in dem Stübchen im Schlosse. Angekleidet hatte sie sich auf das Bett gelegt. Sie hatte nicht geschlafen, sie brauchte man nicht zu wecken.

Die Thür der kleinen Stube öffnete sich, ihr Mann trat ein, mit ihm die Tochter, die verlorene Tochter.

Der Müller war still, gebeugt, bleich zum Entsetzen.

Und die Tochter?

Als die Mutter ihr Kind sah — sie hatte sich auf dem Bette aufgerichtet — fiel sie ohnmächtig zurück.

„Sie stirbt,“ rief der Müller.

„Möchte sie sterben,“ sagte die Tochter. „Besser, daß sie stirbt, als daß sie mich noch einmal sieht.“

Sie warf sich dennoch über die Ohnmächtige und umfing sie; aus ihren Augen stürzten Thränen. Als sie in die Stube trat, hatten die Augen trocken und heiß sie gebrannt.

„O Mutter, Mutter, könnte ich mit Dir sterben!“

Sie legte das heiße weinende Gesicht an das kalte, blasse der Sterbenden.

Der Oberförster Brunner, der Bräutigam, der Gatte, war in das Zimmer getreten. Er hatte gehört, daß sie wieder da sei.

Leise schritt er auf das Bett zu und faßte ihre Hand.

Sie sah auf; sie sah ihn; aber seine Hand von sich stoßend, verbarg sie ihr Gesicht vor ihm.

„Zurück!“ rief sie, „rühre mich nicht an. — Du darfst es nicht. — Wir sind geschieden. Für immer.“

Die Mutter hatte die Augen aufgeschlagen.

„Lebst Du, mein Kind?“ sagte sie.

„Um zu sterben, Mutter. Ich bin eine Verlorne. Jener Elende — “

Die Mutter wußte Alles, der Blick ihres Mannes bestätigte es ihr. Auch der Oberförster wußte es jetzt.

Noch einmal öffnete sich die Thür des Stübchens. Die Baronin trat ein.

Ihr Gesicht war ernst, finster, stolz, hart. Bei wichtigen Ereignissen des Lebens tritt die eigentliche Natur des Menschen klar und entschieden heraus.

Sie wußte längst, was geschehen war, und sie glaubte in ihrer Hand zu haben, was weiter geschehen müsse.

Sie ging zu dem Bette.

„Es ist eine unglückliche Begebenheit,“ sagte sie, „aber sie läßt sich ja wieder gut machen.“

Da trat der Müller vor sie.

„Wie wollten Sie das wieder gut machen, Frau Baronin?“

„Nun, wir werden kein Opfer scheuen. — Wir sind reich.“

Die unglückliche Tochter fiel ohnmächtig neben der sterbenden Mutter nieder. — — —

Luise hatte mit ihrem Gatten sich nicht vereinigen können.

Sie kehrte mit ihren Eltern in das väterliche Haus, in die Mühle am schwarzen Moor zurück. Dort blieb sie für immer. Ihre Mutter mußten sie schon nach wenigen Wochen begraben; die kränkliche, schwache Frau hatte von dem furchtbaren Ereigniß sich nicht wieder erholen können. Die ältere Schwester wurde die Mutter und Erzieherin ihrer jüngeren Schwester, die zur Zeit jener Begebenheit ein Kind von dreizehn Jahren war.

Der Oberförster Brunner hatte seinen Dienst auf den Bilau'schen Gütern verlassen und war mit seinem Vermögen zu seinem Vater gezogen, einem Steuerbeamten in einer entfernten Provinz.

In der ersten Zeit hatte er seine Gattin wiederholt vielfach gebeten, zu ihm zurück zu kehren; schriftlich, denn alle seine Bitten und Versuche, sie mündlich zu sprechen, hatte sie zurück gewiesen. Sie blieb entschieden dabei, von ihm getrennt zu leben. Sie beschwor ihn, sich auch gerichtlich von ihr scheiden zu lassen. Er mußte zuletzt in jenem ihren Willen ehren. Aber zu einer Scheidung konnte er sich nicht entschließen.

Er kränkelte überdies. Auch er war von einem zu schweren Schlage getroffen. Nach vier Jahren war er gestorben.

Luise war Wittwe.

Und der Baron Bilau?

Die Sache war doch nicht mit Geld abzumachen gewesen, wie die Baronin gemeint hatte.

Zu jener Zeit galt in Preußen vor Allem das Recht, und das Recht fand strenge und gerechte Richter, und von oben her beugte man es nicht. —

Die Preußischen Richter sahen die unglückliche Begebenheit, von der die Frau von Bilau gesprochen hatte, als ein schweres Verbrechen an, und verurtheilten den Baron Fritz von Bilau zu einer zwanzigjährigen Festungsstrafe. Das Urtheil, von dem Kriegsgerichte erlassen, mußte, da der Verurtheilte Offizier war, von dem Könige bestätigt werden. Der König bestätigte es mit dem Bedauern, daß es nicht strenger ausgefallen sei.

Der Verurtheilte mußte seine Strafe in der Festung Spandau antreten.

Seine Mutter, seine andern Verwandten, seine Freunde und Gönner verwendeten sich zu wiederholten Malen für ihn beim Könige und baten um seine Begnadigung. Der König wies jedesmal strenge die Bittenden ab.

Das war es, was die unglückliche Frau an jenem Abende ihrer Schwester Charlotte erzählte.

Ein Fremder.

„Und jetzt, Luise? Die entsetzliche Frau war bei Dir!"

„Sie war bei mir und verlangte von mir, daß ich den König um die Begnadigung ihres Sohnes bitten solle. Unter dieser Bedingung habe der König sie versprochen."

„Und Du? Auch Du hast sie zurück gewiesen?"

„Konnte ich anders?"

„Nein, Du konntest nicht. Ich habe einige Mal gelauscht. Verzeihe es mir. Sie bot Dir wieder Geld!"

„Sie boten wieder Geld!"

„Aber sie sprach auch noch andere Worte, und darauf hörte ich Dich weinen, so bitterlich, es schnitt mir in das Herz."

Die unglückliche Frau konnte auch der Schwester nicht antworten.

„Arme Luise! Du hast ihn geliebt, und wen man einmal liebt — O, ich könnte Stephan nie vergessen. Und noch siebenzehn Jahre muß er in dem schrecklichen Spandau sitzen! Aber Du konntest doch nicht anders. Nein, Du konntest nicht, wenn sie Dir auch nicht wieder das Geld angeboten hätten."

Die mitleidige Schwester weinte mit der unglücklichen.

Sie wurden durch ein lautes Pochen an die Hausthür aufgeschreckt.

„Was mag das wieder sein?" sagte die jüngere Schwester. „Der schreckliche Abend ist auch so unruhig. Der Vater und Stephan haben etwas. Vorhin sah ich sie mit der Laterne aus dem Hause gehen. Sie blieben lange fort. Stephan sagte mir nachher nur, sie seien am Damm gewesen, ob da Alles in Ordnung sei. Er sah dennoch so besorgt aus. — Jetzt höre ich fremde Männerstimmen, die mit dem Vater sprechen.

Sie war in die Thür des Stübchens getreten, um nach unten zu horchen. Sie war neugierig, das siebenzehnjährige Kind. Sie trat aus der Thür hinaus und ging die Treppe hinunter; doch kam sie zu spät, um zu hören, was vorging. Die Hausthür wurde gerade wieder zugemacht und ihr Vater kehrte in die Wohnstube zurück.

Aber sie hatte auch einen andern Schritt gehört, als den ihres Vaters, und ein Anderer hatte den ihrigen gehört. Die Liebe hat ein scharfes Ohr.

Auf der Mitte der Treppe stand sie mit dem hübschen Knappen Stephan zusammen.

Der Bursch schien freilich Eile zu haben in mancherlei.

„Einen Kuß, Charlottchen."

„Oho, nicht so haftig, mein Freund."

„Ich habe nicht viel Zeit."

„So? Und was habt Ihr denn vor?

„Nichts, nichts."

„Und doch so eilig?"

„Ich kann es Dir nicht sagen."

„Aber ich will es wissen."

„Ich muß nur mit Deinem Vater irgendwo hin."

„Und wohin?"

„Nur zum Damme."

„Zum Damme? Schon zum zweiten Male? Und so eilig? Was giebt es denn da?"

„Nichts, mein Kind. Gottlob nichts. Aber bei solchem Wetter kann man nicht vorsichtig genug sein."

„Und was war da unten an der Thür?"

Der Knappe wurde verlegener. Die Kleine wurde desto neugieriger.

Eine volle Neugierde erhält das halbe Geständniß; die der Liebe beinahe das ganze.

„Zwei Reiter," konnte der Knappe nicht leugnen.

„Was für Reiter?"

„Es waren Gensdarmen."

„Was wollen sie?"

„Sie suchten Jemanden."

„Wen konnten sie bei uns suchen?"

„Einen Menschen, der —"

„Nun, was zögerst Du?"

„Der aus Spandau entwichen sei."

„Mein Gott —! aus der Festung?"

„Es muß doch wohl. Spandau ist ja eine Festung."

„Nannten sie seinen Namen?"

„Nein."

„Sagten sie auch sonst nichts von ihm? Beschrieben sie ihn nicht?"

„Sie sagten nur, daß sie einen Menschen suchten, der aus Spandau entflohen sei, und fragten, ob wir keinen verdächtigen Menschen gesehen hätten."

Der Knappe konnte das mit voller Wahrheit sagen. Charlotte war dennoch mißtrauisch.

„Du verschweigst mir etwas."

„Gewiß nicht."

„Warum sähest Du denn so ängstlich aus?"

„Ich sehe nicht ängstlich aus."

„Und warum wären die Gensdarmen gerade hierher gekommen?"

„Sie sagten freilich, sie hätten Grund zu vermuthen, daß der Entsprungene sich hierher gewendet habe."

„Ah, siehst Du?"

„Aber den Grund selbst gaben sie nicht an. Dagegen sagten sie auch, die Gensdarmerie sei im ganzen Lande auf den Beinen nach dem Menschen.

Das Mädchen zitterte unwillkürlich.

Gensdarmen, die einem armen, von der Festung Entflohenen nachsetzen — der Gedanke hat für jeden Menschen etwas Unheimliches. Sie hatte ihn zudem mit einer bestimmten Persönlichkeit in Verbindung gebracht, bringen müssen, ohne alle äußere Veranlassung, und doch aus so nahe liegenden psychologischen Gründen. Und der Mann, an den sie dachte, sollte noch viele Jahre auf der Festung sitzen. Und ihre Schwester hatte ihn geliebt. Und liebte sie ihn nicht noch? Und jetzt war er frei, frei, um wieder eingefangen zu werden?

„Der arme Mensch!" rief sie aus.

„Der arme Mensch?" fragte entsetzt der Knappe, der an den gefährlichen Verbrecher Brandstätter und dessen Rache dachte.

„O gewiß, Stephan, und wenn Du ihn sehen solltest, verrathe ihn nicht, liefere ihn nicht an die Gensdarmen aus."

„Aber Charlotte, was hast Du mit dem Menschen?" wollte der Knappe fragen.

„Stephan!" rief von unten die Stimme des Müllers.

Die Liebenden flogen aus einander.

„Sage dem Vater nichts," konnte sie nur noch flüstern.

„Hier Meister!" rief der Knappe.

„Was machst Du da oben?"

„O, nichts —"

„Na, komm nur. Es ist gleich zehn Uhr; wir müssen noch einmal zum Damme!"

„Ich komme, Meister."

Charlotte war auf der Treppe stehen geblieben, um vom Vater nicht gehört zu werden und selbst zu horchen. Die Bewegung des Abends war ihr doch eine ungewöhnliche, was sie hörte, sollte sie indeß nur noch neugieriger machen, ohne ihr Licht zu bringen.

Der Vater war in die Stube zurück gekehrt.

Stephan hatte sich in die Küche begeben, die unten hinter der Stube lag. Alsbald kam er mit einer Laterne zurück, die er dort angezündet hatte.

„Ich bin fertig Meister," sagte er in die Stube hinein.

Der Müller kam aus der Stube, Beide gingen dann nach der Haus= thür. —

In demselben Augenblicke, in dem der Müller die Thür öffnete, rief er halblaut:

„Was ist denn das?"

Unmittelbar darauf lief Jemand eilig fort, vom Hause her nach dem Damme hin. Er mußte am Hause gestanden haben, der Müller mußte beim Oeffnen der Thür fast unmittelbar auf ihn gestoßen sein.

„Der Brandstätter?" rief der Müller, und er rannte dem fort= laufenden Menschen nach.

„Der Brandstätter?" rief auch das horchende Mädchen, und es überlief sie eiskalt. Sie kannte den Mann, sie kannte das frühere Ver= brechen, sie theilte längst die Furcht vor der Rache des Menschen, wenn er einmal wiederkehre.

Und der rachsüchtige Verbrecher war der Entflohene aus Spandau.

Und dem gefährlichen Menschen setzte ihr Vater nach, allein, in die dunkle, stürmische Nacht.

„Warum bleibt Stephan zurück?"

„Stephan!" wollte sie rufen. Da hörte sie wieder etwas Anderes.

Ein flüchtiger, eiliger Schritt nahete sich dem Hause, von der an= deren Seite, aus der Schlucht in dem Mühlenwege.

Ihn mußte auch der Knappe gehört haben, er mußte durch ihn auf= gehalten sein.

Aber auf einmal war der Schritt verschwunden. Er war nicht heran gekommen.

Dagegen sprengte im Galopp ein Pferd heran, gleichfalls von der Schlucht her. Es hielt bei dem Knappen. Ein Säbel klirrte laut, als das Pferd plötzlich parirt wurde.

„Schon wieder ein Gensdarm!" mußte das Mädchen denken.

„Ift hier in diefem Augenblicke Jemand vorbei gerannt?" fragte die Stimme des Reiters den Knappen.

„So eben."

„Wohin?"

„Dort links, am Damme hin, die Haide hinauf, der Meifter setzt ihm schon nach!"

Der Reiter, es konnte nur ein Gensdarm sein, hatte schon wieder seinem Pferde die Sporen gegeben. Das Pferd flog im Galopp fort, in der Richtung hinter dem Müller und dem von ihm Verfolgten, den er für den Brandftätter gehalten hatte.

Der Knappe hatte noch immer mit der Laterne in der Thür ge= standen. Dann verließ er fie und ging nach rechts, dorthin, wo der flüchtige, eilige, nicht ganz heran gekommene Schritt fich verloren hatte.

„Was mag er wollen?" fragte fich das Mädchen.

Sie schwankte, ob fie ihm schützend, helfend nachgehen folle. Dem Vater war der Gensdarm zum Schutze nachgeeilt.

„Charlotte!" rief über ihr die Stimme der Schwefter, „Charlotte, was war da? Ich hörte ein Pferd davon sprengen."

„Die Arme!" sagte das Mädchen. „Sie würde fich todt ängftigen, wenn ich fie allein ließe. Der Stephan wird fich schon helfen, er hat Muth und Kraft. Aber was sage ich ihr?"

„Ich komme, Luife," rief fie der Schwefter zu. Darauf ftieg fie die Treppe hinauf und kehrte zu der Schwefter in das Stübchen zurück.

„Aber wie fiehft Du aus, Charlotte?" Du bift leichenblaß! Du zitterft! Was ift vorgefallen? Wer war da draußen?"

„Ein Gensdarm?" sagte das Mädchen, und fie suchte es mit den bebenden Lippen so gleichgültig wie möglich zu sagen.

„Ein Gensdarm? Und er hat Dir folchen Schreck eingejagt?"

„Er setzte Jemanden nach, das ängftigte mich."

„Und wo ift der Vater?"

„Er war schon hinter dem Menschen hergerannt."

„Hinter wem? Mädchen, was ift vorgefallen? Wem setzten fie nach? Hinter wem find fie hergerannt?"

Den gefürchteten Namen Brandftätter wagte das Mädchen nicht auszufprechen.

„Einem Gefangenen, der aus Spandau entflohen ift," sagte fie.

Der Name Brandftätter hätte nicht mehr erschrecken können.

„Bilau! Fritz!" rief die auf den Tod erbleichende Frau.

Er lag ihr noch näher, als dem Mädchen, so viel, so viel näher. Wie hätte nicht auch sie zuerst nur an ihn denken sollen.

Das Mädchen wollte, mußte jetzt den Namen Brandstätter aus-sprechen. Indeß wurde sie daran gehindert.

Leise wurde an die Thür des Stübchens geklopft, unmittelbar darauf geöffnet.

Die Schwestern wollten erschrocken zurückfahren.

Der Knappe Stephan sah durch die Thür.

„Auf einen Augenblick, Jungfer Charlotte.“

Sie trat zu ihm hinaus.

„Was giebt's?

„Sprich leise, daß Deine Schwester es nicht hört.“

„Was giebt es denn?“

„Der Mensch, der aus Spandau entsprungen ist, ist hier.“

„Brandstätter?“

„Nicht der — ein Anderer.“

„Um Gotteswillen!“

„Er sieht elend genug aus; aber er hat doch so etwas Vornehmes.“

„Er ist es; nannte er seinen Namen?“

„Nein, er sagte nur, er müsse die Frau Brunner sprechen, jetzt gleich. Sein Leben hänge davon ab, die Gensdarmen seien von allen Seiten hinter ihm her. Ich habe ihn unten in die Stube geführt.“

„Er ist es. Meine arme Schwester! Der arme Mensch! Und der Vater ist noch nicht wieder da?“

„Er ist noch nicht zurück.“

„Was fange ich an? Wer giebt mir einen Rath? Wer steht mir bei?“ —

Der Damm am schwarzen Moor.

Der Knappe Konrad und sein Gefährte Andreas hatten bei ihrer verbrecherischen Arbeit nicht gesäumt. In ehrlicher Arbeit ist der Mensch so gern und so oft lässig, in der verbrecherischen nie. Sie wird ihm nicht schwer, nicht sauer, er kann sie nicht schnell, nicht eilig genug fördern.

Und sie fördert sich, wie das Unglück und das Verbrechen immer.

Auch die Arbeit der beiden Verbrecher auf dem Moordamme hatte sich gefördert, in Wind und Wetter, trotz Wind und Wetter.

„Verschnaufen wir einen Augenblick, Andreas," sagte der Knappe.

Sie ließen die Spaten ruhen. Die vorbereitende Arbeit der Hacken war schon längst beendigt.

Der Knappe überschaute die Arbeit, die hinter ihnen lag. Er war zufrieden.

Quer über die ganze Breite des Dammes war der Boden durch Hacken aufgewühlt; in einer Länge von beinahe neun, in einer Breite von drei Fuß. Nur nach der Seite des Moores hin war, einen starken Fuß breit, die Krone unversehrt gelassen.

In dem aufgewühlten Boden hatten die Verbrecher gegraben. Die Erde hatten sie zu beiden Seiten mit dem Grabscheit hinaus geworfen und hatten so in jener Breite von drei Fuß eine Rinne gebildet, die eben so tief war. Sie glich einem Graben.

Bis zur Mitte des Dammes war dieser Graben fertig.

„Drei Viertel der Arbeit ist gethan," sagte der Knappe Konrad. „In einer kleinen halben, schon in einer starken Viertelstunde, können wir mit dem Reste fertig sein. Wir haben nur noch diese vier Fuß lang weiter zu graben und die Erde auszuwerfen, dann ist der Graben fertig. Dann dort am Wasser die Krone durchstochen! Nur einen halben Fuß tief! Das Wasser reicht beinahe bis oben an den Rand. Hui, wie wird das hineinstürzen! Auf den ersten Spatenstich. Wie wird es den Graben aufreißen! Den ganzen Damm aus einander, in zwei Theile! Wie wird es dann weiter stürzen! Nichts in der Welt hält es mehr. In einer Minute ist es an der Mühle, in drei Minuten schüttelt es sie. Der Grund wankt, die Mauern schlagen an einander, sinken zusammen; Dach und Decke stürzen darüber nieder. Alles, was drinnen, Alles, was darunter ist, wird begraben, kommt elendiglich unter den Trümmern, in dem wilden Wasser um. Wer will sein Leben retten können? Ha, das hochmüthige Gesindel, dem ich nicht gut genug war! — Vorwärts, Bursch; in einer Viertelstunde muß es geschehen sein. Das Herz brennt mir im Leibe. Voran! Voran!"

Er hatte wild den Spaten ergriffen.

„Zu allen Teufeln!" fluchte er auf einmal wilder, „zu allen Teufeln, wäre denn doch Alles vergebens? Was war das wieder?"

„Man hörte durch das Brausen des Windes und das Rauschen des

Waffers einen nahenden Schritt, den Schritt eines einzelnen Menschen. Er war schon oben auf dem Damme; aber sehen konnte man in dem dichten Schnee noch nichts.

„Er kommt näher," sagte der Knappe zu seinem Gefährten; „er wird hierher kommen. Wer es sein mag? Aber sei es, wer will, uns bleibt jetzt nur eins übrig. Er muß in das Wasser in das Moor, unter die Weiden, Andreas, und so, wie er nahe genug ist, mit den Hacken auf ihn losgeschlagen, nach dem Kopfe! Hast Du Deine Hacke?"

„Ich habe sie."

„Aufgepaßt also!"

Sie hatten Beide die Grabscheite fort gelegt, und die Hacken in die Hand genommen und hielten sie schlagfertig. Jetzt auch der Eine. Das Verbrechen hatte begonnen. So verbargen sie sich in den Weiden, hinter denen unmittelbar sie arbeiteten.

Der Schritt auf dem Damme kam näher. Ein langer Mensch, mehr nicht, war durch den dichten Schnee zu unterscheiden. Er ging langsam, wie vorsichtig und prüfend, nach allen Seiten schien er sich umzusehen. Er kam den beiden verborgenen Verbrechern näher und hätte ihren, sie seinen Athem hören müssen, wenn Stille um sie her geherrscht hätte.

Sie lagen zum Angriffe bereit.

Er konnte, trotz jener Vorsicht, die Gefahr, die ihm drohte nicht ahnen.

Noch einen Schritt, und er trat aus den Weiden heraus, und er sah den Graben, der schon mehr als zur Hälfte fertig war, er war auch im Bereiche der Hacken der Verbrecher und es war um ihn geschehen.

Er blieb stehen und sah sich noch einmal nach allen Seiten umher. Dann kehrte er langsam zurück.

Warum er gerade nur so weit gegangen war? Wer konnte, außer ihm, es wissen? Aber das Werk der beiden Verbrecher war zum zweiten Male gerettet. Schlechte Werke gelingen oft besser, als gute.

„Gehen wir ihm nach?" flüsterte der Knappe seinem Gefährten zu.

„Bei Leibe nicht; ich kenne ihn."

„Du? Wer ist es?"

„Der Brandstätter. Ich habe mit ihm im Zuchthause gesessen."

„Zum Teufel, das ist nicht mit Geld zu bezahlen!"

„Das meine ich auch."

„Er hat hier nichts gesehen. Aber wie wir ihn hier gesehen haben so ist er auch von anderen Leuten auf dem Wege gesehen, wer braucht ihm da noch lange zu beweisen, daß er hier die Sache angerichtet hat? Er ist schon fort; mag er in Ruhe gehen. Aber nun desto rascher an's Werk."

Sie wurden noch einmal unterbrochen.

Ein schneller Schritt flog von der Mühle her in die Haide hinein; ein zweiter eilte hinter ihm her. Beiden folgte der Galopp eines Pferdes.

Aber die beiden Verbrecher blieben unberührt und unbemerkt und sie arbeiteten bald emsig weiter.

„Wenn es auch der Brandstätter ist, dem sie da nachsetzen," sagte Andreas, „sie bekommen ihn nicht, der ist mit allen Hunden gehetzt; die Haide ist groß und die Nacht dunkel."

In einer Viertelstunde mußten sie mit ihrer Arbeit fertig sein.

Ein entwichener Gefangener.

„Laß ihn herein kommen, Charlotte," sagte die ältere Schwester, „ich bin gefaßt. Ach, das ist ein schwerer Abend!"

Sie mußte dennoch immer von Neuem nach Fassung ringen. Was Alles stürmte heute auf die arme Frau ein, die so Vieles, so Schweres gelitten hatte und noch litt. Aber sie konnte, wenn auch nur mühsam, ihre edle Gestalt aufrecht halten, ihrem feinen Gesichte den Ausdruck der Ruhe geben, und auch den Sturm zur Ruhe bringen, der immer und immer in ihrem Inneren wieder hoch empor schlagen wollte.

Sie hatte einen klaren, festen, sicheren Entschluß gefaßt.

„Auch er kann mich nur vergeblich bitten, ich darf ihm nicht verzeihen. Es wäre ein Verbrechen meinerseits, das ich zu dem seinigen hinzufügte."

„Aber sei nicht hart gegen ihn," bat die jüngere Schwester, „er ist doch jetzt ein armer Mensch."

„Das ist er, und gerade darum nehme ich die schwere Last auf mich, ihn zu sprechen. Er soll noch so lange traurige Jahre in dem Kerker zubringen — ich will ihm sagen, warum ich ihn nicht davon erlösen darf. — Ich will ihm den Trost in seinen schweren Leiden mitgeben, wenn er dessen würdig, wenn er ein Anderer geworden ist. Und hätte er sonst zu mir kommen können? Geh', führe ihn her."

Charlotte ging und nach wenigen Minuten zurück kehrend, ließ sie einen Mann in die Stube treten. Sie selbst blieb draußen.

„O Herr im Himmel, gieb mir Kraft!" hatte unmittelbar vorher, mit gefalteten Händen, die arme Frau zum Himmel hinauf gerufen.

Sie mußte sich dennoch fast krampfhaft an einer Stuhllehne halten, als der Mann eintrat.

Auch er bebte.

Es war eine hohe Gestalt; aber der Rücken war gekrümmt, schon jetzt, nach den wenigen Jahren der Kerkerhaft! Das schöne und edel geformte Gesicht war eingefallen und von einer tiefen Bläffe überzogen. Es war nicht die Bläffe der Gefängnißluft; die Gesundheit des Mannes war angegriffen, schwer angegriffen.

Das war der ehemals, noch vor wenigen Jahren so schöne, kräftige, gewandte Rittmeister Fritz von Bilau.

Und der stolze Freiherr?

Er konnte das Auge nicht erheben, als er in das einfache Stübchen, zu der Tochter des Müllers trat. Dennoch mußte er sie ansehen, — sie die bleiche Trauergestalt der unglücklichen Frau, die durch ihn so endlos unglücklich geworden war.

„Luise!" sagte er leise.

Sie zuckte zusammen bei dem Tone seiner Stimme, bei dem Namen auf seinen Lippen. Welche Erinnerungen, süße und wehe, welche Wunden, mußten in ihrem Herzen aufbrechen!

„Luise! — Darf ich sie noch bei diesem Namen nennen?"

Sie sah schweigend vor sich nieder.

„Ich darf es? Sie haben mich ja nicht zurück gewiesen. Sie wollten mich anhören. O, möchten Sie auch meine Bitte erhören."

Sie blickte auf und sah ihn strenge an.

„Ihre Mutter war schon hier," sagte sie.

„Meine Mutter?"

„Heute, vor wenigen Stunden. Und wenn Sie dieselbe Bitte an mich richten wollen, die Ihre Mutter hatte — ich mußte sie ihr abschlagen, ich muß sie auch Ihnen verweigern."

„Sie war für mich gekommen?"

„Für Sie. Sie stellte das Verlangen an mich, den König um Ihre Begnadigung zu bitten.“

„Sie schlugen es ihr ab?“

„Man bot mir Geld.“

„Großer Gott!“ —

„Was konnte s i e anders bieten?“

„Luise. — Nein, sie konnte Ihnen nichts Anderes bieten. Aber ich, ich kann mit der einen Bitte eine zweite verbinden.“

„Nein, nein!“ rief sie abwehrend.

„Luise, seit einigen Wochen ist Ihre Hand wieder frei. Ich erfuhr es. Es duldete mich nicht ferner in meinem Kerker, ich mußte zu Ihnen, ich mußte von Angesicht zu Angesicht vor Ihnen stehen. Nur so konnte ich hoffen, Ihre Verzeihung zu gewinnen, und nur so konnte ich wagen, Ihnen diejenige Genugthuung anzubieten, die allein Ihrer würdig, die allein im Stande ist, mir die Ruhe und den Frieden meines Lebens wieder zu geben. Luise, reichen Sie mir Ihre Hand, werden Sie meine Gattin.“

Sie war ruhig geblieben.

„Herr Baron,“ sagte sie, „Ich sah diesen Antrag von Ihrer Seite voraus, Sie konnten mit keinem andern vor mich treten; Ihre Mutter hatte ihn mir sogar schon gemacht. Ich schlug ihr dennoch ihre Bitte ab. Ihr war er der Preis für das Leben ihres Sohnes. Ich will nicht untersuchen, ob er Ihnen nicht zugleich eine Handlung der Großmuth ist — ich habe immer nur eine Antwort darauf, ich kann nie die Ihrige werden.

Der Baron senkte das Haupt.

„Ich habe die Antwort verdient; ich hätte sie vorher sehen können,“ sprach er.

Aber dann erhob er sich doch.

„Luise,“ sagte er, gleichfalls ruhig, aber in tiefer Trauer, „nein, nicht mehr Luise, ich darf den Namen nicht wieder aussprechen. Aber noch wenige Worte an Sie bin ich mir schuldig. Madame, es war nicht der Preis für mein Leben, den ich Ihnen anbot; es war kein Akt der Großmuth, den ich ausüben wollte, meine Worte kamen aus meinem Herzen. Ich hatte ein schweres, entsetzliches Verbrechen gegen Sie begangen, roh, übermüthig, gemein; ich war damals nicht anders. Schon eine Stunde nach meiner That war ich nicht mehr der vorige Mensch, ein wilder furchtbarer Schmerz hatte mich gefaßt. Es war nicht die

Angst über mein Verbrechen; Ihr Bild, nur Ihr Bild stand vor mir, Ihre Thränen, Ihr Unglück, Ihr Elend. und ich konnte nichts wieder gut machen; es war unmöglich, Sie waren das Weib eines Andern. Sie konnten mich nur verachten, verabscheuen. Ich hatte Sie früher geliebt. In dem wilden Leben der Residenz hatte jedes bessere Gefühl zurück treten müssen. Jetzt war mein ganzes Leben von der Liebe wieder erfaßt. Jetzt, da ich Ihrer unwürdig war, da ich Sie für immer verloren hatte. Ich war unglücklich. Ich war unglücklicher als Sie. Ich entfloh. Ich konnte nicht vor mir selber entfliehen. Ich fand eine Genugthuung, eine Aufrichtung darin, mich meinem Richter zu stellen, mein Urtheil zu empfangen. Es war hart, ich fand es nicht zu hart. Ich trat meine Strafe an. Ich war vernichtet, innerlich, äußerlich, ich wollte nur sterben. Mir selbst den Tod zu geben, ich hatte nicht mehr den Muth dazu, und — Ihr Andenken, Ihr Bild hielt mich zurück, das immer und immer vor mir stand, das ich täglich tausendmal um Verzeihung bat, das mir nicht verzeihen wollte, und von dem ich nicht scheiden konnte, ohne das Wort Verzeihung gehört zu haben. So habe ich beinahe vier schreckliche Jahre gelebt. Da vernahm ich den Tod ihres Mannes. E i n e Schranke war gefallen. Die Liebe schlug mächtiger in mir und belebender. Ich konnte, ich wollte wieder leben. Ich bin hierher geeilt, die Hoffnung, den Muth des Lebens haben Sie mir genommen. Sie konnten sie mir nicht wieder geben, und ich kann und darf ohne Sie nicht leben. Ich kehre in mein Gefängniß zurück. Hoffentlich nur für kurze Zeit, meine Tage werden jetzt gezählt sein! Aber geben Sie mir für diese kurze Zeit für die Ruhe und den Frieden meiner letzten Stunde ein Wort mit, sprechen Sie das Wort Verzeihung aus." —

Er war doch wieder bewegt, sehr bewegt geworden. Er sah sie bittend, liebend an. Er liebte sie. Sein Blick, der Ton seiner Stimme, sein ganzes Wesen zeigte es.

Und sie? Hatte nicht ihr Schluchzen auf die Frage der stolzen Baronin: „Luise, Sie lieben ihn noch —" die unzweideutigste Antwort egeben, wie sehr sie liebe?

Seine Worte hatten sie tief ergriffen und erschüttert. Dennoch gewann sie ihre Ruhe und Klarheit wieder.

„Herr Baron," sagte sie, „ich glaube jedes Ihrer Worte; darum n ich auch Ihnen eine Erklärung schuldig. Es war nicht Eigensinn, cht Trotz, wenn ich die Hand ausschlug, die Sie mir anboten. Aber

Sie haben diese einer Beschimpften angeboten, einer durch Sie und für immer Beschimpften. Nicht Ihre Hand, nicht Ihr Name, nicht Ihr Adel, nichts kann diesen Schimpf von mir nehmen, und mit ihm kann ich nie wieder in die Welt zurücktreten. Das ist der Grund meiner Weigerung."

Auch der Mann vor ihr war wieder ruhiger geworden.

„Ich unterwerfe mich diesem Grunde," sagte er. „Ich könnte Ihnen Manches darauf erwidern; ich könnte Ihnen ein entferntes Land, in einem andern Welttheile vorschlagen. Aber ich will durch nichts Aeußerliches auf Ihren Entschluß einwirken; er darf nur ein freier sein."

„Ich ehre das," erwiderte sie, „und kann um so klarer und reiner aus meinem Herzen das andere Wort aussprechen, um das Sie mich baten. Ich verzeihe Ihnen, Herr Baron, ich verzeihe Ihnen aus dem Grunde meines Herzens. Und —" Sie war wieder bewegt und weich geworden, und in dem bewegten, weichen und liebenden Herzen war auf einmal ein fester, großer Entschluß gereift.

„Und," fuhr sie fort, „ich werde noch in der heutigen Nacht dem Monarchen mein Begnadigungsgesuch für Sie einreichen."

„Luise!" rief der erbleichende, der erbebende Mann.

Er hatte den Namen nicht mehr aussprechen wollen.

Der Blässe folgte eine glühende Röthe.

„Und das andere Wort, Luise?" rief er, „das erste?"

Sie schüttelte den Kopf und sagte: „nein!"

Da deckte wieder Leichenblässe sein Gesicht, er drohte in einander zu sinken.

„So lassen Sie auch jenes. Ich kehre in mein Gefängniß zurück und will darin sterben. „Ohne Sie kann ich nicht leben."

„Fritz!" rief Sie.

„Luise!" rief auch er, noch einmal hoffend.

Er sah nur in ein von Schmerz zerrissenes Gesicht.

„Ich kann nicht," preßten die bleichen Lippen hervor, „ich bin eine Beschimpfte. Du, Du hast mich beschimpft, für immer."

Er schwankte zu der Stube hinaus.

Die arme Frau sank zum zweiten Male erschöpft auf ihren Stuhl. Ihre Kraft war gebrochen: ein Strom von Thränen stürzte aus ihren Augen.

„Fritz, Fritz!" rief sie dann, und sie streckte beide Arme nach der Thür aus, durch die der Geliebte gegangen war.

„Es ist nicht möglich, ich konnte nicht!" sagte sie wieder und sie bedeckte mit beiden Händen das weinende Gesicht.

Aber dann mußte sie aufspringen, in namenloser Angst in wilder Verzweiflung.

„Auch ich kann nicht mehr leben. Auch ich nicht ohne ihn. Ja, ich liebe ihn, ich habe immer nur ihn geliebt. Ich liebe ihn über Alles, über mein Leben. Ich muß, ich muß sterben. O komm, o komm, Tod. O, erlöse mich!"

Ihre Schwester kam zu ihr.

„Arme, arme Schwester, wie schwer leidest Du!"

Die beiden Schwestern weinten wieder mit einander.

Plötzlich wurden sie wieder durch ein Ereigniß von außen aus ihrem Schmerze aufgeschreckt.

„Horch, was ist das? Welch ein Brausen? Der Sturm wüthet ärger; das ist eine schreckliche Nacht."

„Das ist kein Sturm, Luise."

„Was sollte es anders sein?"

„Das ist — das ist der Tod."

„O, wäre er es! Wäre es der Erlöser!"

Eine Ueberraschung.

„Halt!" sagte der Knappe Konrad zu seinem Gefährten und Helfershelfer Andreas, „der Graben ist fertig. Nur der Rand muß noch durchstochen werden. Zwei Spatenstiche! Jeder von uns thut Einen; aber zu gleicher Zeit muß es geschehen, in demselben Augenblicke, wenn ich drei rufe. Denn bei dem ersten Stich wälzt sich das Wasser in den Graben und reißt zu beiden Seiten den Damm weg. In der Sekunde müssen wir dann schon zurück gesprungen sein, wenn es uns nicht mit sich in die Tiefe reißen soll. Hast Du verstanden, Andreas?"

„Ich habe verstanden!"

„Voran denn! — Doch halt noch einmal! Tragen wir zuerst unsere Hacken auf die Seite. Hier hätten wir keine Zeit mehr, nach ihnen zu greifen. Und zurück lassen dürfen wir sie nicht; sie könnten uns verrathen. Wir gehen dort rechts in die Haide hinein; also dahin."

Sie nahmen ihre Hacken auf, trugen sie ungefähr zwanzig Schritte weiter den Damm hinauf und legten sie dort nieder.

„Schade ist doch eins," sagte der Knappe unterwegs, „der Alte ist noch immer nicht zurück; er entgeht der Gefahr. Aber wir dürfen nicht länger warten; der Teufel könnte seine Spiel haben. Die Andern sind uns desto sicherer. Diese hochmüthige Dirne, der ich nicht gut genug war. Dieser glatte Bursch mit dem milchbärtigen Gesicht, den sie dem rothhaarigen Burschen vorzog! Ah, sie sollen an die rothen Haare denken! Wenn ich es ihnen in ihrer Todesangst nur zurufen könnte, daß ich es bin, der das über sie gebracht hat! Der rothhaarige Bursch schickt es Euch! Jetzt umarmt Euch! Jetzt tanzt zusammen, zum letzten Male, auf den Wellen, in die Mühlenräder, in den Tod! Aber sehen muß ich es. Wenn man nur in dem verdammten Wetter besser sehen könnte! Hören werde ich sie wenigstens. In der Angst des Todes werden sie selbst diesen Sturm überschreien, nach Hülfe, die ihnen kein Mensch bringen kann, kein Mensch, wenn das Wasser einmal los ist — auch der Alte nicht, wenn er gerade zurück käme. Ach, käme er doch! Gerade in dem Momente, wenn es losgeht; daß er sähe, wie sie vor seinen Augen zu Grunde gehen, und er könnte ihnen nicht helfen! — Die andere Schwester ist noch da. Was geht sie mich an? Sie seufzt und jammert ja doch nur den ganzen Tag."

Sie waren wieder an der Stelle angelangt, von der sie ausgegangen waren. Der Knappe besah noch einmal Alles genau.

Die beiden Verbrecher hatten den Graben vollendet. Er durchschnitt die ganze Breite des Dammes, selbst drei Fuß breit und eben so tief. Durch ihn allein konnte schon in kurzer Zeit eine ungeheure Wassermasse stürzen und mit zerstörender Gewalt gegen die Mühle stürmen. Aber das Wasser, einmal in dem wilden, gewaltsamen Sturze, mußte die aufgeweichte Erde mit sich fortreißen und stürzen, und im Nu den Graben tiefer und breiter wühlen, den Damm weit aus einander reißen, eine weite, gähnende Schlucht bilden, durch welche die ungeheuersten Wassermassen mit unaufhaltsamer, Alles zerstörender und vernichtender Gewalt dahin stürzten. Nur ein schmaler Rand von der Breite eines halben Fußes hielt das wilde, von dem Sturm gepeitschte, an die Krone des Dammes schäumend heran schlagende, wüthende

Element noch zurück. Mit einem Spatenstich von jedem der Verbrecher war der schmale Rand durchstochen.

„Aufgepaßt!" sagte der Knappe Konrad zu seinem Kameraden; „setze Deinen Spaten ein. Wenn ich drei zähle, stichst Du los."

„Eins!" zählte dann der Knappe. — „Zwei! — Drei!"

Die beiden Stiche waren geschehen, der Rand des Dammes war durchstochen, die Wuth des Wassers fand keinen Widerstand mehr. — Die beiden Verbrecher sprangen zur Seite. Hinter ihnen stürmte das Wasser.

Sie sprangen bis zu ihren Hacken.

„Machen wir hier Halt! Ich muß wissen, was weiter wird. Hier sind wir sicher."

Das Wasser war entfesselt; es hatte den Graben schon weiter gerissen und machte ihn mit jeder Sekunde noch weiter. Es stürzte mit seiner wilden Wuth durch den geöffneten Damm! seine Wuth wurde mit jedem Schritte wilder; seine Masse wuchs, seine Heftigkeit vermehrte sich. Der Damm zitterte, bis zu der Stelle, an der die Verbrecher standen und des Ausganges harrten. Das Brausen übertönte den heulenden Sturm.

Man hatte nur noch das Brausen gehört. Nach einer Minute schon vernahm man auch Anderes.

Dreißig Schritte unterhalb des Dammes lagen die Mühlengebäude, zuerst das Wohnhaus, dann die Mühle. Sie lagen in der engen, schmalen Schlucht; zwischen ihnen und dem Damme befand sich der Mühlenteich.

Die stürmenden Fluthen hatten in der Minute das Haus erreicht. Sie schlugen gegen die Fundamente, gegen die Mauern. Man hörte die dumpfen, dröhnenden Schläge; man glaubte das Erzittern des Hauses zu hören.

„Jetzt sind sie verloren," sagte der Knappe Konrad. „Wir wollen nur noch eine Minute warten, dann hören wir ihr Schreien,"

Sein Gefährte mußte sich doch schütteln.

„Das ist der Tod!" hatte auch Charlotte, das fröhliche, frische Mädchen gerufen, aber leichenblaß zum Tode erschreckt.

„O, wäre es der Erlöser!" hatte die unglückliche in den Tod gebrochene ältere Schwester gesagt.

Aber das Mädchen wollte leben, mit ihrem jungen, frischen Leben, mit ihrem Muthe, mit ihrer Liebe.

„Retten wir uns, Schwester. Das Moor hat den Damm durchbrochen."

„Rette Du Dich, Kind."

„Komm, komm, Luise. Um des Himmels willen!"

Sie wollte die Schwester emporreißen. Eine neue Angst hatte sie ergriffen.

„Der Vater! Stephan!"

Sie eilte an die Thür und riß sie auf.

„Vater! Stephan!" rief sie hinaus. Sie erhielt keine Antwort.

Sie rief noch einmal. Noch einmal vergeblich.

„Sie sind da unten schon todt!"

Sie stürzte die Treppe hinunter.

„Vater! Stephan!"

Niemand antwortete ihr.

Nur wildes Brausen des Wassers umgab sie. Die Fluth schlug an die Wände des Hauses.

Sie riß die Thür der Wohnstube auf. Die Stube war leer; nur eine Lampe brannte darin. In ihrem Scheine sah man, wie der Schaum der Fluthen schon bis an die Fenster hinan spritzte. Die Stube lag nach dem Damme hin.

Sie flog zurück; der Boden bebte unter ihren Füßen.

„Vater! Stephan!" rief sie noch einmal in Todesangst.

Eine Stimme antwortete ihr.

„Fliehe, fliehe, Charlotte, ich folge Euch!"

Es war Stephan's Stimme. Sie kam seitwärts aus der Mühle, von den Mühlenschützen her.

Er hatte im ersten Momente wohl die Schütze aufziehen wollen, um dem eindringenden Wasser Abfluß zu verschaffen, denn er hatte die Gefahr noch nicht erkannt und noch nicht ermessen.

„Wo ist der Vater?" rief das Mädchen ihm zu.

„Er ist draußen, außer Gefahr; rettet Ihr Euch nur."

„Nicht ohne Dich, Stephan!"

„Ich folge Euch. Ich komme im Augenblick."

Sie stürzte die Treppe wieder hinauf in das Stübchen der Schwester.

Die Frau, faß auf ihrem Stuhle, wie eine Träumende.

„Luise, was machst Du da?"

„Ich will hier sterben, Kind. — Aber Du bist noch da?" fuhr sie auf einmal auf; „Du hast Dich nicht gerettet? Die Andern auch nicht? Komm, komm!"

Sie ergriff die Hand des Mädchens, riß sie mit sich aus der Stube, die Treppe hinunter. Sie wollte mit ihr zum Hause hinaus stürzen. Oder wollte sie nur das Kind hinaus bringen und selber zurück bleiben, um unter dem, dann gleich zusammen schlagenden Hause begraben zu werden?

Zum Retten da unten war es zu spät.

Nur eine Minute war verflossen, seitdem das Mädchen von unten wieder nach oben geeilt war. Die eine Minute war entscheidend gewesen.

Die mit rasender Schnelligkeit heran wachsenden Fluthen hatten die unteren Fenster des Hauses erreicht. Die schwachen Glasscheiben waren zerstoßen. Die Wogen wälzten sich widerstandslos in das Haus, in die Stube, in die Kammern, durch die wild eingerissenen Thüren in den Flur.

Als die Schwestern die letzten Stufen der Treppe betreten wollten, drang die Fluth ihnen an die Füße heran. Sie konnten nicht weiter. Das Wasser stand da unten schon zwei Fuß hoch. Nein, es stand nicht, es schoß an ihnen vorbei; es riß mit sich fort, was in seinem Wege war. In der Wohnstube war es dunkel, Tisch und Lampe mußten längst umgeworfen sein.

„Wir müssen zurück," sagte die ältere Schwester.

„Stephan, Stephan!" rief das Mädchen.

Sie erhielt wieder keine Antwort.

„Er ist todt! Ich muß zu ihm!"

„Bist Du wahnsinnig, Charlotte? Du gehst in den Tod."

„Ich will mit ihm sterben."

Die Frau riß sie gewaltsam in die Höhe, die Treppe hinauf.

„Er wird sich gerettet haben mit dem Vater."

„Ohne uns? Nein, nein, er ist todt. Ich will mit ihm sterben!"

Die Frau wollte ihr antworten, sie konnte es nicht.

„Großer Gott!" rief sie auf einmal, „der Schlüssel! Er ist unten. Wir sind verloren!"

Sie hatte mit der Schwester zu der Thür gewollt, die aus dem oberen Stock über die kleine hölzerne Brücke in's Freie und auf die Höhe führte. Sie waren dort gerettet. Die Thür lag zu Ende des Flurs, in den die Treppe mündete, zehn Schritte weit von der Treppe. Aber sie war verschlossen und der Schlüssel hing unten in der Wohnstube des Vaters. Das fiel auf einmal der Frau ein.

„Wir sind verloren!" rief sie.

Sie waren verloren, nach aller menschlichen Berechnung. Der einzige Ausgang, der sie hier oben retten konnte, er lag keine zehn Schritt von ihnen, aber er war versperrt. Nach unten zurück kehren — sie wären nur um so schneller dem Tode entgegen geeilt. Das Wasser unten stieg von Minute zu Minute. Es mußte schon die Hälfte der Treppe erreicht haben.

„Sind wir denn verloren? Auch Du armes Kind? Nein, nein! Du mußt gerettet werden. Ich werde Dich retten. Hilf mir. Stephan lebt; er arbeitet an unserer Hülfe. Wir würden seine Stimme hören, wenn dieses Heulen des Sturmes und dieses Toben des Wassers einen andern Laut gegen sich aufkommen ließe. Aber horch, rief da nicht Jemand draußen? War das nicht seine Stimme? Er ruft uns, er ruft Dir zu."

Hatte sie wirklich eine Stimme gehört? oder bildete sie es sich ein? oder wollte sie es dem Kinde einreden, um ihm Muth und Hoffnung zu geben?

Sie eilte zu der Thür; das Mädchen folgte ihr.

Sie faßte nach dem Schlosse, freilich wie nach dem Strohhalme des Ertrinkenden. Die Thür war bei der Nacht immer fest verschlossen und der Vater hatte den Schlüssel unten in der Stube. So war es auch jetzt, und sie hatte es gewußt.

„Wir müssen die Thür einschlagen, einstoßen."

Sie suchten nach einem Instrumente, fanden aber nichts, keine Axt, kein Beil, keine Zange, nicht einmal einen Hammer.

„Laß uns die Stühle nehmen, vielleicht stoßen wir sie damit ein. Aber eilig, eilig, das Haus wankt schon!"

Die Gefahr war schon eine noch größere, und die treue Schwester erkannte sie; sie wollte nur den Muth des Kindes aufrecht halten. Das Haus schwankte, und bebte nicht blos; unten stürzten schon einzelne Mauerstücke ein, man hörte das Brechen und Krachen der Steine durch den Sturm und Wassergebraus.

Sie ergriffen die Stühle. Zum zweiten Male hatten sie nach einem Strohhalme gegriffen. Die Mühle lag allein, ihre Eingänge mußten so viel als möglich gegen äußeren Einbruch geschützt werden, daher war die Thür von starkem, festem Eichenholz, mit breiten Nägeln beschlagen. Sie stießen dennoch dagegen, mit aller ihrer schwachen Kraft. Die Stühle zersplitterten in ihren Händen, die Thür stand unversehrt.

„Wir sind doch verloren!"

„Und auch Stephan kommt nicht."

„Nein, Du armes Kind, es ist keine Rettung mehr."

Sie waren von der Thür zurück getreten — es war ja keine Rettung mehr für sie — und gingen in ihr Stübchen.

„Laß uns zusammen sterben, Schwester Luise."

„Wir müssen, mein Kind. Auch Du."

Sie setzten sich dicht zusammen und umfaßten Eine die Andere.

„So wollen wir den Tod erwarten, Arm in Arm."

„Kannst Du ihm entgegen sehen, Du junges blühendes Leben?"

„Ja, Schwester, er bringt mich zu Stephan."

„Und zu unserer guten Mutter."

„Aber den armen Vater müssen wir zurück lassen."

„O, auch er wird uns bald folgen. Was ist er hier allein, ohne uns, ohne alle seine Lieben? Dann sind wir da oben alle zusammen, und kein Leid und kein Jammer drückt uns mehr."

Sie konnten nicht weiter sprechen. Ein furchtbarer Krach durchtönte von unten das Haus. Eine ganze Mauer mußte eingestürzt sein, der Boden unter ihnen wankte, die Decke über ihnen erbebte.

„Der letzte Augenblick! Laß uns zu Gott beten, daß er es gnädig mit uns mache."

Sie falteten die Hände, jede die ihrigen in die der anderen. Ihre Arme hielten sich fester umschlungen, ihre Herzen ruheten dicht an einander.

So beteten sie still zu Gott um gnädige Erlösung, um baldige Vereinigung mit den Lieben, von denen sie getrennt waren.

Der Sturm heulte draußen, das Wasser tobte unter ihnen.

In dem Stübchen war es still; in ihren Herzen war es ruhig.

Sie beteten still fort.

Draußen stürzte die Mühle zusammen. Sie war weniger fest gebaut, als das Wohnhaus; aber sie hatte diesem Halt gegeben.

Nun mußte es an das Wohnhaus kommen.

Die Decke erbebte heftiger, die Mauern drohten dem Einsturz. Noch einmal krachte es laut durch das ganze Haus.

Jetzt! Bist Du bereit, Charlotte?"

„Ich bin es."

„O, wie klein, wie elend ist dieses Leben! Lege Deine Lippen an die meinigen, mein Kind. So laß uns hinüber gehen. So! Jetzt!"

Es krachte zum dritten Male, dicht neben ihnen.

Aber eine menschliche Stimme wurde laut.

„Stephan!" schrie das Mädchen laut auf. „Stephan! Stephan! Er kommt, uns zu retten; er ist draußen an der Thür. Es war die Thür, welche krachte. Er stößt sie ein. Sie weicht, sie fällt!"

Sie war aufgesprungen.

In dem frischen, jugendlichen Herzen geht doch nichts über das Leben und die Liebe.

Sie war an die Thür geeilt, in den Gang vor der Thür.

Die Thür, die zu der Brücke, dem Garten, in's Freie führte, war zertrümmert, sie stürzte ein.

Stephan stand darin.

„Du bist gerettet, Charlotte."

Sie sank sprachlos in seine Arme.

„Wo ist die Schwester?" rief er.

Sie hatte die Frage nicht mehr gehört; ohnmächtig lag sie in seinen Armen, ihre Kraft war gebrochen. Wie hätte es anders sein können?

„Fort!" rief er. „In einer Minute ist es zu spät."

„Und —

„Fort!" rief hinter ihm eine andere Stimme.

Ein hoher, blasser Mann drängte ihn zur Seite, flog an ihm vorüber, eilte in das Stübchen.

Der Baron Bilau und der Knappe Stephan hatten sich in den schrecklichen Momenten der Gefahr draußen gefunden, den einzigen Weg der Rettung der unglücklichen Schwestern erkannt, und Einer dem Andern beigestanden ihn zu bahnen. Sie hatten ihr Ziel erreicht.

Beide?

„Luise," sagte der blasse Mann zu der bleichen Frau, „sterben wir hier zusammen? Oder verlassen wir Hand in Hand, wie jenes glückliche Paar diesen Ort des Schreckens? Oder willst Du allein leben?

mich hier zurück laſſen? Entſcheide! Ich unterwerfe mich in Allem Deinem Willen."

In dem armen menſchlichen Herzen geht nie und nimmer etwas über die Liebe und das Leben.

Sie reichte ihm die Hand.

„Führe mich hinaus, Fritz."

„Mein Weib?"

„Dein Weib."

Sie verließen Hand in Hand die Stube, den Gang, das Haus.

Die ſchwache Frau, die ſo lange und ſo viel und ſo ſchwer, ſo furcht-bar ſchwer gelitten hatte, war doch ſtärker als das friſche Kind, deſſen Leben nur Glück und Liebe geweſen war.

Sie hatten die Brücke überſchritten. Jenſeits der Brücke waren ſie gerettet, alle Vier.

Eine Minute ſpäter ſtürzte das Haus ein und die Fluthen begruben ſeine Trümmer.

———

Als des Durchſtechens des Dammes ſchuldig, war jener Brand-ſtätter eingezogen, der den nämlichen Damm vor vielen Jahren ſchon einmal durchſtochen hatte. Er war faſt unmittelbar vor dem Durch-bruch des Waſſers in der Nähe der That geſehen worden. Seine An-gabe, nur Neugierde habe ihn hingeführt, er habe den Ort ſeines frü-heren Verbrechens ſich einmal wieder anſehen wollen, wurde eben für eine leere Ausrede gehalten. Dagegen glaubte man, eine neue Rache für die erlittene zwanzigjährige Haft ihm zutrauen zu müſſen.

Seine Unſchuld wurde dennoch anerkannt.

Der Gefährte und Gehülfe des Knappen Konrad, hatte zwar wohl Diebſtähle ohne ſonderliche Beſchwerde auf ſein Gewiſſen nehmen kön-nen, bei dem Anblick der einſtürzenden Mühlengebäude aber, bei dem Gedanken, daß mindeſtens drei Menſchenleben mit zu Grunde gehen müßten, bei dem Jubel des neben ihm ſtehenden rothhaarigen Burſchen über den dreifachen Mord, hatte ihn ein Schauder, ein Entſetzen er-griffen, das er nicht wieder verwinden konnte. Als er dann hörte, daß zwar die drei Menſchenleben gerettet ſeien, daß aber ein Anderer, Un-ſchuldiger, die Strafe des furchtbaren Verbrechens erleiden ſolle, da hatte ihn nichts mehr zurück halten können, ſich und den Knappen als die Thäter den Gerichten anzuzeigen.

Er wurde zu fünfzehnjähriger, der Knappe zu lebenslänglicher Zuchthausstrafe verurtheilt.

———

Der Baron Bilau wurde begnadigt.

Seine stolze Mutter mußte dann noch einmal, förmlich und feierlich, um die Hand der Müllerstochter für ihren Sohn werben.

Am Tage der Trauung konnte sie mit dem alten Müller Leuthold die Braut zum Altare führen.

Erst ein Jahr später wurde die immer frisch blühende Charlotte mit ihrem Knappen Stephan getraut.

Früher war die Mühle nicht fertig geworden, die der Vater an Stelle der zerstörten ihnen neu aufbauen ließ.

Auch hatte das Mädchen gesagt: Zwei Schwestern dürfen nicht in dem nämlichen Jahre heirathen. Es soll nicht gut thun.

Etwas abergläubisch war sie. —

Der Baron Bilau verzog mit seiner jungen Frau nicht in einen fernen Welttheil. In der Welt giebt sich Vieles, und wo das junge, schöne, liebenswürdige durch Leiden und durch Buße veredelte und geführte Paar erschien, da wurden sie mit Liebe und Verehrung aufgenommen.

———

Die verfeindeten Nachbarn.

Der verhängnißvolle Schmuck.

Zwei Criminalgeschichten

von

Ernst Willkomm.

New York.

E. Steiger.

1864.

Die verfeindeten Nachbarn.

I.

„Das klang ja wie ein Ruf nach Hülfe," sprach der Ortsrichter, von den Papieren aufblickend, die vor ihm lagen und die er durchzusehen hatte. Er wendete horchend den Kopf dem nahen Fenster zu, dessen Laden geschlossen war, und an welchem der heftige Wind rüttelte. Der vernommene Ruf wiederholte sich nicht, dagegen ließ sich jetzt Hundegebell hören, und gleich darauf dicht vor der Thür lautes Schluchzen.

Der Richter schob die vor ihm liegenden Papiere zurück und zog die nach Innen sich öffnende, mit einem Gewicht versehene Thür rasch auf. Der Schein des Lichtes aus der Stube fiel auf ein junges Mädchen von schlankem Wuchse und hübschen Zügen.

„Du bist es, Rose?" sprach er verwundert. „Und in Thränen? Was giebt es denn?"

Der Richter faßte die Hand des Mädchens und führte sie in's Zimmer.

„Mein Gott," fuhr er fort, „wie siehst Du denn aus? Hast Du einen unglücklichen Fall gethan?"

Rose zitterte und schluchzte noch immer. Sie trocknete sich mit ihrer Schürze das Blut ab, das aus einer starken Schramme von der Stirn über die blühenden Wangen herablief.

„Ich halt' es nicht mehr aus, Pathe!" sagte sie jetzt hastig. „Ihr müßt ein ernstes Wort mit dem Vater reden, sonst giebt es noch ein Unglück!"

Das Gesicht des Richters, dessen Züge Stolz und Härte ausdrückten, wurde sehr düster bei dieser Aeußerung des Mädchens.

„Hat Dich der Vater wieder geschlagen, weil Du auf Ordnung siehst?" sprach er. „Dann wird man ihn auf andere Weise, wie neulich, zur Raison bringen müssen! Ich halt' ihm Wort, wie ich gedroht, und ich thu' ihm die Schande an vor der ganzen Gemeinde, so wahr mein Name Conrad Bühl ist!"

5

Er legte die geballte Faust auf die Gemeinderechnungen, daß das Papier unter dem Drucke derselben knitterte, und sah Rose nichts weniger als mild oder besonders mitleidig an.

„Erzähle!" rief er befehlshaberisch, da das Mädchen schwieg und noch immer bemüht war, das aus ihrer Kopfwunde träufelnde Blut abzutrocknen.

„Der Vater verlangte zu trinken und —"

„Und er ist schon voll, daß er überläuft, nicht wahr?" fiel Conrad Bühl ein.

Rose brach in ein lautes Weinen aus. Der Richter raffte ärgerlich die Papiere zusammen, verschloß sie in einen Wandschrank, steckte den Schlüssel zu sich und griff nach seinem Stocke.

„Du bleibst hier, Rose!" sprach er mit einer Stimme, die keinen Widerspruch vertrug. „Meine Frau kommt auf der Stelle; der kannst Du Dein Herz ausschütten. Ich werde jetzt 'nüber gehen und mit Deinem Vater reden."

„Herr Pathe Richter," erwiderte Rose, den entschlossenen Mann zurückhaltend, „schimpft ihn nur ja nicht aus! Das verträgt er heute gar nicht, am wenigsten von Euch! Er hat Unglück gehabt und dann ist schwer mit ihm verkehren."

Bühl lachte, schüttelte die Hand des Mädchens ab und verließ das Zimmer.

Auf der Flur begegnete ihm seine Frau.

„Ich höre, die Rose ist wieder da?" fragte sie ihren Mann. „Die hat aber auch ewig zu lamentiren!"

„Sie sitzt oder steht drin in meiner Stube," erwiderte der Richter. „Rede ihr vernünftig zu, aber sei freundlich. Das arme Kind hat ein schweres Kreuz zu tragen. In einer Viertelstunde bin ich wieder da."

„Wo willst Du hin? Doch nicht zum Schmiedebauer?"

„Zu Michel Jürgen gehe ich, und jetzt gleich. Er hat das Mädel in seiner Wildheit blutig geschlagen, und sie ist ihm entlaufen. Ich will nicht, daß der Mann ein Todtschläger wird, der in jungen Jahren mit mir die gleichen Wege wandelte!"

Vor diesen Worten verstummte Johanna und sah sinnend vor sich nieder. Conrad Bühl ging über die lange, dunkele Flur, ohne sich weiter um seine Frau zu kümmern, stieg die sechs oder sieben steinernen Stufen hinab, die von dem etwas hoch gelegegen Hause auf die Straße führten, und schritt dann gerade aus nach einer Reihe hoher Pappeln,

deren Wipfel im Winde rauschten. Hinter denselben lag ein lang-
gestrecktes Haus mit großem Vorbau. In diesem glühte ein sprühen-
des Kohlenfeuer, und die wuchtenden Hammerschläge, welche daraus
hörbar wurden, kündigten es Jedermann als die Behausung eines viel-
beschäftigten Schmiedes an.

Der Richter schritt seitwärts an den Fenstern der Schmiede vorüber. Hinter dem Hause senkte sich der Weg in eine ziemliche Tiefe
hinab, durch die ein starker Bach rauschte. Ein Steg ohne Lehne, der
unter jedem Tritte schwankte, führte über den Bach. Diesen über-
schritt Conrad Bühl, und gelangte darauf in einen umhegten Obst-
garten, an dessen oberem Ende, wieder etwa einige zwanzig Fuß höher,
ein Bauernhof sichtbar ward. Nach diesem Gehöft ging der Richter.
Es war die Wohnung und das Eigenthum des Schmiedebauers, dessen
Tochter Schutz bei ihm gesucht hatte.

Mit den Localitäten bekannt, ging Conrad Bühl geraden Wegs
nach der Wohnstube. Hier fand er Michel Jürgen auf einem Schemel am Tische sitzend, sein stark geröthetes Gesicht auf beide unter-
gestemmte Arme gestützt. Vor ihm stand ein Glas und eine leere
Flasche. Als er den Eintretenden hörte, dem er den Rücken zukehrte,
sprach er mit heiserer, unsicherer Stimme:

„Na, hast' Dich besonnen? Komm her, Mädel, und gieb mir die
Hand! Wir wollen uns wieder vertragen. Aber nicht wieder gemuckst,
sonst —"

Eine schwere Hand fiel unsanft auf die Schulter des Berauschten
und ließ diesen seine Rede nicht beendigen.

„Michel Jürgen," sprach der Richter Bühl, „wenn ich Dich arretiren und einstecken lasse, so thu' ich ein gutes Werk. Schämst Du
Dich nicht mehr vor Deinem eigenen Kinde?"

Der Bauer wollte aufstehen, aber Bühl drückte ihn mit starker
Faust nieder auf den Schemel.

„Nicht von der Stelle, Unverbesserlicher!" rief er ihm zu. „Du
sollst mich anhören und thun, was ich Dir befehle! So viel Verstand
hat Dir der Branntwein noch übrig gelassen, daß Du mich verstehen
kannst. Ich will auch verständlich reden, wie Du's brauchst."

Der Berauschte hob drohend die Faust, knirschte mit den Zähnen
und sah den Richter mit feindseligen Augen an.

„Wenn Du Dich unterfängst, Deine Tochter auch nur mit hartem
Finger noch einmal zu berühren," sprach Conrad Bühl, „so lasse ich

Dich am hellen lichten Tage zwei Stunden lang in den Stock setzen! Verstanden?"

„Nimm Dich in Acht!" murmelte Jürgen.

„Willst Du mir vielleicht den rothen Hahn auf's Dach setzen?" lachte der Richter. „Du würdest Dir damit nur Vorfeuer zur Hölle für Dich selber anzünden."

„Es muß Einer grundschlecht sein, der mir so 'was Niederträchtiges zutraut," sprach der etwas ernüchterte Bauer höchst verächtlich.

„Du hast vergangenes Frühjahr Deine Frau in's Grab geärgert, Jürgen, und nun schlägst Du die Tochter, daß sie blutend und hülferufend in die Nachbarschaft läuft! Und weshalb? Weil sie Dir das vermaledeite Trinken abgewöhnen will!"

„Wer ist Schuld, daß ich trinken muß?"

„Dein unversöhnliches Herz," sagte der Richter.

„Dich verklage ich Oben, Dich, Conrad, wenn ich in Sünden hinfahre!" grollte der wüste Bauer.

„Ich spotte Deiner Drohung," erwiderte der Richter, „denn ich habe mir nichts vorzuwerfen."

„Nichts vorzuwerfen!" wiederholte Jürgen, die steifen Hände ineinander faltend, und seine rollenden Augen zum Himmel erhebend. „Ohne Deine Schlechtigkeiten wäre ich glücklich geworden. Du hast mich wild gemacht, meinen Wohlstand vernichtet, mir die Ruhe geraubt. — Ich hasse Dich!"

„Eine längst bekannte Sache," sprach der Richter. „Gott sei Dank, so bekannt, daß jedes Kind darum weiß. Du stehst Dir deshalb nur im Lichten, wenn Du mich offen oder geheim mit Deinem Hasse verfolgst! Ich will Nachsicht mit Dir haben, wie ich Dir versprach; ich werde Dich nicht drängen, Dir in Nichts hinderlich sein. Aber ein Mensch sollst Du bleiben, und das Mädel, an dem kein Tadel zu finden, ungeschoren lassen!"

„Ich lasse mich von meinem eigenen Kinde nicht betrunken schelten!"

„Rose hat die Wahrheit gesprochen."

„Und wär' es hundert Mal wahr, ich duld' es nicht!" schrie der Bauer erbittert.

„Hat sie es gesagt?"

„Sie that's, that es, bis ich sie faßte und aus dem Hause warf!"

„Versprich mir, daß Du Rose wieder aufnehmen und sie nicht wieder schlagen willst, und laß das sinnlose Trinken sein!"

Der Schmiedebauer schüttelte sein wirres Haar, dann sagte er halb lächelnd:

„Daß ich ein Narr wäre! Meinen Versprechungen hab' ich all' das Elend zu verdanken, das mich niederdrückt. Und Du verstehst es, Vortheile aus anderer Leute Reden zu ziehen."

„Denke an meine Worte, Jürgen," sagte der Richter, „sie sind ehrlich gemeint!"

„Ich will Herr sein in meinem Hause!"

„Es ist nicht Dein, Du weißt es! Wenn ich sage steh' auf und geh', so mußt Du hinaus!"

„Nach dem Recht, nicht wahr, Conrad?"

„Nach dem geschriebenen und gedruckten Recht!"

Michel Jürgen lachte.

„Gut," versetzte er, „nun weiß ich, wozu das Trinken hilft. Guten Abend, Herr Richter! Kommt bald wieder, wenn's Euch paßt! Dem Mädel aber, Eurer Pathe, dem gebt für diese Nacht Quartier bei Euch! Es könnte mir in den Fingerspitzen jucken, wenn sie mir heute noch einmal unter die Augen träte, und das wäre nicht gut für uns Beide."

„Ich spreche morgen weiter mit Dir, dann begreifst Du mich vielleicht besser!"

Er kehrte dem Bauer den Rücken und schritt nach der Thür. Michel Jürgen sah ihm wüthend nach, und als die Schritte des Fortgehenden auf der Hausflur verhallten, streckte er nochmals die geballte Faust nach ihm aus und rief:

„Warte, warte, Du Satan, ich mache mich schon noch bezahlt für Deine schuftigen Liebes= und Freundschaftsdienste!"

Dann ließ er den schweren, schwindelnden Kopf auf die untergelegten Arme sinken und ward alsbald von festem, nur nicht von erquickendem Schlafe befallen.

II.

Conrad Bühl hatte die letzten Worte des Erzürnten gehört, beunruhigen jedoch konnten sie ihn nicht. Der Richter glaubte den Mann, der sie sprach, hinlänglich zu kennen, um sie so ganz und gar unbeachtet lassen zu dürfen. Der ehemals wohlhabende Bauer flößte ihm schon seit Jahren Widerwillen ein. Früher, als er noch nicht trank, hatte er ihn wohl bemitleidet, seit aber Jürgen diesem Laster sich hingab, mochte er nichts mehr von ihm wissen. Er gab ihn auf und er würde wahrscheinlich leichter aufgeathmet haben, hätte man ihn eines Tages mit der Nachricht überrascht, der Schmiedebauer sei des Nachts im oder außer dem Hause zu Tode gekommen. Verdrießlich besonders war es für Bühl, daß er in seiner Eigenschaft als Richter dem unglücklichen Nachbar nicht immer durch die Finger sehen konnte. Im Rausche fing Jürgen gern Streit an, und da er leicht heftig ward und stets Recht behalten wollte, so gab es unangenehme Auftritte, die sogar einige Male zwischen den Streitenden zu Thätlichkeiten geführt hatten. —

Schlimmer noch gestaltete sich das Leben im Hause des Schmiedebauers. Hier vertrug Jürgen vollends keinen Widerspruch. Sein Wille nur sollte maßgebend sein, ein Befehl von ihm von Jedermann beachtet werden. Weil dies aber ein unmöglich durchzuführendes Verlangen war, erzürnte sich der erhitzte und seines Verstandes nicht immer mächtige Bauer mit seinen Untergebenen, so daß diese aus dem Dienste gingen, und die Wirthschaft auf Jürgen's Hofe bald allerwärts in Verruf kam. Niemand wollte bei dem zänkischen Trunkenbolde dienen, Unordnungen aller Art stellten sich ein, und anstatt seine Verhältnisse zu verbessern, kam er zurück. Darüber grämte sich Jürgen's Frau, der nie besonders fest gewesene häusliche Friede hatte ein Ende, und es bedurfte eben keiner großen Prophetengabe, um der ganzen Familie des Schmiedebauers ein trauriges Ende vorher zu sagen.

Conrad Bühl sah diesem Verfall des Nachbars mit einiger Unruhe zu, da er sich selbst nicht von aller Schuld an diesen betrübenden Zuständen freisprechen konnte. In der Jugend waren beide Männer Freunde und Genossen gewesen, erst die Verheirathung Bühl's trennte sie für immer. Die jetzige Frau des Richters hatte Michel Jürgen schon für seine Braut gehalten, als Conrad sie ihm ganz in der Stille abspenstig machte. Es war nicht Liebe, was Johanna zu Bühl zog, sondern einzig und allein die gewisse Aussicht, daß dieser mit der Erwerbung des seinem Onkel gehörigen Gutes zum Richter des Ortes ernannt werden würde. Bühl war ein klarer Verstand und eignete sich sehr gut für ein solches Amt, Eins aber fehlte ihm gänzlich, was der Richter, will er gerecht sein, gerade gar nicht entbehren kann — Herz. Gegen den Buchstaben des Gesetzes verstieß Conrad Bühl

ſicher nie; wen er in Strafe nahm, der hatte ſie gewiß dem geſchriebe-
nen Buchſtaben nach verdient, und dennoch beging er häufig Unrecht,
da er nie auf die Motive einer an ſich tadelnswerthen und ſtraffälligen
Handlung Rückſicht nahm.

Michel Jürgen konnte es Wochen lang nicht faſſen, daß Johanna,
die ſich ihm doch verlobt hatte, nun dem Freunde angehören wolle.
Er ſprach es offen aus, daß Conrad ihn betrogen habe und daß es
ſchlecht von ihm ſei, ihm die Braut abſpenſtig zu machen. Michel
Jürgen liebte dieſe Johanna aufrichtig und leidenſchaftlich, und er
fühlte ſich grenzenlos unglücklich, als ſie ihm verloren ging. Er wollte
ſich aber nicht ſchwach zeigen. Darum ſuchte er ſich ein anderes Mädchen aus und ehelichte dies noch eher, als Bühl der treuloſen Johanna
die Hand reichte.

Leider war die ſo raſch geſchloſſene Ehe des heftigen, leidenſchaftli-
chen Bauers nicht glücklich. Beide Gatten verſtanden einander nicht
und gaben einander nicht nach, weil die wirkliche Zuneigung fehlte.
Es war eine Convenienzheirath, die ſie geſchloſſen hatten, und ſolche
Heirathen taugen unter Landleuten noch weit weniger, als bei den
Vornehmen, die wenigſtens durch äußere Glätte der Umgangsformen
und durch die Stichworte der Salonbildung die böſen Wetter zu be-
herrſchen verſtehen, die im verſchloſſenen Herzen ſich bilden und oft
genug unbemerkt Schaden ſtiften.

Es hätte nun freilich Michel Jürgen Genugthuung gewähren
können, daß auch Conrad Bühl's Ehe keine glückliche war. Dieſe Entdeckung machte aber gerade den entgegengeſetzten Eindruck auf ſein
tieffühlendes Herz. Ihn ſchmerzte es, daß Johanna an Bühl's
Seite unglücklich geworden war. Wie gern hätte er ſich jetzt noch von
ſeiner kalten Frau ſcheiden laſſen und die erſte Geliebte, die er nie auf-
gegeben, in ſein Haus genommen! Ob Johanna ähnliche Gefühle und
Gedanken hegte, konnte Jürgen nicht ermitteln. Sie ſchwieg vor-
ſichtig gegen Jedermann und gab Bühl keinen Anlaß zu der geringſten Unzufriedenheit.

Aus der übereilt geſchloſſenen Ehe des Schmiedebauers erblühte
dieſem ein einziges Kind, Roſe. Johanna gebar Conrad ein Zwillings-
paar, einen Sohn und eine Tochter, die Beide am Leben blieben.
Dieſe Zwillinge waren ein Jahr älter als Roſe.

Anfangs lebten die beiden früheren Genoſſen neben einander fort,
ohne daß Reibungen zwiſchen ihnen vorfielen. Auch die Kinder kamen

in nachbarlicher Weise mit einander zusammen zu Spiel und Scherz. Als aber das häusliche Unglück Jürgen aus seiner Behausung trieb und die Wirthschaft den Krebsgang ging, trat alsbald eine Spannung zwischen den Nachbarn ein.

Bühl, als Richter, war gezwungen, dem Schmiedebauer Verwarnungen und Verweise zugehen zu lassen, und da er es nicht für gut hielt, wenn die gegenseitigen Kinder oft mit einander verkehrten, so suchte er diesen Verkehr möglichst zu beschränken. Gerade dies aber reizte Jürgen, um so mehr, als Rose die Pathe des Richters war. Es fielen harte, beleidigende Worte zwischen den Männern, und es kam nur deshalb zu keiner offenen Feindschaft, weil Bühl sich des Bedrängten, durch seinen Lebenswandel Zurückgekommenen in einer Weise annahm, welche dem gänzlichen Ruin des Schmiedebauers vorbeugte.

Für diesen Dienst beanspruchte Bühl den Dank des früheren Genossen, allein dieser lohnte ihm mit der entschiedensten Verachtung. Er sah ein, daß die Hülfe des Richters eine höchst eigennützige gewesen sei, die ihn unter Umständen von Haus und Hof vertreiben könne. Das konnte er dem stolzen Manne nicht vergeben. Er rächte sich durch allerhand anzügliche Reden, untergrub, so weit ihm Gelegenheit dazu geboten war, den guten Ruf seines Feindes, und verfiel, um sich die Grillen zu verjagen, dem unseligen Laster des Trunkes.

Diese traurige Gewohnheit verschlimmerte sich nach dem Tode seiner Frau, die weniger Gram als Galle früh unter die Erde gebracht hatte. Von da an vertrug sich Jürgen auch nicht mehr mit seiner Tochter; es gab täglich Streit zwischen dem Vater und Rose, der dann schließlich in verletzende Mißhandlungen ausartete. So standen die Sachen bei dem eben mitgetheilten Vorfall. Rose, die sich nach und nach von ihrem Schrecken erholte, wartete die Rückkunft ihres Pathen in dessen Stube ab. Johanna forschte das Mädchen über den ärgerlichen Vorfall aus, um die eigentliche Veranlassung des Streites zu erfahren, Rose blieb aber sehr einsylbig und ließ sich jedes Wort abfragen.

„Du verheimlichst mir etwas," sprach Johanna, das Mädchen schärfer ansehend. „Dein Vater ist mit Deinem Benehmen nicht zufrieden, und Du hast ihn durch Widerspenstigkeit erzürnt."

„Soll ich mich ruhig schlagen lassen?" versetzte Rose.

„Kinder müssen nachgiebig sein."

Rose fing an zu weinen.

„Der Vater haßt mich," sagte sie fröstelnd.

„Rose, verständige Dich nicht!" erwiderte Johanna. „Dein Vater ist ein sehr unglücklicher Mann, und er mag gegen mehr als Einen Groll hegen, sein einziges Kind aber haßt er nicht. Dazu besitzt er ein zu weiches Herz."

Rose schwieg. Sie hörte die Stimme ihres Pathen und wollte nicht, daß dieser Zeuge ihrer Unterhaltung mit seiner Frau werde. Der finstere Blick des Richters ließ errathen, daß dessen Unterredung mit ihrem Vater nicht eben sehr angenehm gewesen sein möge.

Bühl warf seinen Stock ärgerlich in den Winkel und setzte sich der Pathe gegenüber an den Tisch.

„Du bleibst die Nacht hier," sprach er barsch, „sonst könnten wir morgen einen Criminalfall in der Chronik zu verzeichnen haben. Michel ist rein toll. Gott verzeih' mir's, aber ich wünschte wahrhaftig, unser Herrgott hätte ein Einsehen und nähm' ihn zu sich! — Sieh' mich dieses unchristlich klingenden Wunsches wegen nicht so scheu an, Rose! Ich mein' es gut, absonderlich mit Dir. So lange der da drüben lebt, wie er lebt, kriegst Du keinen Mann. Wer möchte auch einen solchen Ausbund von Untugenden zum Schwiegervater haben!"

Ueber die Wangen des Mädchens lief eine dunkele Röthe, während sie verstohlene Blicke nach ihrem Pathen warf. Dieser fuhr fort:

„Morgen will ich Deinen Vater noch einmal in's Gebet nehmen. Vielleicht gelingt es mir, wenn er nüchtern und matt vor mir steht, und selber fühlt, wie er sich durch sein Leben ruinirt, ihn auf bessere Gedanken zu bringen. Ich gehe wenigstens nicht wieder von ihm, bis er mir hoch und heilig gelobt hat, seine Hand mehr gegen Dich zu erheben."

Auch zu diesen Aeußerungen schwieg das junge Mädchen. Bühl war dies ganz recht, denn er hätte sich der unangenehmen Aufgabe, die sein Amt ihm auflegte, gern entzogen. Eine weitere Darlegung dessen, was er zu thun gedachte, konnte unterbleiben; jedenfalls war er nicht gehalten, der Tochter gleichsam Rechenschaft darüber abzulegen.

Bühl's Tochter, Elise, die bisher in dem großen Hauswesen beschäftigt gewesen war, trat jetzt in das Zimmer. Sie wußte nur das Geschehene, dennoch stellte sie sich verwundert, Rose bei den Aeltern zu finden. Diese Verwunderung gab sie durch einige Worte zu erkennen. Bühl herrschte sie heftig an:

„Du thust, was ich befehle!" sprach er. „Rose ist mein Gast, und wenn Dir das nicht gefällt, so kann sie von Deinem Teller essen. Wo bleibt Jacob?"

„Er ist schon vor Dunkelwerden ausgegangen," sagte die Mutter.

„Ohne mich zu fragen? Soll er in's künftige bleiben lassen! Wohin?"

„Zum Schleifer."

„Was will er da?"

„Die beiden neuen Aexte wollte er schärfen lassen, die Du vom letzten Markte mitgebracht hast."

„War ganz unnöthig — hätte sie selber scharf gemacht. Der Schleifer ist liederlich, wie — na, Du verstehst mich! Auch könnte er schon längst wieder da sein, wenn er nicht Gesellschaft gefunden hätte." —

„Jacob wird uns keine Schande machen," sagte Johanna begütigend."

„Wollt' es ihm auch nicht rathen!" versetzte Bühl drohend. „Wenn mir ein Kind aus der Art schlägt, so weiß' ich's hinaus, und nicht ich werde es wieder auffordern, hereinzukommen und sich an meinen Tisch zu setzen. Will das dem Jungen doch heute noch zu Gemüthe führen, damit er es sich hinter die Ohren schreibt vor Schlafengehen und von morgen an sich darnach richtet!"

Elise trug mürrisch das Abendessen auf, und als wolle sie zeigen, daß ein bloßer Wunsch ihres Vaters ihr schon Befehl sei, nahm sie ihren gewohnten Platz am Tische wirklich nicht ein, sondern überließ denselben der geflüchteten Rose. Johanna seufzte über diesen Trotz der Tochter, Bühl dagegen lachte und warf den Kopf nur noch trotziger in den Nacken.

III.

Michel Jürgen fuhr, aus wüsten Träumen aufschreckend, mit lautem Gestöhn von seinem Schemel empor. Das vor ihm stehende Licht war tief in den Leuchter hineingebrannt und dunstete. Er mußte sich besinnen, ehe er vollkommen zu sich kam. Dann dehnte er sich, daß die Glieder knackten, stieß abermals stöhnende Laute aus und ließ sich wieder auf den Schemel sinken. Die Wanduhr schlug die zehnte

Stunde. Draußen auf dem holperigen Pflaster hörte Jürgen vorsichtige Schritte. Sie kamen näher und nun klopfte es an's Fenster.
Gleichzeitig rief Jemand seinen Namen.

Der Schmiedebauer ergriff das Licht, streifte den langen Docht ab
und näherte sich dem Fenster. Ein gebräuntes, jugendliches Gesicht
lag dicht an die Scheiben gedrückt. Es ähnelte dem des Richters, nur
daß es jünger war und keine so harten Züge hatte.

„Jacob!" sprach Jürgen, überrascht vom Fenster zurücktretend,
als habe er einen Geist gesehen.

Der Sohn des Richters wiederholte sein Klopfen und fragte, ob
er eintreten dürfe.

Michel Jürgen gab keine Antwort. Er hielt das Licht hoch, als
wolle er sich überzeugen, daß Niemand außer ihm zugegen sei, ging
dann aus der Stube und öffnete die übrigens nicht verschlossene Thür.
Vor derselben fand er bereits Jacob Bühl, zwei blank geschliffene
scharfe Aexte in der nervigen Hand.

„Was willst Du? sagte der erschöpfte, noch immer von dem über-
müßig genossenen Getränk schwindelnde Bauer.

„Euch Gesellschaft leisten," erwiderte Jacob. „Wie ich erfahren
habe, seid Ihr ja allein und da es meinem Vater beliebt hat, mich
auszuschließen, weil ich ohne zu fragen einen Gang zum Schleifer
machte, so muß ich doch anderswo nächtigen."

„Dein Vater ist ein böser Mann," brummte Jürgen, dem voran-
schreitenden Jüngling in's Wohnzimmer folgend.

„Böse? O nein, aber hart, hart wie altes Eichenholz oder wie
gehärteter Stahl," erwiderte Jacob, die Aexte auf die Bank an der
Wand legend und sich daneben setzend. „Mich hungert, habt Ihr
nichts zu essen? Ich will Euch zum Dank auch 'was Neues erzählen.

Der Schmiedbauer holte Brod und Butter nebst geräuchertem
Schinken und setzte Alles dem späten Gaste vor.

„Zu trinken hab' ich nichts als Wasser und Milch," sprach er
mürrisch. „Laß es Dir schmecken!

Jacob langte tüchtig zu. Er aß eine Zeit lang, ohne zu sprechen,
dann richtete er an den stier vor sich hinsehenden Bauer die Frage:

„Habt Ihr Rose wirklich geschlagen? Vater Jürgen?"

„Gestoßen hat sich das Mädel, als ich sie aus der Thür warf."

„Sie hat Euch beim Vater verklagt, nicht wahr?"

Jürgen drohte mit der Faust nach der Gegend, wo Bühl's Be= sitzthum jenseits des Baches lag. „Er hüte sich — Dein Vater!"

„Ihr müßt deshalb nicht böse sein, Vater Jürgen," fuhr der junge Mann fort. „So schlimm meint es der Vater nicht, wenn er auch wie ein Bär brummt. Ich, seht Ihr, ich mach' mir gar nichts aus seinem Gelärm. Er hat mir vom Kammerfenster herunter die Leviten gelesen, daß mir die Ohren klangen, und trotzdem lache ich und mein Appetit kann nicht besser sein. In seinem Zorn hat er mich zu Euch verwiesen und weil ich gehorsam sein wollte, sitze ich hier. Da soll er mich mor= gen selber abholen."

„Morgen!" sagte Jürgen. „Das giebt kein gutes Wiedersehen!"

„Laßt das meine Sorge sein, Jürgen," fuhr Jacob fort, aber Ihr müßt mir beistehen."

„Ich? Mein Wort gilt nichts mehr."

„Ihr habt eine hübsche Tochter."

„Wollt', sie wäre im ersten Bade erstickt!"

„Dann lägt Ihr selber längst schon sechs Fuß unter der Erde."

„Das beste Himmelsbett für einen Unglücklichen."

„Jürgen, ich will Euch helfen," sagte Jacob zuversichtlich.

„Meinst es gut, hast nur keine Macht, Jacob! Dein Vater will, daß ich zu Grunde gehen soll."

„Wenn ich Rose heirathe, denkt er nicht mehr daran."

Der Schmiedebauer stand auf und sah dem Sohn des Richters sehr ernst in's Auge.

„Weißt du denn, ob ich meine Einwilligung dazu gäbe?" sprach er mißmuthig.

„Ich bin Rose von Herzen gut und Rose mag mich leiden," er= widerte Jacob. „Ich erbe eines Tages das Gericht und bin ich erst volljährig, so muß es mir der Vater abtreten, auch wenn er keine Lust dazu hätte. Das steht in seinem Kaufbriefe."

„Und wenn ich Ja sagte, Jacob, Dein Vater würde Nein schreien, daß man's drüben über den Bergen hörte."

„Ich werd' es verhindern, versprecht Ihr nur, daß Rose mein Weib werden soll!"

Michel Jürgen war unschlüssig. Der Schwiegersohn wäre ihm wohl recht gewesen, aber er fürchtete, nicht ohne Grund, den Stolz des Richters, der sich einem solchen Plane aller Wahrscheinlichkeit nach energisch widersetzen würde, und obwohl langes Denken schon längst nicht mehr seine starke Seite war, erschrak er doch fast über den kühnen Gedanken des jungen, noch nicht neunzehnjährigen Burschen.

„Dein Vater kann Dich auch enterben," sagte er kleinmüthig.

„Wenn das Abkommen im Kaufbriefe nicht getroffen wäre, thäte er's wohl, so aber kann er nicht. Er hat sich selbst damit die Hände gebunden. Weil ich dies nun weiß und Eure Tochter liebe, will ich den Vortheil benutzen und hier in diesem Hause wieder Frieden stiften. Rose wird mich nicht abweisen."

Der Schmiedebauer ward nachdenklich. Es wollte ihm doch scheinen, als könne dieser Vorschlag ein Mittel werden, sich selbst wieder aufzuraffen. Ward Bühl genöthigt, seinem Sohne die Einwilligung zur Verheirathung mit Rose zu geben, so fielen die Verpflichtungen, welche er gegen den strengen Richter zu erfüllen hatte, in sich selbst zusammen. Es kam in diesem Falle wenig darauf an, ob der Hof, der ihm zur Zeit nur noch dem Namen nach gehörte, später wirklich ganz und gar in den Besitz Bühl's überging. Der Schwiegersohn vertrieb ihn — das wußte Jürgen — nicht aus diesen Räumen. Wurden aber die Quellen des Unglücks verstopft, dem sein wüstes Leben entsprang, so durfte er sich auch Hoffnung machen, im Hinblick auf das Glück seiner Kinder selbst wieder Kraft über sich zu gewinnen.

„Meinst Du's ehrlich mit meinem Kinde," sagte Jürgen nach einer Weile, „so will ich Dir nichts in den Weg legen."

„Topp!" rief Jacob.

Der Bauer schlug kräftig ein.

„Ihr erlaubt, daß ich thue, was ich für nöthig erachte, wenn mein Vater nicht gar zu große Augen machen soll? Fort mit dem zerbrechlichen Zeuge da! Ich darf doch?"

Er wartete die Antwort des überraschten Jürgen nicht ab, sondern raffte die leere Flasche und das daneben stehende Glas vom Tische, öffnete das Fenster und schleuderte beide auf's Pflaster, wo sie klirrend zerbrachen.

„Gute Nacht, Vater Jürgen," sagte Jacob darauf, ihm die Hand reichend. „Jetzt ist ein Anfang gemacht; es kommt nun Alles auf den Fortgang an. Ich gehe nach dem Pferdestalle und will mir über Nacht überlegen, wie ich dem Vater meine Absicht am besten beibringen kann."

IV.

Die unerwartete Eröffnung des jungen Bühl machte einen tiefen Eindruck auf den Schmiedebauer. Es war ein Fingerzeig des Himmels, dem er folgen mußte. Noch während der Nacht faßte Jürgen die besten Vorsätze und was lange nicht mehr vorgekommen war, schon bei Sonnenaufgang verließ er den stark vernachlässigten Hof und ging auf's Feld, um sich doch hier auch wieder einmal umzusehen.

Jacob blieb ruhig auf dem Hofe. Er that, was einem verständigen Knechte zu thun obgelegen hätte und machte dann einen Rundgang durch die Gebäude, so weit sie offen standen. Es war kein erfreulicher Anblick, der sich da dem jungen Manne darbot. Die etwa noch vorhandenen Vorräthe lagen wüst und wirr durch einander, unentbehrliche Geräthschaften befanden sich in dem schlechtesten Zustande. Ueberall sah man, daß weder Ordnung auf dem Hofe waltete, noch der Wille solche herzustellen, vorhanden war. Nur im Kuhstalle sah es etwas besser aus. Hier — das war leicht zu erkennen — schaltete die fleißige Hand Rose's, die sich den Mißhandlungen ihres Vaters gestern in so auffallender Weise entzogen hatte. Obwohl nun Jacob nicht ganz mit dem Verfahren seines Vaters gegenüber Jürgen einverstanden war, mußte er es doch billigen, daß er die Geflüchtete ruhig bei sich behielt, ohne zuvor über das Vorgefallene Lärm zu schlagen. Jetzt war vielleicht außer seinen eigenen Aeltern Niemand unterrichtet, und schwiegen diese, so gab es weiter keine böse Nachrede im Orte. Diese zu verhindern, so weit er die Macht dazu habe, war Jacob's fester Entschluß. Und um diesen Entschluß durchzuführen, nahm er sich vor, die Ankunft des eigenen Vaters auf Jürgen's Hofe zu erwarten.

Der Richter hielt Wort. Jacob sah ihn über den schwankenden Steg schreiten, als er die Leiter herabstieg, die zum Heuboden über der bedachten Einfahrt zum Hofe führte. Das Aussehen des Vaters war sehr streng und verhieß ihm selbst keine freundliche Begrüßung. Dennoch ging Jacob ihm entschlossen entgegen, fest gewillt, sein Ziel zu verfolgen und sich durch nichts davon zurückschrecken zu lassen. Es wunderte ihn nur, daß sein Vater allein kam, denn er hatte vermuthet, Rose würde ihn begleiten und ihr Pathe diese Gelegenheit benutzen, dem Schmiedebauer eine sanftere Behandlung der einzigen Tochter, die sich ja in keiner Hinsicht etwas zu Schulden kommen ließ, eindringlich zu empfehlen.

Da Michel Jürgen nicht anwesend war, mußte Jacob dem strengen Vater zuerst in die Augen fallen. Wirklich bemerkte ihn dieser auch schon von Weitem und beschleunigte seine Schritte.

„Also doch wieder im Zeuge," redete Conrad Bühl seinen Sohn an. „Mir war bange, ich möchte Dich in brüderlicher Umarmung finden mit dem Saufaus, zu dem Du eine so verwunderliche Neigung hast. Schläft er noch?"

„Wenn Du Jürgen schlafend finden wolltest, hättest Du früher aufstehen müssen," lautete die unehrerbietige Antwort des Sohnes.

„Oho!" sagte Bühl. „Ist er über Nacht ein reputirlicher Mann geworden?"

„Kann angehen. Getrunken wenigstens hat er nicht und seine Thür schloß er mir, als ich anklopfte, auch nicht vor der Nase zu."

„Ich will ihn sprechen. Wo ist er?"

„Irgendwo draußen auf seinen Feldern wirst Du ihn finden."

„Auf seinen Feldern!" lachte der Richter. „Möchte das Stück Land sehen, das er mit Recht sein nennen könnte!" Er schob die Krimmermütze, die er trug, mehr in die Stirn und fragte dann barsch den Sohn, weshalb er sich so lange hier müßig herumtriebe?

„Müßig war ich nicht," erwiderte Jacob, „denn ich hab' gethan, was in einer Wirthschaft am frühen Morgen zuerst besorgt werden muß. Ich erbarmte mich des lieben Viehes. Jetzt wäre Rose auch zu gebrauchen, denn das Melken verstehe ich nicht und würde mich auch nicht damit befassen, selbst wenn ich's aus dem Grunde verstünde."

„Eine Schürze bänd' ich Dir vor, Wenn Du Dich unterfingst, in Weiberarbeit zu pfuschen!" versetzte Bühl verächtlich. „Und nun marsch nach Hause! Schicke die Rose herüber! Da seh' ich Jürgen kommen."

Jacob wollte den Vater nicht reizen. Er ging deshalb fort, ohne ein Wort der Erwiderung. Zu einer Erklärung, wie er sie auf dem Herzen hatte, war diese Stunde — das fühlte der junge Mann mit richtigem Tacte heraus — nicht geeignet.

Noch weniger freundlich, als mit dem Sohne gestaltete sich die Unterredung des Richters mit dem Schmiedebauer. Der frühe Gang auf's Feld hatte Jürgen gekräftigt, die Mittheilungen Jacob's ließen ihn in eine heitere Zukunft blicken. Er hielt sich für eben so gut als Bühl, der hochaufgerichtet im Hofe stand und dem heranschreitenden Bauer keinen Schritt entgegen ging.

Jürgen blieb endlich stehen und maß den Richter mit unfreundlichen Blicken.

„Immer heran!" rief jetzt dieser befehlshaberisch. „Du sollst jetzt meinen Willen erfahren."

„Spare die Worte," erwiderte Jürgen. „Aus Deinem Willen mach' ich mir just so viel, als aus dem Sumsen einer Bremse. Ich brauche Deinen Rath nicht — geh'!"

„So höre meinen Befehl!"

„Was hast Du mir zu befehlen?"

„Daß Du ein ordentlicher Mann wirst und ein vernünftiger Vater gegen Dein Kind!"

Jürgen ward hitzig. „Richter Bühl," versetzte er, „um den Respekt, welchen Conrad in seiner Stellung von ihm fordern konnte, nicht zu verletzen, „Richter Bühl, wenn ich im Fahrwege läge und nicht wüßte, ob der Himmel über oder unter mir wäre, da könntest Du mir befehlen, denn Du wärst meine Obrigkeit; hier auf meinem Hofe aber, wo ich Herr bin und Du der Fremde, und wo ich meine Gedanken vollkommen beisammen habe, da hat Deine Macht ein Ende. Also sei ruhig, Conrad, oder ich könnte thun, was mich und Dich gereuen würde."

Bühl wich nicht vom Platze.

„Ich werde Deiner Worte eingedenk sein, Michel Jürgen," versetzte er ruhig, „und so wahr ich Richter bin, Dich nicht schonen, wenn Du straffällig wirst!"

Der Schmiedebauer ging achtlos an Bühl vorüber. Er hätte ihm am liebsten einen Schlag versetzt oder doch beleidigende Worte zugeworfen, aber er gedachte Jacob's Vorschlag und wollte die Feindschaft, die zwischen ihm und dem stolzen Richter bestand, nicht noch größer werden lassen. Unter der Hausthür kehrte er sich um.

„Schick' mir die Rose, ich bedarf ihrer," sprach er mit leidlicher Ruhe. „Sie braucht keine Furcht vor mir zu haben."

Er wartete die Antwort Bühl's nicht ab und dieser konnte, ohne den ehemaligen Freund absichtlich zu reizen, keinen vernünftigen Vorwand zur Fortsetzung eines Gespräches finden, das Jürgen gern vermeiden wollte. So sah er sich denn genöthigt, ebenfalls den Rückweg anzutreten.

Beim Einbiegen nach seiner stattlichen Besitzung kam ihm ein widerlicher Mensch entgegen. Er trug einen Sack über der Schulter, einen großen Knotenstock in der rechten Hand und seine Kleidung, wie sein ganzes Wesen, ließen den privilegirten Bettler nicht verkennen. Kriechend demüthig zog er vor dem mächtigen Manne, dessen Arm er fürchtete, die schäbige Mütze, begrüßte ihn und bat um eine Gabe.

„Du hast Dir Dein Frühstück schon abgeholt, Veit," antwortete Bühl dem Bettler, „Dein Sack ist gefüllt; Dir jetzt mehr geben, wäre Sünde."

„Von Eurem Ueberflusse, Herr Richter? Was ich heute nicht brauche, kann mir morgen zu passe kommen. Ich bin schwach und krank." —

„Du lügst, Veit!" erwiderte Bühl. „Du bist stark, aber faul, und Du treibst es eben wie alle Taugenichtse. Du kennst mich und weißt, daß ich mit Deinesgleichen nicht spaße. Denke an meinen Hund!" —

Der Bettler bückte sich, verzog aber sein Gesicht zu einem häßlichen Grinsen, indem er, mit dem Stock auf seine linke Wade zeigend, erwiderte: „Der Spaß, Herr Richter, hat Euch damals viel Schmerzensgeld gekostet!"

„Mit Vergnügen bezahlte ich das Doppelte, wenn ich Dich für immer damit aus meinem Hofe verscheuchen könnte!" rief Bühl aufgebracht, versetzte dem Bettler mit der Hand einen Stoß, daß dieser beinahe mit dem Gesicht auf die Erde gefallen wäre, und schritt an ihm vorüber.

Veit hielt sich mit Hülfe seines Stockes aufrecht, ehe er aber den Hof verließ, rief er dem Richter lachend nach:

„Danke schönstens für die gnädige Zurechtweisung und werde so großer Liebe stets eingedenk bleiben!"

Dann hastete er weiter, sprach erst in der Schmiede ein und dann bei Jürgen, und an beiden Orten erhielt er Brod und eine Kupfermünze, wofür er den Gebern tausend Segen wünschte.

***

V.

Nach einigen Tagen wollte Bühl die Schlitten in Stand setzen, denn das Wetter neigte sich zum Frost und der stets bedeckte Himmel verhieß reichlichen Schneefall. Als tüchtiger Landmann bedurfte er dazu keines Stellmachers. Er besaß Hobel- und Schnitzebänke, alle nöthigen Geräthschaften und Werkzeuge, und an geeignetem Holze, um Schlittenkufen daraus zu formen, fehlte es ebenfalls nicht. Mit Jacob stand sich der Vater ganz gut, dennoch hatte der Sohn, er wußte selbst nicht, wie es kam, mit seinem Anliegen noch nicht hervortreten können. Lange zaudern durfte er aber nicht mehr, denn Jürgen schien des Wartens schon überdrüssig zu sein und war ihm bereits zwei Mal wieder in einem Zustande begegnet, der ihn höchlichst bestürzt und um den unglücklichen Mann ernstlich besorgt machte.

„Morgen mit dem Frühesten wollen wir zusammen an die Arbeit gehen," sprach Bühl zu Jacob, als er Abends seine gewohnten Gemeinbearbeiten vornahm, wobei der gewandte Sohn ihm half. „Die geschärften neuen Aexte werden wacker schaffen helfen."

„Sapperlot, die Aexte!" rief Jacob.

Bühl sah den Sohn scharf an.

Sind sie gestohlen?" fragte er ruhig.

„Vergessen hab' ich sie ganz und gar," erwiderte Jacob. „Sie liegen beim Schmiedebauer."

„Dann hole sie, wenn wir mit unserer Arbeit fertig sein werden."

Nichts konnte Jacob angenehmer sein. Er wußte nie, wie er es anfangen sollte, um Rose zu sehen, denn ein offenes Besuchen des trunkfällig gewordenen Nachbars duldete der Vater nicht. Der erhaltene Auftrag aber ließ sich ja trefflich zu einer Besprechung mit dem jungen Mädchen, dessen Neigung sich Jacob versichert halten durfte, benutzen. Er war daher sehr fleißig, die Arbeit förderte, und ohne das Abendessen abzuwarten, machte er sich nach deren Beendigung unverweilt auf den Weg.

Jürgen war, wie gewöhnlich, ausgegangen. Die Tochter des Hauses empfing den Sohn des Richters sehr freundlich, und es kam zwischen beiden jungen Leuten zu einer offenen Erklärung. Nachdem Rose dem glücklichen Jacob versprochen hatte, ihm treu zu bleiben und die Zeit ruhig abzuwarten, in welcher ihre Wünsche erfüllt werden würden, beschwor sie den Geliebten, ja recht vorsichtig zu sein.

„Deine Mutter, nicht minder Deine Schwester sind mir nicht wohlgesinnt," sprach sie. „Ich habe das deutlich an jenem Abende erfahren, wo ich mich vor dem erzürnten Vater zu Euch rettete. Hätte ich damals gewußt, daß ich Dich nicht zu Hause treffen würde, so wäre ich wahrscheinlich gar nicht hinübergelaufen."

„Sie können Dir nichts Uebles nachsagen," erwiderte Jacob, „auch wollen wir uns Beide um Mutter und Schwester gar nicht kümmern, wenn es uns nur gelingt, den Vater für uns zu gewinnen."

„Ach, ich fürchte," fiel Rose seufzend ein, „es giebt noch recht viel Kummer und Noth, ehe wir so weit kommen. Dein Vater ist so hochmüthig!"

„Er giebt nach, wenn er sieht, daß wir fest sind und uns nicht trennen lassen," sagte Jacob. „Und überdem habe ich einige Macht über den Vater, wenn ich mich nur sonst seinem Willen füge. Nun aber, Gute Nacht, Liebchen! Ich will keinen Verdacht erregen, gieb mir nur die Aexte."

„Ja, die Aexte! Wo hast Du sie hingelegt?"

„Hier auf die Bank. Vermuthlich trug sie Dein Vater in den Holzschuppen."

Rose verfügte sich, eine Laterne in der Hand, sogleich in Jacob's Begleitung nach dem Schuppen, Beide jedoch konnten die Aexte nicht finden. Man suchte sie hierauf in der Küche, auf der Vorbühne des oberen Stockes, endlich auf dem Boden, ohne ein besseres Resultat zu erzielen.

„Der Vater muß sie geradezu versteckt haben," sagte endlich Rose, jedes fernere Nachforschen aufgebend.

„Sobald er nach Hause kommt frage ich ihn darnach

„Ich bitte Dich, vergiß es ja nicht!" versetzte Jacob. „Der Vater giebt ein Vorhaben nicht gerne auf, und wenn morgen früh die Aexte nicht da sind, mag ich nicht viel mit ihm zu schaffen haben. Dein Vater könnte sie heute noch herüber bringen. In dem Verschlage, links von der Hofthür, den ich offen lassen will, kann er sie hinstellen."

„Du wirst sie morgen dort finden, Jacob. Gute Nacht!"

Der junge Bühl kehrte nach Hause zurück und berichtete dem Vater, daß Jürgen die Aexte selber noch, wenn auch vielleicht erst spät, bringen werde.

Der Richter runzelte die Stirn und zog die buschigen Augenbrauen finster zusammen. Das spöttische Zucken seines Mundes sagte dem Sohne, daß er sich im Stillen über das liederliche Herumschwärmen des unverbesserlichen Schmiedebauers moquire.

Zu rechter Zeit, das heißt noch vor neun Uhr, begab sich Conrad Bühl zur Ruhe. Seine kräftige Natur focht so leicht nichts an, und er erfreute sich in der Regel eines gesunden, festen Schlafes. In dieser Nacht aber erwachte er von dem lauten Gebell des Hundes, dessen Kette er klirren hörte. Er richtete sich auf und horchte, Schritte kamen näher, dann sprach eine Stimme unverständliche Worte. Der Hund knurrte eine Weile, und fing dann wieder stärker an zu bellen.

Der Richter ließ sich nicht weiter stören.

„Es ist Michel Jürgen, er hat die Aerzte gebracht," dachte er und legte sich wieder nieder. Auf einmal ging das Bellen des Hundes in ein sehr lautes, aber nur kurzes Geheul über, worauf es bald völlig still ward.

„Elender Mensch!" murmelte der Richter. „Selber das arme Vieh kann er nicht in Ruhe lassen, blos weil es mir zugehört, und weil es zu allen Stunden seine Pflicht thut."

Die Thurmuhr schlug Mitternacht, der Wächter stieß mehrmals in's Horn und sang seinen Vers ab. Bühl schlief jetzt wieder ein und der Rest der Nacht verlief ohne weitere Störung.

Am nächsten Morgen öffnete der Richter eigenhändig die Thüren seines Hauses. Es war nicht eben hell, aber es dämmerte doch, so daß sich die näheren Gegenstände genau erkennen ließen. Es wunderte Bühl, daß der Hund nicht sofort auf ihn zueilte und ihm die Hand leckte. Er rief ihn, aber das Thier rührte sich nicht.

„Ist ihm 'was zugestoßen?" sagte Bühl vor sich hin und ging an der Wand fort, die zu dem Lager des Hundes führte. Da lag er still und kalt. Die Hand eines Frevlers, eines Nichtswürdigen hatte das schuldlose Thier getödtet. Auch das Instrument, dessen sich der haßerfüllte Frevler bei seiner Schandthat bediente, lag neben dem todten Körper. Es war eine der neuen, dem Richter zugehörigen Aexte. Die andere stand im Schuppen neben der Thür.

„Vermaledeiter Bube!" rief Bühl entrüstet aus, die Axt mit der blutbefleckten Schneide an sich nehmend. „Das sollst Du mir theuer bezahlen! Er eilte in's Haus, rief Frau, Kinder, Dienstboten, zeigte Allen die Axt und den offenbar mit derselben getödteten Hund. Die Meisten hatten ebenso wie der Richter das Bellen des Thieres, das Murmeln einer Männerstimme, zuletzt das kurze, ängstlich klingende Geheul gehört, und der Verdacht der Thäterschaft lenkte sich insgemein auf Michel Jürgen.

Conrad Bühl war anfangs ganz außer sich. Hätte er den Schuldigen sogleich bei der Hand gehabt, es würde ihm sicherlich übel er-

gangen sein. „Der heimtückische Teufel!“ rief er einmal über das
andere aus. „Läuft erst in die Schenke, um sich Courage zu saufen,
und wenn andere ehrliche Leute schlafen und Gott ihre Seele empfehlen,
schleicht die Canaille um Häuser und Scheunen, und schlägt die unver-
nünftigen Wächter todt, auf deren Treue man sich besser verlassen
kann, als auf das verrätherische Menschenpack!“

Jacob war über diesen Vorfall äußerst bestürzt. Es wollte ihm
gar nicht einleuchten, daß Jürgen sich zu einer so thörichten Handlung,
selbst im Rausche, habe fortreißen lassen. Das Erschlagen des Hof-
hundes hatte gar keinen Sinn. Nur ein Mensch, der mit andern verbrecherischen Gedanken umging, konnte zu einem solchen Mittel greifen.
Jürgen war aber kein ehrloser Mensch, er war nur unglücklich und
durch das Unglück unordentlich geworden.

Der junge Mann stellte die genaueste Besichtigung an, um vielleicht eine Spur zu entdecken, welche den Verdacht von Jürgen ableiten
könnte. Wie angelegen er es sich aber auch sein ließ, diese zu ermitteln,
der Erfolg war kein günstiger.

„Ich will den Cujon schon mürbe machen,“ sprach der entschlossene,
heute weniger denn je zur Milde geneigte Richter. „Hat er sich mir
doch selber in die Hände gegeben!“

Jacob’s Zureden half nichts; Johanna und Elise schwiegen, weil
sie das blitzende Auge des Vaters fürchteten. Die Schwester lächelte
sogar verstohlen, und als der Bruder sie deshalb zur Rede setzte, erwiderte sie spöttisch: „Art läßt nicht von Art!“

Schon vor Sonnenaufgang nahm der Richter seinen Stock und
machte sich mit zwei inzwischen herbei gerufenen Gerichtsdienern auf
den Weg nach Michel Jürgen’s Hofe.

Rose gewahrte zuerst den ungewohnten Besuch und vermuthete
sogleich irgend ein Unglück, in das ihr Vater mit verwickelt sein könne.
Sie eilte den Kommenden bis auf den Hof entgegen.

„Ist Michel Jürgen drinnen?“ fragte Bühl mit strenger, kalter
Richterstimme.

„Der Vater schläft noch,“ versetzte zagend die Tochter.

„Konnt’ mir’s denken,“ fuhr Bühl fort. „Ist wacker spät zu
Bett gegangen, he?“

„Es war Mitternacht eben vorüber.“

„Ganz recht, eben vorüber!“ wiederholte kopfnickend der Richter.
Und wann kam Dein Vater von seinem Nachtspaziergange zurück?“

„Kurz vor zwölf," lautete Rose's zagende Antwort.

„Brachte er die beiden Aerzte selber zu mir?"

„Auf der Stelle. Er ist auch gar nicht lange ausgeblieben."

„Gut, mein Kind, ich danke Dir. Jetzt sei 'mal so gut, und wecke den Siebenschläfer. Wir wollen uns derweil ein bischen ausruhen."

Rose ging mit schwerem Herzen, um den Befehl des strengen Richters zu vollziehen.

Michel Jürgen wunderte sich über den so frühen Besuch, ohne im Geringsten zu erschrecken. Er hatte sich nicht übernommen und konnte demnach Jedermann Rede stehen. Erst als Conrad Bühl ihm mit den Worten entgegen trat:

„Ich verhafte Dich, Michel Jürgen, Kraft meines Amtes als Friedensstörer und wegen verübten Frevels," wich er überrascht einige Schritte zurück, indem die Frage seinen Lippen entglitt:

„Was soll ich denn verbrochen haben?

„Willst Du noch leugnen?" herrschte der Richter ihn an. „Sieh' Dich vor, Jürgen, und mache Deine Sache nicht noch schlimmer, als sie schon ist!"

Darauf legte er dem Bauer dieselben Fragen vor, die Rose schon beantwortet hatte. Jürgen konnte und wollte nicht leugnen. Er wußte nicht, um was es sich handle, und ertappte man ihn auf einer einzigen Unwahrheit, so mußte der Verdacht, den man gegen ihn hegte, sich ja mehr noch steigern. Seine Antworten trafen deshalb mit denen seiner Tochter genau überein.

„Mein Hund schlug an, als Du dem Schuppen zuschrittest?" setzte Conrad Bühl sein Examen fort.

„Er bellte anfangs, als ich ihm aber leise zurief und mit ihm sprach, knurrte er nur noch, und ließ mich die Aerzte ruhig in den Schuppen stellen."

„Und zum Dank dafür ergriffst Du eine derselben und schlugst dem armen Thier den Hals ab, Unmensch!" fuhr ihn hierauf der Richter an.

„Ich will verdammt sein, wenn ich das Thier nur scheel angesehen, habe!" betheuerte Jürgen. „Es bellte mir nach, als ich fort ging; erst als ich am Schmiedehause war, hörte ich es heulen!"

„Du selber sollst heulen für Deine elenden Streiche und für Deine frechen Lügen," erwiderte der Richter. „Dein Leugnen kann Dir nichts helfen, und Deine leichtfertigen Schwüre wird der Himmel nicht hören. Fort mit ihm in's Gefängniß! Um zwölf Uhr Mittags soll das Gericht zusammen treten und sein Strafurtheil über Dich fällen!" Ich selber will schweigen, die Strafe aber, welche das Ge= richt Dir zuerkennt, mußt Du verbüßen, und wenn Du Dich morgen früh aus Wuth und Aerger über Deiner eigenen Hausthür auf= knüpftest!"

Die Gerichtsdiener faßten den entsetzten Bauer, dem jetzt vor Schrecken die Sprache versagte, und führten ihn fort in's Gefängniß. Jürgen leistete keinen Widerstand. Er wußte, daß aufsätziges Wesen ihm in dieser Bedrängniß nicht helfen könne. Nur die Aeußerung: „Ich bin verleumdet! Ihr thut mir Unrecht, himmelschreiendes Un= recht!" wiederholte er mehrmals auf dem Wege nach dem Gefängnisse.

VI.

Vor dem Hause des Richters Bühl versammelten sich immer mehr Menschen. Alle richteten ihre Blicke nach der großen Vordiele, die sich von der Straße aus bequem übersehen ließ. Auf den Gesichtern der Meisten war nur Neugierde zu lesen, Einzelne aber blickten düster nach dem Innern des Hauses, schüttelten den Kopf, und entfernten sich dann, leise ihre Meinungen gegen einander austauschend.

Auf der Vordiele lag mit todtenbleichem Gesicht der Bauer Michel Jürgen im Block oder Stock. Zu dieser entehrenden Strafe, die für gewöhnlich nur über Vagabunden oder notorisch schlechte Subjekte ver= hängt wurde, hatte das Gericht den beklagenswerthen Mann verur= theilt. Sein Leugnen, seine heiligsten Betheuerungen, er sei unschul= dig an dem ihm Schuld gegebenen Vergehen, fruchteten nichts. Die zusammengetretenen Gerichtsleute mußten nach den eigenen Aussagen des Bauers die Ueberzeugung gewinnen, daß nur er den Hund des Richters erschlagen haben könne. Er hatte in eigener Person die Aexte nach dem Hofe getragen, der Hund hatte die Schritte des Fremden vernommen und sich hören lassen. Jürgen's Zusprechen besänftigte das Thier, es begann erst wieder zu bellen, als der Bauer fort zu gehen Miene machte. Kein anderes lebendes Wesen war um dieselbe Zeit in dem Hofe des Richters gesehen worden. Jürgen selbst gab zu, er ganz allein sei um die angegebene Zeit auf der Straße gewesen.

Erst jenseits des Baches, dicht vor dem Eingange zu seinem Garten, sei ihm der Wächter begegnet, der ihm noch spöttisch gute Nacht gewünscht hatte. Die Tödtung des Hundes konnte aber nur in dieser Zeit vorgefallen sein. Wen anders also, als Michel Jürgen, mußte der Verdacht der gehässigen That treffen?

So viele Beweisgründe veranlaßten die Gerichtspersonen, den Schmiedebauer einstimmig zu verurtheilen. Sie thaten es ungern, denn sie wußten noch vor Fällung ihres Spruches, daß dieser den ohnehin schon unglücklichen Mann für immer ruiniren müsse. Eine Freisprechung wäre aber noch gefährlicher gewesen. Der Richter constatirte, daß Jürgen ihn wiederholt, und zwar gerade in der letzten Zeit, am heftigsten bedroht, ihm Rache geschworen habe. Auch diese schwer wiegende Anklage konnte Jürgen nicht einfach ableugnen; er gab als Entschuldigung nur an, daß er vielleicht im Rausche unüberlegte Worte gesprochen habe.

Zwei volle Stunden mußte Jürgen im Stock liegen. Während dieser schrecklichen Zeit gingen gewiß zwei Drittheile aller Einwohner des Ortes an Bühl's Hause vorbei, und betrachteten den so exemplarisch Bestraften. Am längsten unter den Neugierigen verweilten die müßigen Gaffer. Diese schienen auch die Einzigen zu sein, die sich an dem bedauerlichen Anblicke freuten. Es waren die Nichtsnutzigen des Ortes, zweideutige Bettler, die nicht allzu scharf zwischen Mein und Dein unterschieden, heruntergekommene Menschen, welche der Gemeinde zur Last fielen und auf deren Kosten ernährt wurden.

Der Widerwärtigste von allen diesen Gaffern war Veit. Dieser Herumtreiber machte kein Hehl aus seiner Freude. Er lachte, schnitt Grimassen und gab nicht undeutlich zu verstehen, daß dem Bauer ganz Recht geschehe. Veit liebte Jürgen eben so wenig, wie irgend einen andern Besitzenden. Der Schmiedebauer hatte den Bettler auch gelegentlich von seinem Hofe gejagt oder ihn mit harten Worten zurechtgewiesen. Das vergaß Veit nicht, und deshalb machte es dem Schadenfrohen Vergnügen, daß Jürgen nun selbst in Strafe genommen worden war.

Conrad Bühl hielt sich fern während der Zeit, wo der ehemalige Jugendfreund die ihm zudiktirte Strafe verbüßte. Er wollte völlig unparteiisch erscheinen, und sprach deshalb auch kein Wort während der Verhandlung der Gerichtspersonen. Den Spruch derselben bestätigte er, wie er Jürgen gelobt hatte. Er wohnte nur der Vollziehung der

Strafe bei, dann zog er sich in sein Zimmer zurück. Zwei Gerichtsdiener blieben neben dem Bestraften stehen, um diesen zu bewachen und
etwaige gar zu Zudringliche fern zu halten.

Jacob war über diesen Vorfall im höchsten Grade bestürzt. Nicht
nur besorgte er, daß Jürgen die erlittene Strafe vollends um alle
Besinnung bringen werde, es zerstörte dieses Ereigniß auch alle seine
Pläne oder schob sie wenigstens hinaus in unabsehbare Ferne. Der
Stolz seines Vaters würde es nie zugegeben haben, daß sein einziger
Sohn die Tochter eines Mannes als Weib heimführe, der als Sträf-
ling im Stock gesessen hatte. Er durfte nach dem Vorgefallenen gar
nicht daran denken, seinem Vater mit einer solchen Eröffnung nahe zu
treten, ohne sich der entsetzlichsten Zurechtweisung auszusetzen. Blieb
überhaupt noch Hoffnung übrig, so lag diese jenseits der Grenze des
Lebens, die seinem Vater von der Vorsehung gesteckt war.

Ein Gedanke, den der junge Mensch sogleich unterdrückte und der
ihn selbst schaudern machte, beschlich ihn. Er ertappte sich auf dem
Wunsche, sein strenger, harter, hochfahrender Vater möge bald das
Zeitliche segnen!

„Stürbe mein Vater, so heirathete ich Rose, und hätte ihr Vater
auch im Zuchthause gesessen!" rief er aus. Gleich darauf aber reute
Jacob dieser sündhafte Gedanke, und vor Zorn, Angst und Gram
traten ihm ein paar Thränen in die Augen.

Wie ein Träumender ging der Sohn des Richters ab und zu,
während Jürgen seine Strafe verbüßte. Er hätte gern mit ihm gesprochen, allein das war nicht gestattet, und noch lieber hätte er die
neugierigen Gaffer draußen vor dem Hause mit Peitschenhieben fort-
gejagt. Wozu war es nöthig, daß alles Gesindel seine schadenfrohen
Bemerkungen über den Unglücklichen machen mußte, den Niemand
vertheidigte?

„Wenn er nun doch unschuldig ist!" rief er aus. „Er hat's ge-
leugnet bis zur letzten Minute! Und Jürgen lügt nicht, wenn er auch
leichtsinnig geworden und kein Mann mehr ist, wie er sein sollte!"

Kurz vor Ablauf der zwei Stunden suchte Jacob seinen Vater auf.
Er fand ihn in sich gekehrt in seiner Stube.

„Willst Du mir 'was versprechen, Vater?" redete er ihn an. „Du
kannst es und, ich weiß, es wird Dir lieb sein, wenn Du's thust!"

„Laß hören," sagte Conrad Bühl zerstreut.

„Gieb Jürgen die Hand, wenn er's überstanden hat," stieß Jacob heraus. „Es sieht ihn dann Keiner mehr schief an, und Du richtest ihn auf in seinem Unglück."

Bühl richtete einen Blick auf seinen Sohn, der diesem alle Hoffnung benahm.

„Er betränke sich dreimal in vier und zwanzig Stunden," versetzte er, „wenn mir ein Unglück passirte! — Er hat mich hundert Mal verflucht, hat mir gedroht, wie ein richtiger Schurke, hat mir gewünscht, ich möchte mich verstürzen, und Hals und Beine brechen, und jetzt, wo er mir heimlich den Wächter von Haus und Hof erschlägt, jetzt sollte ich ihm die Hand drücken? Nimmermehr! Eher will ich's ertragen, daß die ganze Gemeinde spricht, ich hätte ihn in den Tod gejagt, wenn er sich wirklich einmal ein Leid thun sollte!"

Dem unbeugsamen Manne war in keiner Weise beizukommen. Jacob mußte den Vater unverrichteter Sache verlassen und sein Vertrauen auf die mildernde Zeit setzen.

Inzwischen waren die beiden Stunden vergangen, Jürgen wurde befreit und durfte nach Hause gehen. Er zitterte, als er auf die verlähmten Füße trat und die Zähne klapperten ihm vor Frost und Scham. Er war unheimlich anzusehen, wie er der Thür zutaumelte und die steinernen Stufen hinabstolperte. Die noch vorhandenen Gaffer stoben nach allen Seiten auseinander beim Anblick des bleichen, wild blickenden Bauers. Wer hätte auch dem arg beschimpften Manne in den Weg treten mögen! Er sah ganz so aus, als sei er zu jeder Gewaltthat fähig. Der Erste Beste, der ihm in die Hände fiel, mußte die Wuth entgelten, die in der Brust Jürgen's tobte.

Ohne sich umzusehen, ging der Schmiedebauer nach seinem Hofe. In einiger Entfernung, aber auf Umwegen, schlich der junge Bühl ihm nach.

„Ich will's!" hörte er den Aufgebrachten laut rufen, als Jacob in's Haus trat. Die weinende Rose begegnete dem Jünglinge mit einer Flasche in der Hand.

„Es ist aber doch sündhaft, Jacob!" sprach das Mädchen. „Jetzt geht Alles zu Grunde und mit uns ist's auch aus!"

„Wenn Du mich nicht verläßt, ich bleibe Dir treu," versetzte Jacob.

„Dein Vater hat schon zu mir geschickt und mir sagen lassen, daß er mir in Zukunft sein Haus verbietet!"

„Das hat er gethan?"

„Durch einen Gerichtsdiener ließ er mir's vermelden."

Jacob stampfte mit dem Fuße und stieß die Thür zum Wohn-zimmer auf. Michel Jürgen saß, den Kopf auf beide Hände gestützt, am Tische, gerade so, wie er ihn schon früher, wenn er voll Aerger war, mehrmals getroffen hatte. Er redete ihn sanft an, suchte das Verfahren seines Vaters in weniger gehässigem Lichte darzustellen und versicherte ihn, daß er jederzeit auf ihn rechnen dürfe.

Jürgen ließ den jungen Bühl ausreden, die dargebotene Hand aber stieß er zurück, indem er grollend ausrief: „Wie Du mir, so ich Dir! — Rühr' mich nicht an, oder ich vergreife mich an Dir!"

Der Schmiedebauer nahm eine so drohende Miene an, daß Jacob sich zurückzog. Es war völlig unmöglich, den Erbitterten zu erweichen. Er entriß seiner Tochter die Flasche mit dem unheilvollen Getränk und stürzte rasch einige Gläser voll davon hinunter.

„Dem Teufel verschreib' ich mich jetzt!" rief er aus, „wenn er mir verspricht, alles Unglück Deinem Vater anthun zu wollen!"

Rose rang die Hände, hielt sich aber fern von dem Zürnenden. Nur durch Winke bedeutete sie Jacob, er möge vorerst gehen, später werde der Vater ja wohl eher wieder mit sich reden lassen. Um der Geliebten den Willen zu thun, entfernte er sich, und verlebte daheim einen recht trüben Abend.

VII.

In der Nacht war ziemlich viel Schnee gefallen, auch hatte es stark gefroren. Richter Bühl weckte seinen Sohn und die Knechte früh. Er wollte in den Wald fahren, um das daselbst bereit stehende Stockholz herein zu holen. Da der vorige Tag des ärgerlichen Vor-falls wegen fast ganz verloren gegangen war, so gab es viel herzu-richten, ehe die Schlitten, deren man sich bedienen wollte, in guten Stand gesetzt waren. Der Mittag kam heran, ehe man aufbrechen konnte. Es schneite indessen fortwährend, und gegen Sonnenunter-gang erhob sich ein heftiger Ostwind. Diesem Winde wich das Ge-wölk, der Himmel hellte sich auf, und als der Richter aus dem Walde zurückkehrte, beschien der wieder im Zunehmen begriffene Mond eine herrliche Winterlandschaft.

Zwischen sieben und acht Uhr Abends erreichte Conrad Bühl den Hohlweg, welcher zu seinem Hofe führte. Dieser lag seitwärts desselben auf freiem Lande, nirgends umhegt. Man konnte ihn von allen Seiten umgehen, auf der Ostseite, wo die Scheuern standen und ein Schafstall, führte sogar ein Fußsteig aus dem Orte hinaus auf's Feld, der viel benutzt ward.

Der Richter bemerkte beim Einbiegen des von ihm geleiteten Schlittens, daß ein großer Mann langsam den Steg herauf kam, ein paar Mal stehen blieb, als suche er Etwas, und endlich, sich gegen den Wind kehrend, an der Wand des Schafstalles weiter fortschritt. Der Mond warf den Schatten dieses Mannes vor ihm auf den Schnee. Bühl hielt seine Pferde an und wartete. Kaum bemerkte dies der Wanderer hinter den Gebäuden, so blieb er ebenfalls, doch nur ein paar Sekunden lang, stehen, dann setzte er den Weg fort und erreichte den Hohlweg in dem Augenblicke, wo der Richter in den Schatten der Gebäude hineinfuhr. Conrad Bühl kehrte sich um und erkannte den Schmiedebauer. Dieser kreuzte den Hohlweg, ging in's Feld und schlug hier die gerade Richtung nach der eine Viertelstunde entfernten, am westlichen Ende des Ortes gelegenen Schenke ein.

„Der Elende!" murmelte er vor sich hin. „Es ist ihm nicht zu helfen. Am besten wär' es schon, er bliebe unterwegs im Schnee sitzen und morgen fänden ihn die Leute erfroren! Wenn er stirbt, will ich mich seiner Tochter als Vater annehmen!"

Er trieb die Pferde an und leitete den Schlitten in den Hof. Jacob folgte mit dem seinigen, an diesen schlossen sich die Schlitten der beiden Knechte.

„Hast Du ihn gesehen, Vater?" sprach Jacob, neben Conrad haltend. „Er dauert mich doch!"

„Mich nicht, will er's denn anders haben?"

„Der Aerger frißt ihn und die Schande!"

„Wenn er sich bessert, spricht Niemand davon. Durch einen vernünftigen Lebenswandel kann er auch mich versöhnen,"

„Soll ich ihm nachgehen und —"

„Nicht von der Stelle!" fiel der Vater dem Sohne in's Wort. „Er könnte denken, mich gereuete mein Thun. Dann hätte ich verspielt!" —

Jacob mußte sich fügen. Die Pferde wurden abgeschirrt und in die Stallungen geführt, die mit Holz beladenen Schlitten blieben im

Hofraume neben einander stehen. Auch befand sich daselbst eine gewaltig hohe Feime Roggen; denn die Ernte war so ergiebig gewesen, daß der Richter den ganzen Segen derselben in seinen Scheuern nicht unterbringen konnte.

„Diese Nacht habe ich keine Ruhe," sprach Bühl zu seiner Frau, die seit der Bestrafung Jürgen's ungewöhnlich still geworden war. „Morgen gehe ich über-Land, um irgendwo ein zuverlässiges Thier aufzutreiben. Ich traue dem Frieden nicht recht. Ohne Hund können mir ein paar verwegene Kerle den halben Hof ausräumen."

„Bei so tiefem Schnee werden das auch die Keckſten wohl bleiben laſſen," verſetzte Johanna. „Die Spur verriethe ſie."

Bühl ſchwieg, es litt ihn aber nicht lange im Hauſe. Der Himmel hatte ſich wieder umzogen, doch ſchneiete es nicht. Nur der Wind blies heftig aus Oſten und wirbelte den friſch gefallenen Schnee hoch auf. —

Der Richter machte einen Gang durch den Hof, um zu ſehen, ob Alles an ſeinem Platze ſtehe. Dann ging er durch die noch unverſchloſſene Einfahrt auf die Straße, wandte ſich öſtlich nach den Scheuern und umſchritt dieſe. Als er den Hohlweg erreichte, ſah er vom Dorfe herauf wieder einen Mann kommen, welcher den Fußſteig einſchlug. Er achtete nicht darauf, endigte ſeine Beſichtigung, und kam von der entgegengeſetzten Seite wieder in den Hof. Er ſtieß die Einfahrt vollends zu und legte einen Riegel vor. Dadurch ward der Hof geſchloſſen bis auf eine ſchmale Pforte zwiſchen den Scheuern und dem Schaffſtalle, deren Thür nur eingeklinkt werden konnte. Dieſe Pforte öffnete ſich jetzt, um eine Geſtalt einzulaſſen, die im Schatten an den Scheuern hinſchlüpfte, dann einige Zeit ſich niederblickte und ſpäter denſelben Weg zurückging, um durch die Pforte wieder das Freie zu gewinnen.

Dieſer Einſchleicher glaubte unbemerkt geblieben zu ſein, was jedoch nicht der Fall war. Conrad Bühl hatte an dem hellen Flimmern des Schnee's geſehen, daß ſich die Thür der Pforte öffnete. Er ſtand gerade am Fenſter ſeines Zimmers, deſſen Laden er ſchließen wollte, als dieſer Schimmer ſein Auge traf. In der Meinung, der ſtarke Wind möge ſie aufgeſtoßen haben und könne ſie während der Nacht zerſchlagen, ging er nochmals über den Hof, um die Pforte feſt zu ſchließen. Als er an die Scheuer kam, ſah er etwas blitzen dicht an der Tenne. Es ſah aus, als zitterte ein Lichtſtrahl durch den ſchmalen

Spalt eines Brettes. Woher konnte dies Funkeln wohl kommen? Der Richter blieb stehen und bog sich vor- und rückwärts, um den Schimmer noch einmal zu erhaschen.

Dabei faß er einen dunkelen Gegenstand auf dem Schnee liegen, der sich im Winde bewegte. Vor kaum einer Viertelstunde hatte dieser Gegenstand noch nicht auf dem Schnee gelegen. Conrad Bühl bückte sich und erfaßte ein Tuch von Baumwolle, wie sie die Landleute als Taschentücher, wenn sie über Land gehen oder Jemand besuchen, zu tragen pflegen. Indem Bühl dies Tuch aufhob, blitzte wieder der funkelnde Schimmer in sein Auge.

Den Richter überrieselte es kalt, denn dies Flimmern kam aus der nahen Scheuer. Ein hastiger Sprung brachte ihn dem Gebäude nahe; da schlug über ihm, zwischen Thor und Dach, schon in der Breite einer Hand die helle Lohe heraus, und ehe noch zwei Minuten vergangen waren, loderte die Flamme um den Giebel.

Bühl's Feuerruf weckte das Hofgesinde und die Nachbarn, so rasch aber auch die Hülfe von allen Seiten herbeieilte, der heftige Wind, der ohnedies den Schnee von den Dächern herabgeweht hatte, jagte die Flammen von Gebäude zu Gebäude, so daß nach einer kurzen halben Stunde das ganze große Gewese nur einen einzigen Feuerherd bildete.

Während der Dauer des Brandes, welcher die ganze Nacht hindurch wüthete und sämmtliche Gebäude bis auf die Sohle in Asche legte, sah man den Richter mit großer Geistesgegenwart überall die Löschenden anfeuern. Gerettet wurde nur wenig, doch gelang es, Pferde, Kühe und Schafe den Flammen zu entreißen, die bei den Nachbarn untergebracht wurden. Gegen Morgen war die Gefahr für den Ort beseitigt, obwohl Gluth und dicke Rauchsäulen aus den eingeäscherten, mit so vielen brennbaren Stoffen gefüllten Gebäuden noch aufwirbelten.

Conrad Bühl saß, erschöpft von den Anstrengungen der Nacht, im Schmiedehause und sah finster vor sich hin. Er hatte während des Feuers keine Schwäche, nicht einmal eine Spur von Aufregung gezeigt, jetzt aber machte sich doch die Hinfälligkeit der Natur auch bei ihm geltend. Der Schlaf übermannte ihn trotz des Unglückes, das so plötzlich über ihn gekommen war, und ihm vielleicht die Hälfte seines Vermögens raubte.

So traf Jacob den Vater. Auch der junge Bühl hatte unermüdlich gearbeitet und sich den Flammen mit solcher Unerschrockenheit aus-

gesetzt, daß ihm die Haare versengten und er einige ungefährliche
Brandwunden davon trug. Den Schmerz und die tiefe Verstimmung
des Vaters gewahrend, reichte er diesem die Hand und sprach er-
muthigend:

„Es wird besser, Vater! Ich will für zwei arbeiten, und wenn
Gott uns gnädig ist, und wir finden Freunde, so reißen wir uns in ein
paar Jahren wieder heraus. — Sonderbar! Es hat keiner von uns
geraucht! und doch zeigte sich das Feuer zuerst auf der Seite, wo die
Schlitten standen!"

Conrad Bühl fuhr sich mit der Hand über die Stirn, und in seinen finstern Zügen zuckte es, als führe ein Lichtglanz über sie hin. Er
gedachte des Fundes, den er im Lärm der Feuersbrunst vergessen hatte.
Wußte er doch nicht, ob er das Tuch von sich warf, als er die Flamme
gewahrte, oder ob er es mechanisch einsteckte. Er durchsuchte die
Seitentaschen seines weiten kurzen Rockes, und ein ihm nicht zuge-
höriges Baumwollengewebe blieb in seiner Hand.

„Besieh' Dir das Ding genau," sprach er, dem Sohne das Tuch
hinreichend. „Vielleicht hilft's uns den Schalk entdecken, der uns so
schön heimzuleuchten verstand."

„Wo hast Du's gefunden?" fragte Jacob die Farbe wechselnd.

„Keine zwei Schritte weit von der Stelle, wo ich den Feuerschein
in der Scheuer bemerkte."

Es riecht nach stark geschwefeltem Feuerschwamm, und da hängt
sogar noch ein Stück Schwefelfaden. Beim Himmel, ein rachsüchtiger
Bube hat das Feuer angelegt!"

„Ein rachsüchtiger Bube!" lachte der Richter. „Will's wohl
glauben! Aber wo ihn finden? Wie ihn packen? Wie beweisen: Der
ist's und kein Anderer? — Na, was giebt's denn? Was bebst Du,
wie ein Espenblatt? Du selber wirst doch dem eigenen Vater nicht den
rothen Hahn auf's Dach jagen, weil er nicht zugiebt, daß unmündige
Kinder ihren Kopf aufsetzen?"

„Ich kenne das Tuch," erwiderte Jacob stotternd.

Bühl hatte es dem Sohne schon entrissen. Er besah es genau
aber mit unruhiger Hast. Es war blau und roth carrirt, mit einer
breiten weißen Kante. Der es trug mußte Raucher und Schnupfer
sein. Die eine Ecke war in Folge starker Knotung noch zusammen-
gedreht. In diesem Zipfel stand ein Name, und dieser Name warf
Jacob beinahe zu Boden.

„Jürgen!" sagte gedehnt, aber voll aufbrausenden Zornes der Richter. „Jürgen! Er hat sein Wort wahr gemacht, aber — bei Gottes Gerechtigkeit — der Henker soll ihm den Lohn dafür auszahlen!"

Conrad Bühl hatte seine ganze Energie wieder gefunden. Er stand auf, um Vorkehrungen zu treffen.

„Laß' ihn nicht arretiren Vater," rief Jacob, „nicht jetzt! Er könnte ja doch unschuldig sein! Und was würde die arme Rose sagen!"

„Er soll auf freien Füßen bleiben, bis ich Grund habe, ihn anzufassen," versetzte der Richter. „Für Rose — das verspreche ich Dir — soll gesorgt werden. Ein Kind, zumal ein Mädchen, ist nirgends schlechter aufgehoben, als bei einem verbrecherischen Vater."

VIII.

Der Brand von Bühl's Gewese war ein Ereigniß, das die Bevölkerung der ganzen Ortschaft in Aufregung versetzte. Obwohl der Richter über die Entstehung des Feuers Schweigen beobachtete, sprach es sich doch herum, daß Anzeichen vorlägen, die unverkennbar auf eine absichtliche Brandstiftung hindeuteten. Bühl hatte, ohne weitere Auslassungen, zu seinen nächsten Freunden gesagt, sein Hof sei ihm böswilliger Weise angezündet worden. Bald darauf erzählte man sich, der unbekannte Mordbrenner habe sich durch die unverschließbare Pforte in den Hof geschlichen, und einige Tage später ward bereits von einem Funde gesprochen, den der Richter gemacht haben sollte. Worin aber dieser bestand wußte Niemand.

Es konnte nicht fehlen, daß nunmehr auch wieder die Tödtung des Hundes zur Sprache kam. Zwei Tage später schon brannte Bühl's Hof und zwar bei einem Winde, welcher die Flammen unaufhaltsam über sämmtliche Gebäude verbreiten mußte.

War zwischen der Tödtung des wachsamen Hundes und dem Brande des Hofes, der so schnell darauf folgte, kein enger Zusammenhang? Und wenn es einen solchen gab, auf wen mußte der erste schwerste Verdacht fallen?

Michel Jürgen's Name ward erst ganz leise, bald aber mit be-

denklichen Nebenbemerkungen genannt. Der Mann machte sich viel-
fältig verdächtig. Er war von Bühl, dessen Sohn und seinen Knechten
kaum zwei Stunden vor dem Ausbruche des Feuers hinter den Scheunen gesehen worden. Er war langsam gegangen, war stehen geblieben,
hatte sich mehrmals umgesehen. Es wurde ferner ermittelt, daß er
nur ein paar Minuten vor dem ersten Feuerrufe nach Hause gekommen
sei. Der Schmied sah ihn von den Scheuern des Richters den Fußweg
herabschreiten und höchst unsicher über den schwanken Steg balanciren.
Er rauchte und aus dem Kopfe seiner Tabakspfeife verwehten Funken
im Winde. Von solchen Funken brannte kein Haus an, aber ein
Schwefelfaden oder ein Stück Schwamm ließ sich leicht daran ent-
zünden. —

Etwa eine Stunde vor dem Feuer war Jürgen noch in der am
westlichen Ende des Ortes gelegenen Schenke gesehen worden. Diese
Schenke stand nicht im besten Rufe. Der Besitzer war in früheren
Jahren der Hehlerei bezüchtigt und überführt worden, und Conrad
Bühl hatte damals die Durchsuchung des verdächtigen Hauses geleitet.
Der überführte Schenkwirth kam mit einer halbjährigen Zuchthaus-
strafe noch gnädig genug davon.

Seit dieser Zeit mieden alle Leute, die etwas auf sich hielten, die
verrufene Schenke. Der Wirth selbst war ein entschiedener Feind des
Richters, besaß jedoch genug Lebensklugheit, um seine Gesinnungen für
sich zu behalten. Irgend einem Gesinnungsgenossen mochte er sich
wohl entdeckt und dabei geäußert haben, daß er auf Rache gegen den
streng rechtlichen Richter sinne.

Daß sich bei diesem Manne die Unzufriedenen im Orte, herabge-
kommene und von den Besseren mißachtete Menschen versammelten, um
ihr Geld zu vertrinken und ihrem Grolle bei der Flasche Luft zu machen,
war Niemand ein Geheimniß.

Dahin war der Schmiedebauer am Tage der verbüßten Strafe
noch am späten Abend getaumelt. Er hatte böse, verfängliche Reden
geführt, Alle frei gehalten, seine silberne Taschenuhr dem Wirthe versetzt, da es ihm an baarer Münze fehlte, und schließlich mit den Meisten seiner Zechgenossen in halber Bewußtlosigkeit Brüderschaft gemacht. Auch der Herumtreiber Veit war unter den Zechenden gewesen
und Jürgen verschmähete es nicht, diesem als heimtückisch bekannten
Menschen ebenfalls die Hand zu drücken.

Wie wenig erkenntlich gerade der Letztgenannte für Jürgen's

Herablaffung war, lehrten feine fpäteren Auslaffungen über den Schmiedebauer. Es ließ fich durch Zeugen erhärten, daß Veit der Erfte gewefen war, der unter feltfamen Geberden Michel Jürgen als einen Mann bezeichnete, der wohl nähere Auskunft über das Feuer bei Bühl würde geben können.

Auf Grund diefer von Mund zu Mund gehenden Gerüchte wurden ganz unerwartet der Schenkwirth, Jürgen und der Bettler Veit in einer Nacht verhaftet. Man beobachtete dabei die Vorficht, Keinen wiffen zu laffen, was dem Andern gefchehen war, und fo erfuhren die Verhafteten nichts von dem Vorhaben der Gerichte.

Jürgen war gefaßter, als die Uebrigen, die fich einer folchen Ueber=rafchung nicht verfehen hatten.

„Sie wollen mich, nun fie mir einmal den guten Namen genommen haben, mit aller Gewalt zum fchlechteften Schelme machen,“ fprach er gelaffen. „Aber es wird ihnen nicht gelingen. Noch lebt der alte Gott, und der wird mich armen Mann nicht zu Schanden werden laffen.“

Die Verhafteten wurden einzeln verhört, und wenn auch Jürgen perfönlich ftandhaft Alles leugnete, was ihm mit fo großer Wahr=fcheinlichkeit aufgebürdet wurde, die Ausfagen der beiden Andern zeug=ten doch gegen ihn. Der Richter namentlich glaubte beftimmt, kein Anderer, als der ihn haffende Schmiedebauer habe bei ihm Feuer an=gelegt.

Die Gerichtsperfonen verfprachen fich von einer Confrontation der Verhafteten höchft wichtige Refultate. Diefer follte der Richter als vorzugsweife Betheiligter beiwohnen; die Vernehmung der Verdächti=gen hatte man in die Hand eines gewiegten Criminalbeamten gelegt.

Das Staunen der drei bekannten Männer, die fich einander un=plötzlich gegenüber ftanden, war bei Allen von verfchiedenen Symp=tomen begleitet. Michel Jürgen runzelte nur die Stirn und richtete dann einen beleidigten Blick voll Indignation auf den Beamten, den er fpäter über die Beifitzenden gleichgültig hinweggleiten, und endlich ftreng und lange auf den harten Zügen Conrad Bühl's ruhen ließ. Der Schenkwirth erfchrak fichtlich. Ihn fchlug das böfe Gewiffen und es war anzunehmen, daß er, fcharf befragt, wohl manche weiter führende Auskunft werde geben können. Der Bettler Veit endlich war kriechend demüthig. Er nahm eine jammervolle Miene an, die jedoch gegen den erften Eindruck, welche das Erblicken der beiden

Andern auf ihn machte, zu grell abstach, um sie für wahr zu halten, und ließ dann aus seinen verschwommenen, halbzugekniffenen Augen spöttische Blicke auf Jürgen schießen, die ihre Entstehung keinen wohlwollenden Gesinnungen verdanken konnten.

Der mit der Untersuchung beauftragte Beamte begann das Verhör mit dem schon einmal bestraften Schenkwirthe.

„Welche Personen waren am Abende vor dem Feuer, welches den Hof des Richters verzehrte, bei Euch versammelt?" lautete die erste Frage.

„Ich kann mich daran nicht mehr erinnern," erwiderte der Gefragte.

„Ihr habt bereits früher eingestanden — und die Aussagen Eurer Mitgefangenen stimmen damit überein — daß Michel Jürgen und Veit Eure Wohnung an jenem Abende besuchten."

„Es kann möglich sein — wenn sie es selbst sagen, will ich nicht widersprechen."

Veit machte eine unbeholfene, tiefe Verbeugung, indem er erwiderte:

„Wir unterhielten uns sehr freundschaftlich."

„Es wurde dabei getrunken?"

„Blos um die Kehle nicht ganz trocken werden zu lassen."

„Ihr spracht von der erlittenen Strafe des Schmiedebauers und schaltet den Richter Bühl."

„Es kann gern sein, daß ich ihn keinen sehr höflichen und freundlichen Mann genannt habe. Der Herr Richter ist manchmal übel bei Laune und da fährt er die Leute etwas barsch an, und — sehen Sie — da ist's nicht Jedermanns Liebhaberei, immer ganz freundlich zu bleiben."

„Eure Rede war gehässig; Ihr fordertet Jürgen auf, dem Richter einen Possen zu thun."

„Das wäre von mir sehr unrecht und unklug obendrein gewesen," erwiderte Veit. „Eben darum habe ich es auch nicht gethan."

„Ihr reiztet den Bestraften dennoch durch Worte. Jürgen selbst hat dem nicht widersprochen."

Der Bettler zuckte die Achseln und sagte verschmitzt:

„Je nun, daß der Schmiedebauer dem Herrn Richter gerade schmeicheln solle, werde ich wohl nicht gesagt haben."

„Tritt ihn, daß er sich überschlägt und den Hals bricht, lauteten Eure von Vielen gehörten Worte."

„Er hat's aber nicht gethan," sagte Veit lächelnd.

„Gabt Ihr Euch nicht die Hände beim Auseinandergehen darauf, daß Ihr Euch am nächsten Abende an demselben Orte wieder treffen wolltet?"

„Ich denke, das wird so gewesen sein."

„Sagte damals Veit nicht zu Euch, Michel Jürgen, Ihr solltet ihm doch ein kleines Bündel von Eurem guten Feuerschwamme und eine Hand voll Tabak mitbringen?"

„Ich erinnere mich, daß Veit mich darum bat," sagte der Schmiedebauer.

„Kamt Ihr seiner Aufforderung nach?"

„Ich that Beides, um ihn nicht zu erzürnen, ich schämte mich aber meiner Zusage und mehr noch der Vertraulichkeiten, zu denen ich mich in meiner damaligen Aufregung hatte hinreißen lassen."

„Ihr habt also ein Bündel des gewünschten Feuerschwammes, desgleichen Tabak von Eurem Hause mitgenommen?"

„Ich wollte eben Veit nicht aufsäßig machen. Er verhetzte mich so immer."

„Wo verbargt Ihr Schwamm und Tabak?"

„Damit ich es nicht verlieren oder zufällig herausreißen möge, knotete ich Beides in mein tägliches Tuch."

„Könnt Ihr mir das Aussehen dieses Tuches beschreiben?"

„Es war roth und blau gewürfelt, mit einer weißen Kante."

„Alt oder neu?"

„Ich habe nur drei Tücher von dieser Sorte, und sie sind alle stark mitgenommen."

„Wann verfügtet Ihr Euch nach der Schenke?"

„Zwischen sieben und acht. Die Uhr schlug acht, als ich meine Hand nach dem Thürgriff ausstreckte."

„Fandet Ihr Gäste daselbst?"

„Wenige; von Bekannten war nur der Veit da; er stand am Ofen und streckte mir gleich die Hand mit der Frage entgegen, ob ich auch das Versprochene mit gebracht hätte."

„Gabt Ihr es ihm?"

„Wir setzten uns erst zusammen und sprachen Mancherlei."

„War nicht auch von Euch und der erlittenen Strafe wieder die Rede?"

„In Abrede kann und will ich das nicht stellen,“ versetzte mit Ent-
schlossenheit der Bauer, seine finstern Augen wieder auf den aufmerksam zuhörenden Bühl richtend.

„Ihr habt, wie später Dazugekommene gehört zu haben sich erinnern, die ingrimmige Aeußerung gethan, daß, wenn dem Richter
Bühl ein schweres Unglück begegnen sollte, Ihr ihm nicht beispringen,
sondern laut darüber frohlocken würdet.“

„Ich sprach, wie es mir damals um’s Herz war! — Ich hatte
im Stocke gesessen — um nichts — auf bloßen ungegründeten Verdacht hin! — Der Richter hatte mich unter diejenigen verwiesen, die
ich niemals mir hätte nahe kommen lassen sollen — und mein Herz
war voll Groll!“

Jürgen sprach sichtlich ergriffen und an seiner Wimper hingen ein
paar Thränen. Der Beamte sah ihn scharf und durchbringend an.
Er fuhr noch kälter und härter fort:

„Bliebt Ihr Eurer Herzensverstocktheit treu, als bald darauf die
Flammen über dem Hofe des Euch verhaßten Mannes zusammen-
schlugen?“

„Ich blieb Mensch, ein Mensch voll Fehle! Ich habe keine Hand
gerührt, um den Brand zu löschen.“

„Denkt und fühlt Ihr jetzt anders?“

„Mich hat’s schon oft gereut, daß ich nicht anders konnte.“

„Wißt Ihr, daß man Grund hat, Euch die Entstehung jener ver-
heerenden Feuersbrunst Schuld zu geben?“

„Ich habe das immer vermuthet,“ erwiderte Jürgen resignirt.

„Was veranlaßte Euch zu dieser Annahme?“

„Die schlechte Meinung, welche Richter Bühl von mir hatte und
das Unrecht, das ich eben dieser schlechten Meinung wegen von ihm
hatte erdulden müssen.“

„Warum thatet Ihr nichts, was ein besseres Licht auf Euch werfen konnte?“

„Weil es nichts genützt haben würde. Mein Wort galt ja nichts
mehr. Ich war ja schon vorher vor Gericht ein verstockter Lügner
gescholten worden.“

Der Beamte machte eine Pause, in welcher er sich leise mit seinen
Beisitzern besprach und endlich den Richter Bühl zu sich winkte. Dieser überreichte ihm ein kleines Packet. Der Beamte legte es vor sich
auf den Tisch, und nahm das abgebrochene Verhör wieder auf.

„Welchen Weg schlugt Ihr ein, um nach der Schenke zu gelangen?"

„Den Fußsteig über das Feld."

„Der hinter dem Hofe des Richters dicht an dessen Scheuern vorüberführt?"

„Es giebt keinen andern."

„Ihr bliebet in der Gegend des Schafstalles stehen. Was bewog Euch dazu?"

„Das ängstliche Blöken einiger der armen Thiere."

„Konnte dies auffallen?"

„Mir fiel es auf."

„Euer Grund?"

„Wir haben einen Aberglauben; wenn Schafe im Stalle ängstlich schreien, sagt man, drohe ihnen ein Unglück."

„Theiltet Ihr diesen Volksglauben?"

„Ich dachte: sollte es möglich sein, daß Richter Bühl auch noch einmal in's Unglück käme? Und wie ich so dachte sah ich nach dem Stalle. Da hörte ich die Schlitten im Hohlweg."

„Man hat Euch denselben Weg wieder zurückkommen sehen. Wart Ihr auf diesem Rückwege allein oder begleitete Euch ein Anderer?"

„Ich wäre lieber allein gegangen, Veit aber gab es nicht zu."

„Veit war also Euer Begleiter auf dem Rückwege?"

„Bis in den Hohlweg."

„Und vom Hohlwege aus schlugt Ihr den Richtweg hinter den Scheuern allein ein?"

„Ja, Herr!" sprach Jürgen, sein Auge fest auf den Beamten richtend.

„Weßhalb verließ Euch denn Veit gerade im Hohlwege?"

„Er meinte, der Richter könne ihn sehen und ihm wieder harte Worte sagen, und die hätte Veit in seiner damaligen Stimmung nicht ruhig hingenommen."

„Hattet Ihr wirklich keinen andern Grund, Veit, den Bauer Jürgen schon im Hohlwege zu verlassen?" fragte der Beamte den Bettler. „Ihr mußtet einen Umweg machen, um nach Eurer Behausung zu kommen."

„Wahrhaftig, ich hatte nur diesen Grund!" betheuerte Veit mit starker Betonung.

Der Beamte richtete seine nächsten Fragen abermals an Jürgen.

„Nahm Veit von Euch Schwamm und Tabak in Empfang?

„Er that es, indem er lachend auf gute Geschäfte mit mir anstieß.

„Ihr hattet die genannten Gegenstände in Eurem Taschentuche. Nahmt Ihr dieses Tuch wieder an Euch?"

Dem Bauer mochte diese Frage unnöthig vorkommen. Er fuhr mit der Hand in die Tasche seiner Jacke und sagte dann mit großer Bestimmtheit: „Gewiß, Herr! Warum hätte ich es liegen lassen sollen?"

„Es wäre möglich gewesen, Ihr hättet es vergessen," erwiderte der Beamte. „Ihr kennt doch gewiß Euer Tuch genau?"

„Mein Name steht in der einen Ecke."

Der Beamte griff nach dem Packet. Er öffnete es, ein Tuch kam zum Vorschein.

„Für wessen Tuch haltet Ihr dieses hier? sagte der Beamte, dasselbe dem Bauer reichend.

Jürgen ergriff es und erwiderte ganz erstaunt, aber nicht im Geringsten erschrocken:

„Das ist ja gerade mein Tuch! Wie kommen Sie dazu?"

„Man hat es mir gebracht. Ihr müßt es verloren haben."

Jürgen schüttelte den Kopf. Er griff wieder in seine Tasche und zog ein anderes Tuch hervor. Es glich dem ihm vorgehaltenen, nur die Kante war schmäler.

„Das gehört ja mir," fiel der Bettler ein, seine Hand danach ausstreckend. „Nun brauch' ich mich nicht zu wundern, daß ich seit unserm letzten Zusammensein ohne Nastuch herumlaufen mußte."

„Ihr erkennt also dies Tuch für Euer Eigenthum, Veit?" fragte der Beamte den Bettler.

Dieser bejahte.

„Wann vermißtet Ihr dasselbe?"

„Schon am andern Tage."

„Am Tage nach dem Feuer also?"

Veit blickte zerstreut seitwärts und nickte nur mit dem Kopfe.

„Bemerktet Ihr nicht," wendete sich der Beamte wieder an Jürgen, „daß Ihr in den Besitz eines fremden Tuches gekommen waret?"

„Ich habe nicht darauf geachtet."

„Laßt doch einmal sehen," fuhr der Beamte fort, das Tuch des Bettlers an sich nehmend. „Da sind ja Blutflecke! Woher kommen diese?"

Richter Bühl hörte mit angehaltenem Athem diesem Examen zu. Sein scharfes Auge ruhte beobachtend bald auf Jürgen, bald auf dem Bettler, der immer befangener ward und kaum mehr aufzublicken wagte. Er gab eine unzureichende Antwort, deren Unwahrheit leicht zu erkennen war.

„Ihr lügt, Veit!" entgegnete streng der Beamte. „In diesem Tuche hat Jemand eine blutige Hand abgetrocknet."

Der Bettler schwieg.

„Wenn das Tuch nicht zufällig in Jürgen's Hände gekommen wäre durch Verwechselung, so würde man mir dasselbe übergeben haben, und ich zöge dann den Schluß daraus, daß Ihr es im Hofe des Richters Bühl liegen ließet, als Ihr dort Euer Geschäft beendigt hattet."

Veit stand mit gesenktem Kopfe vor dem Tische. Er zitterte und wechselte oft die Farbe. Jürgen athmete tief auf, als erwache er aus einem schweren, fürchterlichen Traume. Er richtete flehend seine Augen himmelwärts, faltete die Hände und murmelte:

„Gerechter Gott, bringe es an den Tag, daß ich unschuldig bin an dem Verbrechen, dessen man mich für schuldig hält!"

Conrad Bühl verließ seinen Platz. Er stand hoch aufgerichtet neben dem strengen Beamten, seine Blicke hingen an Jürgen.

„Zu welchem Zwecke erschlugt Ihr den Hund des Richters?" fragte der Beamte barsch den Bettler. „Was hatte er Euch gethan?"

„Ich konnte das Beest nicht leiden," stotterte Veit, von dieser zuversichtlichen Frage überrascht.

Conrad Bühl war nicht mehr zu halten. Er schritt auf Jürgen zu und reichte ihm die Hand.

„Vergieb mir, alter Freund!" sprach er bewegt. „Ich will all' mein schweres Unrecht wieder gut machen!"

Der Schmiedebauer erfaßte die Hand des Richters, zu sprechen aber vermochte er nicht. Die schnellen scharfen Fragen des Beamten, mit welcher dieser den völlig verwirrten Veit gleichsam überschüttete, nahmen seine ganze Aufmerksamkeit in Anspruch.

„Eure Ausreden können Euch nicht retten," fuhr der unerbittliche Mann fort. „Der Hund war Euch im Wege, darum mußtet Ihr ihn tödten. und Ihr erschlugt ihn mit einer der Aexte, mit denen Jürgen den Hof betrat, um den Verdacht der schlechten Handlung auf diesen zu lenken. Für Eure Schändlichkeit mußte der Unschuldige leiden!"

Der Bettler schwieg, in diesem Schweigen aber lag ein Bekenntniß seiner Schuld. Alle weiteren Fragen blieben von ihm unbeantwortet. Das Verhör mußte abgebrochen werden.

„Ihr dürft in Eure Wohnung gehen, Jürgen," sagte der Criminalist jetzt in theilnehmendem Tone zu dem Bauer, „doch müßt Ihr mir das Handgelöbniß geben, Euer Haus nicht zu verlassen, bis das Gericht sich von Eurer Unschuld überzeugt hat und Euch vollkommen frei spricht."

Jürgen zögerte nicht, dies Gelöbniß zu geben. Darauf ging er, von Conrad Bühl geleitet, zum Erstaunen Aller, welche den beiden Männern begegneten, nach seinem Hofe.

IX.

Rose hatte traurige Tage verlebt. Sie ließ sich kaum noch sehen; denn sie glaubte, alle Menschen müßten mit Fingern auf sie weisen und sich dabei zuraunen: Das ist die Tochter des Mannes, der aus Rache und altem Groll dem Richter seinen Hof angezündet hat!

Den Vater hatte Rose seit seiner Verhaftung nicht mehr gesprochen. Man ließ Niemand zu Jürgen, auf dem ein so schwerer Verdacht ruhete, und die beklagenswerthe Tochter des Eingezogenen besaß keinen Freund, keine Freundin, an deren Busen sie ihren Kummer hätte ausweinen können. Sie wünschte sich den Tod; denn was sollte sie noch in der Welt, die ihr doch keine Freuden mehr bieten konnte!

Anfangs hoffte sie noch, der junge Bühl werde sie nicht ganz, nicht für immer vergessen, aber er blieb einen Tag nach dem andern aus, und so mußte sie sich mit dem Gedanken vertraut machen, daß auch Jacob nichts mehr von ihr wissen möge.

Wie erstaunt war nun das tiefbetrübte Mädchen, als sie jetzt auf einmal den stolzen Richter den Garten heraufschreiten sah in vertraulichem Gespräch mit ihrem Vater! Sie glaubte, ihr Auge trüge sie, es müsse eine andere Person sein, deren Hand der Richter fest in der seinigen hielt. Wie aber der Vater Rose zunickte, als er das vergrämte Gesicht seines Kindes gewahrte, eilte sie hinaus und stürzte auf dem Hofe mit lautem Freudenruf an seine Brust.

„Du bift frei, Gott Lob, Gott Lob!" rief fie aus. „Du bift unfchuldig, ich wußt' es!"

Jürgen fah gerührt auf fein Kind herab. Er ftrich ihr mit der
fchwieligen Hand über die Stirn und verfehte:

„Unfchuldig bin ich, Gott weiß es, und frei hoffe ich von jeht an
auch zu bleiben. Es wird beffer werden, meine Toch,ier; denn die
Sonne will wieder aufgehen. Hier Dein Pathe ift derfelben Meinung."

Ein furchtfamer Blick Rofe's ftreifte den Richter. Diefer verftand das Mädchen. Er ftreckte ihr die Hand· entgegen, indem er
fagte:

„Sieh' mich nicht fo vorwurfsvoll an, Rofe! Ich habe viel gut zu
machen bei Dir und Deinem Vater, und der Wille dazu ift in mir
lebendig. Du mußt nun aber das Vergangene auch vergeffen. Es ift
Mancherlei vorgefallen auf beiden Seiten, was unferen Verftand um-
nebelte. Und da find wir denn im immer dichter fallenden Nebel
neben einander fortgegangen, haben uns geftoßen und gefchupft, an-
ftatt uns als Freunde fortzuhelfen, bis endlich ein tiefer Abgrund vor
uns lag, der uns bei einem Haar Beide verfchlungen hätte. Es war
ein Lichtftrahl von oben herab nöthig, und wir müffen Gott preifen,
daß er ihn uns·fendete zu rechter Zeit!"

Rofe hörte mit gefpannter Aufmerkfamkeit auf die Worte des
Richters, obwohl fie den Zufammenhang des Gefchehenen nicht begriff.
Von dem Geftändniffe Veit's hatte fie keine Ahnung, fie glaubte daher,
es fei dem Gericht aus wiederholten Vernehmungen ihres Vaters nun
einleuchtend geworden, daß man ungerechter Weife diefem ein Verbrechen habe aufbürden wollen,·deffen er nicht fähig war.

„Du follft Alles erfahren, Pathe," fuhr der Richter fort, denn ich
denke, wir werden in's Künftige mehr beifammen fein, als vordem.
Bei mir fehen kann ich Dich freilich nicht, die Mauern zu meinem
neuen Haufe find noch keinen Fuß hoch über den bei Seite geräumten
Schutt heraus gewachfen. Zum Frühjahr foll die Arbeit rafcher gehen
und zum Herbft, will's Gott, fihe ich wieder iu Ruhe auf meinem
Hofe. Dann foll er eingeweiht werden mit einem fröhlichen Effen,
und wer weiß, ob ich zu diefem Effen nicht ein halbes Duhend Mufi-
kanten munter auffpielen laffe. Du magft doch gern tanzen, Pathe?"

Rofe lächelte erröthend, doch blieb fie Bühl die Antwort fchuldig.
Diefer fchüttelte ihr nochmals die Hand und wandte fich dann zu
Michel Jürgen.

„Auf Wiederſehen, Nachbar!" ſprach er, mit Gewalt eine heftige Bewegung niederkämpfend. „Du biſt in guten Händen bei Deinem Kinde, und daß Ihr Euch nicht vertragen ſolltet, iſt jetzt wohl kaum mehr zu fürchten! — Vor mir liegt ein ſchwerer Gang und ein ſchweres Stück Arbeit wartet meiner. — Ich muß hintreten vor Frau und Kinder, und ihnen eine Beichte ablegen, die mir ſauer ankommt. Der aber iſt kein Ehrenmann, der ſich ſchämt zu ſagen, ſo er es verdient hat: ich bin geweſen ein ungerechter Haushalter lange Zeit, und darum muß ich anitzo Leid tragen!"

Die Nachbarn trennten ſich. Jürgen ließ ſich von der Tochter in's Haus geleiten, wo er nach einiger Zeit ſo viel Sammlung gewann, daß er derſelben das jüngſt Geſchehene mittheilen konnte. Roſe war erſchüttert, in ihrem Herzen aber regte ſich doch ein wohlthuendes Gefühl. Die Gewißheit, das Schwerſte müſſe nach dieſer ernſten Prüfung überſtanden ſein, gab ihr Hoffnung, daß nach ſo trüben Tagen auch wieder heitere kommen würden. Das hatten ja auch die Abſchiedsworte des ſtrengen Pathen angedeutet, der ſchwerlich ſo geſprochen hätte, wäre er nicht ſchon mit ſich ſelbſt über ſein künftiges Handeln vollkommen einig geweſen.

Conrad Bühl, in allen Dingen ein entſchloſſener und dann auch jederzeit energiſch handelnder Mann, ſchonte ſich jetzt durchaus nicht. Er hatte, durch eine Reihe betrübender Umſtände irre geleitet, den Charakter Jürgen's verkannt. Nur dieſes Verkennen konnte den unſeligen Verdacht erzeugen, dem der ſchuldloſe, höchſtens ſeiner unüberlegten Reden wegen ſtrafbare Mann faſt zum Opfer gefallen wäre.

Bühl ſah gar wohl ein, daß ſein Verfahren gegen Jürgen dieſen um Ehre und guten Namen gebracht hatte. Es war daher jetzt ſeine Pflicht, dieſe Wirkungen ſeines rückſichtsloſen Benehmens wieder aufzuheben. —

Der Richter mußte einen harten Kampf mit ſeinem Stolz beſtehen, ehe er völlig Macht über ſich gewann. Seine ſtrenge Redlichkeit ließ ihn aber den Sieg über den eingebildeten Werth davon tragen. Er machte ſich perſönlich auf den Weg, um von Hof zu Hof zu gehen und jedem Einzelnen zu erzählen, daß Michel Jürgen unſchuldig ſei, daß die Tücken des nichtswürdigen Bettlers und ſeine eigene Leidenſchaftlichkeit ſo Beklagenswerthes veranlaßt hätten. Gleichzeitig ließ Conrad Bühl durchblicken, daß er nicht anſtehen werde, denjenigen hart zu beſtrafen, der ſich etwa einfallen laſſen möchte, dem Schmiedebauer das Vorgefallene nachzutragen oder gelegentlich entgelten zu laſſen.

Dieſer gewichtige Schritt des Richters war von den erfreulichſten Folgen begleitet. Noch vor Abend füllte ſich der Hof des Freigeſprochenen mit Beſuchenden, die den Bauer beglückwünſchen und ihm die Hand reichen wollten. Jürgen ſelbſt war ebenfalls wie neugeboren. Während ſeiner kurzen Haft konnte er der traurigen Neigung, die ihn ſo weit herabgebracht hatte, nicht fröhnen. Er kam zu der wohlthätigen Einſicht, daß nur ein Mann, der ſtets ſeine Beſonnenheit behalte, wirklich den Namen eines rechtlichen Mannes verdiene, und auf die Achtung Aller gerechten Anſpruch habe. Er gelobte ſich daher, nie wieder von unglücklichen Neigungen ſich fortreißen zu laſſen. In dieſer Beziehung hatte er ſogar Urſache, dem Richter Dank zu ſagen für ſein rückſichtsloſes Verfahren; denn er geſtand es ſich mit innerem Entſetzen ſelbſt, daß er ohne dieſes Unglück rettungslos dem Laſter des Trunkes erlegen ſein würde.

X.

Jacob Bühl war im Auftrage ſeines Vaters über Land geweſen. Der Richter wünſchte von ſeinem Sohne, der ſeit Jürgen's Verhaftung ungewöhnlich ſtill und zurückhaltend geworden war, nicht beobachtet zu werden, und darum hatte er ihn fortgeſchickt. Spät Abends erſt kehrte Jacob zurück. Der Ort war ſchon ſtill, es begegnete ihm Niemand. Um ſo mehr wunderte es ihn, daß in Jürgen's Wohnung noch Licht brannte.

„Was mag die arme Roſe wohl machen!" ſeufzte er. „Da ſitzt ſie einſam mit einer einzigen Magd auf dem verſchuldeten Hofe, und Niemand getraut ſich, ſie nur zu grüßen. Wenn ich doch Macht beſäße das zu ändern!"

Er ging vorüber, denn um den Zorn ſeines Vaters nicht zu erregen, durfte er nicht wagen, gegen deſſen ſtrenges Verbot zu ſündigen. Als er die Schmiede betrat, mehrte ſich die Verwunderung des jungen Bühl. Hier wohnte ſeit dem Feuer die Familie des Richters, und wenn auch oft Leute kamen und gingen, ſo gab es doch nur wenig

Leben, weil der verdüsterte Richter kein Freund von lebhafter Unterhaltung war. Heute aber hörte Jacob heiteres Lachen vieler Stimmen. Es mußten eine Menge Menschen sich in der Schmiede zusammen-
gefunden haben, und was sie einander mittheilten, konnte nur Ange-
nehmes sein, sonst wäre es gewiß nicht so lebhaft zugegangen.

Erwartungsvoll trat Jacob ein. Er sah seinen Vater in der
Mitte einer Anzahl geachteter Männer stehen, heiteren Antlitzes, die
Hand erhoben, als wolle er eine Anrede an sie halten. Beim Anblick
des Sohnes senkte er die Hand, und die Nächsten zurückdrängend, ging
er ihm entgegen.

„Der ist's, von dem ich spreche!" rief er lebhaft aus. „Er soll
mein Unrecht gut machen, und er thut's, wenn's ihm auch schwer fallen sollte!"

Jacob blieb sprachlos, fast erschrocken an der Thür stehen.

„Was soll ich gut machen?" fragte er dann geängstigt, denn der
Nachsatz seines Vaters machte ihm Bedenken.

„Was ich an Jürgen verbrochen habe," erwiderte der Richter.

„An Jürgen?"

„Es ist, wie ich sage," fuhr Bilhl mit einiger Hast fort, als habe
er gar keine Zeit zu verlieren, und als peinige es ihn auch, davon zu
sprechen. „Der Mann ist unschuldig — die Beweise liegen vor. Er
sitzt frei drüben bei seiner Tochter, und wenn Du mir ein Sohn sein
willst, an dem ich Wohlgefallen haben soll, so richte Dich darauf ein,
daß meine Pathe dereinst meine Tochter wird."

„Vater!" rief Jacob. „Ist das Dein Ernst?"

„Ich dächte, Du wüßtest, daß ich nicht gern spaße!"

„Auf baldige Verlobung!" riefen fröhlich die Umstehenden.

Jacob zog den Vater bei Seite.

„Ich hätte doch nie ein anderes Mädchen geheirathet, als Rose,
Vater," sprach er bewegt. „Sie war im Herzen meine Braut schon
vor der schrecklichen Feuernacht. Und hätte ich warten sollen bis —"

Der Richter ließ den Sohn nicht aussprechen.

„Gedacht hab' ich's mir, Jacob," fiel er ein, „zugegeben aber hätt'
ich's nicht bei meinen Lebzeiten, wäre das wahr gewesen, was sich zum
Glück als unwahr dargestellt! Jetzt bin ich's zufrieden, wenn Du
schon morgen beim Vater um sie anhältst. Die Hochzeit werd' ich aus-
richten. Mit ihr will ich das neuerbaute Haus einweihen."

Die Freunde des Richters blieben noch einige Zeit beisammen.

Gesprächsweise erfuhr jetzt der junge Bühl den Hergang der Sache, die Art und Weise, wie Veit sich selbst verrathen und später so durch seine Antworten verstrickt hatte, daß er immer mehr gedrängt und in die Enge getrieben, noch vor Abend ein volles Geständniß ablegte.

Es klärte sich jetzt Vieles auf. Veit grollte Jürgen schon Jahre lang, weil dieser ihm oft Vorwürfe wegen seines Nichtsthuns gemacht und, wenn er demüthig bittend an seiner Thür erschien, ihn wiederholt barsch abgewiesen hatte. Den Richter haßte der Herumtreiber, aber er fürchtete ihn auch und wagte deshalb nicht, ihn durch Worte oder widersetzliches Betragen zu reizen. Daß Conrad Bühl nicht mit sich scherzen ließ, hatte er zu wiederholten Malen selbst erfahren. Allerdings behandelte ihn der hochfahrende Mann geringschätzig. Er hielt ihn entschieden für höchst unbedeutend, und so oft Veit ein Gesetz übertrat, folgte die Strafe auf dem Fuße nach. Warnungen und Verweise erhielt er von Conrad Bühl wöchentlich, und wenn er ihn auch nicht immer von seiner Thür wies, so reichte er ihm doch auch keine Gabe, ohne Bemerkungen hinzuzufügen, welche Veit ergrimmten.

Da traf es sich eines Tages, daß der Hund des Richters frei im Hofe herumlief. Wie die meisten dieser Thiere konnte auch dieses bettelhaft gekleidete Personen nicht gut leiden. Er bellte und verfolgte ιen Herumstreicher. Das Rufen und Abwehren Veit's vermehrte nur den Zorn des Thieres. Es erfaßte den Knotenstock des Bettlers und wollte ihn diesem entreißen. Veit aber stieß den Hund mit dem scharfen Ende empfindlich an die Nase, worauf das Thier mit wildem Sprunge den Bettler packte und ihm eine tiefe Wunde beibrachte.

Dem Richter war dieser unangenehme Vorfall sehr fatal. Er wollte den Gebissenen durch eine Entschädigung abfinden, allein Veit wies dies Anerbieten zurück. Wohl wissend, daß Conrad Bühl dem bestehenden Gesetze zuwider sein als gefährlich bekanntes Thier frei hatte herumlaufen lassen, zog er es vor, den Richter zu verklagen. Er wußte, daß er den stolzen Mann gar nicht tiefer kränken könne; denn als Richter, der auf strenge Handhabung der Gesetze zu achten hat, selbst bestraft zu werden wegen nachweisbarer Nichtachtung oder gar wissentlicher Uebertretnng derselben, mußte diesem höchst ärgerlich sein. Veit aber wollte den stolzen Mann gerade empfindlich kränken, und deshalb zog er die Klage einer Abfindung im Stillen vor. Bühl ward natürlich condemnirt, und ein Verweis unter vier Augen blieb auch nicht aus. —

Seit dieser Zeit war dem Richter der bloße Anblick des Bettlers, der wöchentlich ein paar Mal vorkam und mit grinsender Freundlichkeit um ein Almosen bat, höchst widerwärtig, und mehr denn einmal erregte er ihm die Galle. Die geringfügigste Veranlassung benutzte Conrad Bühl zu scharfer Zurechtweisung des ihm jetzt völlig widerwärtig gewordenen Menschen. Dieser dagegen sann unter seiner freundlich devoten Maske auf Rache.

Veit war jedoch zu klug, um in täppischer Weise seinen Groll gegen den Richter auszulassen. Er zeigte in dieser Hinsicht mehr Lebensklugheit, als Bühl, der kein Hehl aus seinem Widerwillen gegen den Bettler machte. Er wollte sicher gehen, sein Ziel erreichen, durchaus aber keinen Verdacht erregen. Aus diesem Grunde sah er sich nach einem Dritten um, den er, ohne ihn in's Geheimniß zu ziehen, in auffallender Weise verdächtigen könne.

Böse Menschen werden häufig durch den Zufall in ihren verwerflichen Plänen unterstützt. Das Herabkommen des Schmiedebauers, dessen Neigung zum Trunk und sein alter Groll gegen den Richter boten dem Rachsüchtigen einen vortrefflichen Anhaltepunkt. Michel Jürgen behandelte den Bettler zwar auch mit Geringschätzung und hütete sich wohl, mit ihm zu verkehren, wenn er seiner Sinne vollkommen mächtig war. In trunkenem Muthe aber zeigte sich Jürgen zugänglicher. Er vertrug sich dann mit Jedem, der ihm Schmeichelworte sagte, und wer gar auf den hochfahrenden Richter schimpfte, den konnte er in solchen Augenblicken sogar mit Freundschaftsbezeugungen überhäufen.

Es gelang dem schlauen, heimtückischen Veit, den immer tiefer sinkenden Bauer in die verrufene Schenke zu verlocken. Hier traktirte Jürgen jeden Gast, ging, von dem Bettler durch spitzige Sticheleden gereizt, mit höchst unbedachtsamen Worten gegen den Richter heraus, und wünschte ihm alles nur denkbare Böse. Wiederholt äußerte er hier unter Menschen, die er selbst verachtete, den Wunsch, das Gewese seines Jugendfreundes möge in Flammen aufgehen.

Feuer an Gebäude verhaßter Personen zu legen, war damals die gewöhnliche Art, um für vermeintlich erlittene Unbill Rache zu nehmen. Die leichte Bauart der Höfe, die allerwärts noch übliche Strohbedachung derselben begünstigten das Anstecken, und war ein Rachsüchtiger nur einiger Maßen vorsichtig, so hielt es sehr schwer, den Urheber derartiger Schändlichkeiten zu ermitteln.

Veit's Plan war schnell gemacht. Michel Jürgen sollte statt seiner büßen, wenn es ihm gelänge, das schändliche Vorhaben auszu-
führen. Wochen lang strich er in unmittelbarer Nähe der beiden ver-
feindeten Nachbarn herum, theils um die Gelegenheit auszuspioniren,
theils um sich mit allen Gewohnheiten Jürgen's bekannt zu machen.
So lernte er diesen auf das Genaueste kennen. Er war Zeuge der
Verjagung Rose's aus dem Hause des Vaters; er belauschte das Gespräch des Richters mit Jürgen und hörte dessen Drohworte, er sah
endlich in der darauf folgenden Nacht den Schmiedebauer mit den
blanken, geschliffenen Aexten in den Hof des Richters treten.

Eine schicklichere Gelegenheit, seinen Racheplan zur Ausführung
zu bringen, konnte es gar nicht geben. Veit schlich deshalb dem Bauer
nach und versteckte sich unter der Einfahrt. Sein scharfes Auge ließ
den Lauernden erkennen, wohin Jürgen die Aexte stellte. Er hörte
unter schadenfrohem Herzklopfen das Gebell des bissigen Hundes und
beschwichtigenden Schmeichelworte des Bauers, und als dieser an ihm
vorüber gegangen war und bereits den Hof verlassen hatte, glit er wie
eine Schlange nach dem Schuppen, erfaßte eine der Aexte und traf mit
der Schärfe derselben den heulend gegen ihn heranspringenden Hund.
Es war das Werk weniger Augenblicke. Von dem spritzenden Blute
des verröchelnden Thieres ward jedoch seine Hand besudelt. Unbedacht-
sam zog er sein einziges schlechtes Taschentuch und trocknete sich damit
ab. Wer sollte das Tuch sehen, wer überhaupt auf den Gedanken
kommen, er, der schon lange nichts mehr mit Conrad Bühl zu schaffen
gehabt haben, könne der Thäter gewesen sein!

Alles ging nach Wunsch. Das Herz des schlechten Menschen frohlockte, als der jähzornige Richter den Schmiedebauer trotz seines Leugnens und Schwörens, daß er völlig unschuldig sei, in den Stock werfen
ließ. Nach diesem Vorgange durfte Veit alles wagen, und auch hier
ebnete ihm wieder der Zufall die Wege. Jürgen trug ihm mit eigener Hand die Brennmaterialien zu, deren er sich zu dem begehenden
Verbrechen bedienen wollte, und legte sie vor den Augen des Wirthes
auf den Tisch mit der zweideutigen Bemerkung, mit so viel Schwamm
könne man ein halbes Dorf in Brand stecken.

Veit bediente sich des Tabaks und erst als der Bauer aufbrach,
ergriff er das Tuch sammt dem Schwamme und folgte ihm. Unterwegs vermißte der Bauer sein Tuch, er fragte den Bettler danach und
dieser reichte ihm das seinige, ohne es selbst zu wissen.

Es war nicht Veit's Absicht, das Tuch liegen zu lassen nach Besorgung seines finstern Werkes, nur die Furcht, von Conrad Bühl bemerkt zu werden, dessen Stimme er hörte, ließ es ihn vergessen. Er mußte sich schleunigst entfernen, um beim Ausbruche der Flammen nicht von irgend Jemand in unmittelbarer Nähe des Gehöftes bemerkt zu werden. Der Schnelligkeit seiner Füße gelang es, zu entkommen, noch ehe der Feuerruf die Nachbarn aufschreckte. Hinter eine Hecke geduckt, sah er haßerfüllt die rothe Lohe aus dem Giebel schlagen. Sein Zweck war erreicht; Bühl's Besitzthum verzehrten die Flammen, und auf Michel Jürgen, den unbedachten Mann, mußte der Verdacht der Brandstiftung fallen. Das verloren gegangene Tuch machte ihm keine Sorge. Er war gewiß, entweder habe es der starke Wind verweht, oder es werde vom Feuer verzehrt worden sein. Daß es dem Richter noch vor Ausbruch der Flammen in die Hände fallen könne, und daß gerade dieser Zufall ihn später als Brandstifter werde verrathen müssen, davon hatte Veit auch nicht die entfernteste Ahnung.

Einmal überführt und der That geständig, verließ den Bettler sein bis dahin zur Schau getragenes freches Wesen. Er brach in sich zusammen aus Furcht vor dem Loose, das seiner harrte. Ein mildes Urtheil stand ihm nicht bevor, denn es ließen sich keine Milderungsgründe anführen, die seine doppelt gehässigen Thaten in einem weniger gehässigen Lichte hätten erscheinen lassen. Die Ueberzeugung, es sei ihm nicht mehr zu helfen, er habe rettungslos das Leben verwirkt, veranlaßte ihn, noch vor geschlossener Untersuchung Hand an sich selbst zu legen. Man fand ihn eines Morgens todt in seinem Gefängnisse. Er hatte sich in knieender Stellung mehr erdrosselt als erhängt.

Niemand beklagte den Tod des Herumstreichers, auf Jürgen aber machten diese Vorgänge einen unauslöschlichen und wohlthätigen Eindruck. Der Abgrund, der sich in schauerlicher Tiefe vor ihm aufgethan, schreckte ihn zurück von einem Wege, der nur in's Verderben führen mußte. Er ward wieder häuslich und entsagte dem leichtsinnigen Leben, dem er seit geraumer Zeit sich aus Aerger, Groll und Verzweiflung ergeben hatte. Das Glück der Tochter, die sich alsbald mit Jacob Bühl verlobte, erfüllte auch ihn wieder mit neuen Lebenshoffnungen

Schon zu Anfange des Sommers waren sämmtliche Gebäude des Richters wieder so weit hergestellt, daß sie zur Noth bezogen werden konnten. Diesen Einzug der Familie Bühl's, deren einzelne Mitglieder ein viel herzlicheres Benehmen gegen einander an den Tag legten, als man es vor dem Brandunglücke gekannt hatte, feierte der Richter durch das Verlobungsfest seines Sohnes mit der frischen, jetzt heiteren und glücklichen Tochter seines Nachbars. Die Jugendfreundschaft zwischen Bühl und Jürgen ward gleich dem Hause wieder von Neuem, und diesmal zu dauerndem Bestehen, aufgerichtet. Die Flammen des alten Hauses, die Jürgen in's Verderben zu stürzen droheten, läuterten die Herzen zweier eigensinniger Männer und ließen Beide deren wahren Werth erkennen. Beide Männer unterstützten sich gegenseitig in allen ihren Unternehmungen, und als gegen Ende des Sommers in dem festlich geschmückten Hause des Richters die Hochzeit der Verlobten in herkömmlicher Weise höchst pomphaft gefeiert wurde, war der Brautvater unter den Fröhlichen einer der Fröhlichsten. Er tanzte, zum ersten Male nach Johanna's Verlobung, wieder mit dieser Frau, deren schlecht gehaltene Treue die Quelle alles Unglücks war, das ihn betroffen hatte.

Auch Bühl's Tochter fügte sich in das Unvermeidliche. Es ward ihr zwar anfangs schwer, ihrer jungen Schwägerin so freundlich zu begegnen, wie diese es erwarten durfte; ein strenges Wort des Vaters aber und ein zurechtweisender Wink Johanna's, die mit stiller Freude die allgemeine Versöhnung betrachtete und diese durch nichts mehr gestört zu sehen wünschte, machten auch das junge Mädchen bald anderen Sinnes. Conrad Bühl erwarb von Jürgen dessen Hof und bestimmte ihn seiner Tochter als bereinstige Mitgift, unter der Bedingung, daß sein Freund bis zum Tode ungestört daselbst wohnen und ein sorgenloses Leben führen solle. Das eigene Gewese trat er ein Jahr später seinem Sohne ab, ohne daß durch diesen in aller Form Rechtens erfolgten Abtritt äußerlich eine Veränderung bemerkbar ward. Conrad Bühl blieb immer die Hauptperson auf dem Hofe. Seine Stimme ward von Allen gehört, und Jacob pflegte nie etwas Wichtiges zu unternehmen, ohne zuvor seinen Vater zu Rathe zu ziehen.

Als Richter ward Bühl ungleich milder. Er urtheilte erst nach langem Prüfen, und war er genöthigt zu strafen, so geschah es in möglichst milder Form, nie hart und rauh, und Worte des Vorwurfes eines hochfahrenden Sinnes hörte nie mehr Jemand von dem meist in sich gekehrten Manne, der am liebsten nur mit Jürgen und seinen Kindern verkehrte.

Der verhängnißvolle Schmuck.

I.

Ein Hochzeitsgeschenk.

In einer bedeutenden Stadt des Rheinlandes, ausgezeichnet durch Lage und Geschichte, und von jeher der Sammelplatz zahlreicher Fremden, war das Haus des bejahrten Domcapitulars Rüttersender Mittelpunkt der vornehmen und intelligenten Gesellschaft. Außer den Einheimischen aus den angeseheneren Familien hatten Fremde von Distinction stets Zutritt in dem Cirkel des Domcapitulars und fanden daselbst jederzeit zuvorkommende Aufnahme wie angenehme Unterhaltung. Ungeachtet seiner siebenzig Jahre war der alte Herr noch immer rüstig, nahm lebhaft Theil an Allem, was Zeit und Welt bewegte, und konnte für die Seele der Gesellschaft gelten, die sich beinahe Tag für Tag in seinem großen, geschmackvoll eingerichteten Hause zusammenfand. Hier lernten Fremde einander kennen, hier knüpften sich geistige Beziehungen an, hier ward wohl dann und wann eine Bekanntschaft angebahnt, die sich später zu einem innigeren und bleibenden Verhältniß gestaltete. Seit zwei Jahren hatte das Haus des Domcapitulars in der Person seiner jungen Nichte Rosaura, der einzigen Tochter seines verstorbenen Bruders, des ehemaligen geheimen Staatsrathes Doctor Rütersen, eine neue Bewohnerin erhalten. Rosaura war mehr als hübsch, aufgeweckten Geistes und hoch gebildet. Eine verständige Erziehung hatte glückliche Naturanlagen so harmonisch entwickelt, daß die junge Nichte des Domcapitulars unter ihren Schwestern eine entschieden hervorragende Stellung einnahm.

Rüttersen gewahrte sehr bald den Eindruck, welchen Rosaura auf die meisten Personen machte, die sein gastfreies Haus besuchten. Der schönen Nichte huldigte die Jugend und schmeichelte das Alter. Jedermann sah das stets heitere Mädchen gern, und wenn sie zufällig einmal nicht in der Gesellschaft zugegen war, so empfanden Alle ihre Abwesenheit.

So wenig nun auch der Domcapitular daran dachte, seiner Nichte, deren Gegenwart ihm selbst in jeder Hinsicht angenehm war, eine Versorgung zu geben, so wenig war er auch abgeneigt, einer entschiedenen Neigung, wenn diese sich einen würdigen Gegenstand aussuche, entgegen zu treten. Rosaura besaß ein nicht unbedeutendes Vermögen, und da Rütterfen selbst ein großes Einkommen hatte, andere nahestehende Verwandte aber keine Erbansprüche an ihn machen konnten, so war es ihm frei gegeben, der Nichte, im Falle einer Vermählung derselben, von seinem eigenen Vermögen noch eine beträchtliche Summe zuzulegen. Diesen möglichen, ja wahrscheinlichen Fall hatte Rüterfen schon vor dem Tode seines Bruders in Erwägung gezogen und deshalb ein Testament gemacht, in welchem Rosaura zu seiner Universalerbin eingesetzt wurde, falls er selbst noch vor ihrer Verheirathung aus dem Leben abgerufen werden sollte. Vermählte sich aber die Nichte noch bei seinen Lebzeiten, so erhielt sie vorerst nur eine Ausstattung von ihrem Onkel, während dessen eigentliches Vermögen, mit Ausschluß einer Anzahl Legate für milde Stiftungen, ihr erst später zufiel.

Dem Publikum der feineren Gesellschaft waren diese Vorkehrungen der getroffenen letztwilligen Verfügungen des Domcapitulars kein Geheimniß geblieben. Man sprach davon in mehr als einem Kreise, und es konnte deshalb nicht auffallen, daß Rosaura, durch Jugendfrische, Bildung, natürlichen Verstand und Vermögen ausgezeichnet, für eine glänzende Partie angesehen wurde.

Das junge Mädchen dachte wohl am wenigsten an das, was alle Welt beschäftigte. Sie blickte mit schöner Unbefangenheit um sich und genoß den heiteren Augenblick, ohne sich peinlich Rechenschaft darüber abzulegen.

Lange indeß sollte Rosaura nicht so harmlos bleiben. Die vielen Gäste im Hause ihres Onkels, unter denen es an den ausgezeichnetsten Männern von Rang und Namen nicht fehlte, ließen sie nicht alle gleichgültig. Einer besonders, welcher eine seltene Erzählergabe besaß, mehrere Sprachen mit Leichtigkeit handhabte und überall in Europa daheim zu sein schien, zog Rosaura unwiderstehlich an. Sie sah ihn unter allen jungen Männern entschieden am liebsten, ließ dies auch, vielleicht ohne es zu wollen, in Kleinigkeiten durchblicken und fühlte sich nach einiger Zeit demselben herz- und geistverwandt. Auch der

Domcapitular bemerkte diese nur allmälig sich vollziehende Verwand-
lung seiner Nichte, fand aber keine Veranlassung, sie zu stören. Graf von
Weckhausen stand in dem Rufe eines höchst achtbaren Mannes, obwohl
er sich erst vor Kurzem in der Gegend angekauft, nicht aber im strengen
Sinne des Wortes auch daselbst niedergelassen hatte. Einige Monate
des Jahres verbrachte er theils auf dem käuflich erworbenen Gute,
theils in der Stadt. Diese Zeit war für Weckhausen wirklich eine
Zeit der Muße, eine Siesta nach angestrengter Arbeit, um sich zu
neuer Thätigkeit zu kräftigen. Fühlte der Graf sich wieder hinlänglich
gestärkt, so verreiste er gewöhnlich auf zwei bis drittehalb Monate,
kehrte dann wieder zurück und brachte durch seinen Wiedereintritt in
die Gesellschaft neues Leben, neuen Reiz in deren zwanglose Reunions.

Aurelio von Weckhausen liebte es nicht, direct von sich zu sprechen,
da er aber in Folge seinen häufigen Reisen immer ganz von selbst zum
Erzählen genöthigt ward, konnte er seine eigenen Verhältnisse nicht
ganz mit Stillschweigen übergehen. So erfuhren denn Alle, die es
wissen wollten, daß der Graf einträgliche Quecksilbergruben in Spanien besaß, und daß er vorzugsweise der Rentabilität derselben seine
großen Einkünfte zu danken habe. Obwohl Aurelio mit liebens-
würdiger Bescheidenheit sich alle tieferen Kenntnisse der Hüttenkunde
absprach, gab er doch eben so unbefangen zu, daß er die Verwaltung
derselben praktisch erlernt habe, und daß er sich von den in den Gruben
Angestellten nichts vormachen lasse. Gerade aus diesem Grunde und
damit er stets eine genaue Uebersicht behalte, müsse er so oft verreisen.
Er pflege am liebsten seine Beamten, wie seine Arbeiter zu überraschen,
weil er die Einsicht gewonnen habe, daß nur auf solche Weise Unter-
schleifen und anderen Betrügereien vorgebeugt werden könne.

Aber auch andere Gegenden besuchte der unterrichtete, in gesell-
schaftlicher Hinsicht zu den ausgezeichnetsten Persönlichkeiten gehörende
Graf. Er kannte Frankreich genau, war in der Schweiz kein Fremd-
ling und sprach über Italien, namentlich über die Städte Ober= und
Mittelitaliens, wie ein Mann, der zu wiederholten Malen längere
Zeit daselbst gelebt haben mußte.

Durch alle Kreise der Gesellschaft machte daher die Nachricht von der
Verlobung Rosaura's mit dem Grafen Aurelio von Weckhausen frohe
Sensation. Die Meisten hatten diesen Ausgang erwartet, einige
Wenige nur ihn für nicht ganz wahrscheinlich gehalten.

Der Domcapitular versäumte nicht, der Verlobung seiner glücklichen Nichte einen möglichst ostensiblen Charakter zu geben. Er freute sich, daß der ihm so nahe Verwandten, deren zeitliches Wohl ihm aufrichtig am Herzen lag, durch seine Gastfreiheit ein so beneidenswerthes Loos gefallen sei. Nun war es seine Absicht, der Welt zu beweisen, daß auch er selbst dies Glück zu schätzen wisse, und aus diesem Grunde ward ein Verlobungsfest gefeiert, wie die Gesellschaft kaum je ein ähnliches erlebt hatte.

Das Glück der jungen Braut wäre vollkommen gewesen, hätte nicht wenige Tage nach dieser Festlichkeit Aurelio abermals eine seiner unaufschiebbaren Geschäftsreisen antreten müssen. Rosaura kostete der Abschied von dem Geliebten, den sie wahrhaft verehrte, viele Thränen. Aurelio erschöpfte seine ganze Ueberredungsgabe, um die Geliebte zu beruhigen, und versprach, als er sich schließlich von der Betrübten losriß, sie bei seiner Rückkehr, die er möglichst beschleunigen wollte, durch eine Ueberraschung zu erfreuen.

Wider Verhoffen blieb der Graf auch kürzere Zeit aus, als man es die Jahre her, seitdem man ihn kannte, an ihm gewohnt war. Die Sehnsucht nach der seiner harrenden Braut mochte ihm doch keine Ruhe gelassen haben. Mit offenen Armen von Rosaura und dem hocherfreuten Domcapitular empfangen, war sein erstes Verlangen, das er an den Letzteren stellte, die Bitte um eine Beschleunigung der Vermählung. Der alte Herr hatte nichts dagegen einzuwenden; es wurden in möglichster Eile alle bereits eingeleiteten Anordnungen vollends beendigt und der Hochzeitstag, zu dem zahlreiche Einladungen ergingen, festgesetzt.

Den Vorabend desselben verlebte Aurelio von Weckhausen in der Wohnung des Domcapitulars, wo sich eine nur aus den intimsten Freunden und Freundinnen der Braut bestehende Gesellschaft einfand. Man wollte diesen schönen Abend nicht einsam und einsylbig, aber in der erquickenden Stille behaglicher Häuslichkeit, nur von wirklich erprobten Freunden umgeben, verbringen.

Von diesem Gesichtspunkte faßte auch der Graf dies Zusammensein auf, der im Allgemeinen mehr das lautere Geräusch einer großen und recht bunten Gesellschaft liebte. Er meinte, eine solche sei deshalb viel angenehmer, weil unter der großen Menge der einzelne sich mehr verliere und mithin Jeder leichter sich unbeobachtet ganz nach seinem individuellen Geschmack amüsiren könne.

In diesem kleinen Cirkel vertrauter Freunde befand sich indeß

Graf von Weckhausen sehr wohl, und gerade weil man ganz unter sich, gewissermaßen en famille war, benutzte er diese ihm günstig scheinende Gelegenheit, um sein Rosaura gegebenes Versprechen zu halten.

Ein Bedienter erschien und überreichte der schönen Brant eine Kapsel in Form eines mittelgroßen Bechers. Sie war von rothem Leder, sehr fein gearbeitet und offenbar ganz neu, und als Rosaura die feinen Silberhaken derselben löste, und die Kapsel aus einander fiel, blinkte ihr ein kostbarer Pokal von Gold daraus entgegen, dessen oberer Rand etwa einen Zoll breit unterhalb der Mündung mit Diamanten und Rubinen besetzt war. In meisterhaften Gravirungen zeigte die eine Seite dieses werthvollen Pokales die Jungfrau Maria mit dem Christuskinde, die andere Seite eine gelungene Nachbildung der Transfiguration. Die ganze, höchst kunstvolle Arbeit erwies sich für Kenner augenblicklich als ein Kunstwerk aus längst vergangenen Tagen und nahm schon deshalb die Aufmerksamkeit Aller in Anspruch.

Rosaura empfing zwar dies kostbare Geschenk aus der Hand ihres Verlobten mit herzlich dankenden Worten, dennoch würde sie an einer andern Gabe, an einem Schmuck, der sich zu jeder Zeit, in jeder Gesellschaft anlegen ließ, wahrscheinlich noch größeres Wohlgefallen gefunden haben. Sie gab diese ihre innerste Herzensmeinung gewissermaßen zu erkennen, indem sie nach oberflächlicher Betrachtung des seltenen Kunstgebildes die naive Frage an den Grafen richtete: „Sag' mir, geliebter Aurelio, was soll ich nun eigentlich mit diesem kostbaren Geschenke anfangen? Als Blumenvase kann ich es doch kaum benutzen, dazu ist die Höhlung des Pokales nicht tief genug; ich werde also genöthigt sein, ihn als ein seltenes Kleinod wegzustellen und nur dann und wann, an Tagen, welche schöner Rückerinnerung geweiht sind, mit frohen Regungen ihn zu betrachten."

„Nicht doch, mein Engel," erwiderte Weckhausen, „dieser Becher soll vielmehr die Schale sein, in welcher Du mir täglich den Nektar der Liebe, gesegnet und geheiligt durch Deine Lippen, kredenzen wirst. Er soll uns so lange als gemeinsame Trinkschale dienen, als das Glück unserer Herzensvereinigung besteht, das nur die Hand des Todes zu zertrümmern vermag! In diesem Sinne ist er ein Symbol, dessen Heilighaltung ich Dir dringend empfehle."

Rosaura sah den Geliebten mit einem scheuen Blicke an, da sie diesen Gedanken ein wenig sonderbar fand. Der Domcapitular aber pflichtete dem Grafen vollkommen bei, unterwarf den Pokal einer sehr genauen Prüfung, da er ein Kenner alter Goldschmiedearbeit sein wollte, und knüpfte mancherlei Betrachtungen an die dem Golde eingegrabenen Gebilde, denen sämmtliche Anwesenden mit Aufmerksamkeit lauschten.

„Ich halte dieses wahrhaft unschätzbare Stück für ein Werk Benvenuto Cellini's," fügte er, den Pokal an Rosaura zurückgebend, hinzu, „wenigstens stammt es aus der Zeit dieses unvergleichlichen Künstlers in der Bearbeitung von Gold und Silber. Welchem seltenen, glücklichen Zufall haben Sie die Erwerbung desselben zu verdanken?"

Diese Frage des Damcapitulars richtete die Blicke Aller wieder auf den Grafen, der sogleich bereit war dem Onkel seiner Braut Auskunft zu ertheilen.

„Wohl muß ich es einen seltenen und glücklichen Zufall nennen," versetzte Aurelio, „daß dieser kostbare Becher in meinen Besitz überging. Die ursprüngliche Veranlassung dazu war eine äußerst prosaische, ja ich muß sagen, eine höchst alltägliche. Seit Jahren nämlich schuldet mir ein genuesisches Handlungshaus, mit dem schon mein Vater in Verbindung stand und das wohl in neuerer Zeit von glücklicheren Rivalen etwas stark überflügelt sein mag, bedeutende Summen für Quecksilber. Eigentliches kaufmännisches Talent besitze ich nicht, weshalb ich denn auch nicht schroff auftreten und säumige Zahler sogleich streng behandeln kann. Ich wartete also von Monat zu Monat, von Jahr zu Jahr, machte bereitwillig neue, von dem Hause begehrte Sendungen, wurde aber in Bezug auf zu leistende Zahlung immer von Neuem mit Versprechungen hingehalten. Da entschloß ich mich denn nach vorangegangener Berathung mit meinem Rechtsconsulenten, dem Chef des säumigen Hauses eine ernste Mahnung, der sich eine verständliche Drohung verknüpfte, zugehen zu lassen. Dies geschah bei meiner letzten Anwesenheit in meinen spanischen Besitzungen. Mit dem Erfolge darf ich den Umständen nach zufrieden sein. Ich erhielt allerdings kein Geld, wohl aber ein ganz annehmbares Anerbieten. Das genuesische Haus, von früheren Jahrhunderten her mit den reichsten Handelsherren der einflußreichen italienischen Republiken eng verbunden, befindet sich von jener glänzenden Epoche her im Besitz bedeutender Kleinodien, die es theils durch Heirathen und Erbschaften erworben, theils an Zahlungsstatt angenommen hat. Um nun mit mir nicht zu brechen und sich mir doch auch für das ihm geschenkte Vertrauen erkenntlich zu erweisen, bot es mir einen Theil dieser tobtliegenden Schätze, aus lauter alten Gold= und Silbergeräthschaften, altem Geschmeide von kunstvoller Arbeit und mancherlei Edelsteine in veralteter Fassung bestehend, an, mit dem Bemerken, daß mir dasselbe, falls es nicht innerhalb Jahresfrist wieder eingelöst werde, für immer als rechtmäßiges Eigenthum gehören solle. Natürlich nahm ich," schloß Aurelio von Weckhausen seine kurze Erzählung, „diesen Vor= schlag, der für mich jedenfalls der kürzeste und sicherste Ausweg war, mit Vergnügen an, und nach dem, was ich bisher von den übersendeten Schätzen, die indeß noch nicht alle in meine Hände gelangt sind, gesehen habe, dürfte ich keinen Schaden bei diesem wunderlichen Handel machen."

Die versammelten Freunde des Hauses wurden durch diese Mit= theilung noch mehr von dem prächtigen Goldbecher angezogen. Das Kleinod wanderte von Hand zu Hand, fand überall Bewunderung, und unter den anwesenden Freundinnen der glücklichen Verlobten gab es mehr als eine stille Neiderin.

Für Rosaura selbst erhielt der Becher nun erst höheren Werth. Sein Alter, sein unbekannter Ursprung, sein vielleicht berühmter Ver= fertiger machten ihn ihr fast eben so lieb, als den Geber. Sie dankte dem Geliebten mit Worten und Blicken für das schöne Geschenk, ver= sprach, es solle in Zukunft nie beim stillen häuslichen Mahle, nie im frohen Verein heiterer Gesellschaft fehlen. Zugleich sprach sie aber auch die Bitte gegen den Grafen aus, er möge doch, wenn später die übrigen Kleinodien ihm eingehändigt würden, genau zusehen, ob sich unter dem erwähnten Geschmeide nicht noch ein oder das andere Stück fände, das allenfalls auch in der modernen Gesellschaft eine bescheidene Frau als Schmuck tragen könne.

Aurelio neigte gewährend sein Haupt, der Domcapitular befahl, die goldene Höhlung des kunstreichen Pokales mit edlem Wein zu fül= len, und indem Rosaura den feurigen Trank, nachdem sie selbst die Lippen damit genetzt hatte, ihrem Bräutigam reichte, leerte dieser den Becher in langem Zuge, um gleichsam sein Versprechen feierlich damit zu besiegeln. Noch einmal ward hierauf der Pokal gefüllt, den nun= mehr der Oheim Rosaura's ergriff, einen Trinkspruch dem glücklichen Paare ausbringend, dem alle Anwesenden jubelnd beistimmten.

Tags darauf wurden Aurelio und Rosaura vermählt, und bei dem Mahle, welches der kirchlichen Feierlichkeit folgte, spielte das originelle Geschenk des galanten Grafen abermals eine Rolle, welche die Schaar der geladenen Gäste ohne Ausnahme in hohem Grade interessant fand.

II.

Das Käſtchen mit dem Schmuck.

Vier Wochen, jene glückliche Zeit, die man gern das Paradies der
Liebe und Ehe nennt, waren dem jungen Paare ungetrübt verſtrichen.
Aurelio war der aufmerkſamſte, zärtlichſte Gatte, Roſaura die liebens-
würdigſte und anmuthigſte junge Frau, die man ſehen konnte. Es gab
entſchieden kein ſchöneres, kein glücklicheres Paar in Stadt und Umgegend. Hunderte blickten mit Neid auf dieſe begünſtigten Menſchen,
die ſchon in frühen Jahren alle Wünſche, um welche tauſend Andere
ein halbes Menſchenalter ringen müſſen, in Erfüllung gehen ſahen.

In der fünften Woche erhielt Aurelio von Weckhauſen ſchnell hinter einander mehrere Briefe. Roſaura gewahrte, daß die Lectüre derſelben ihn nachdenklich ſtimmte, ohne ihn jedoch in Unruhe zu verſetzen,
und dieſe Entdeckung veranlaßte ſie zu einigen vertraulichen Fragen,
wie Liebe und Mitgefühl ſie jedem treuen Herzen eingeben. Aurelio
beantwortete dieſe Fragen ſeiner jungen Frau zuerſt durch verdoppelte
Beweiſe ſeiner Zärtlichkeit, dann aber theilte er ihr mit, daß die leidigen Geſchäfte ihn abermals nöthigten, auf unbeſtimmte Zeit eine Reiſe
anzutreten.

Roſaura erſchrak nicht über dieſe Mittheilung. Sie nahm ſie vielmehr lächelnd hin und wünſchte nur zu erfahren, wohin den geliebten
Gatten diesmal die ſo leidigen Geſchäfte führen würden.

„Wie immer, zuvörderſt in meine Gruben,“ erwiderte der Graf.

„Und dann?“ forſchte Roſaura weiter.

„Vielleicht nach den Küſten Italiens.“

„Etwa nach Genua?“

„In Genua würde ich wahrſcheinlich an's Land ſteigen.“

Roſaura legte ihren Arm um Aurelio's Nacken und flüſterte ihm
mit den ſüßeſten Lauten eines liebevollen Herzens zu: „Ich werde
Dich begleiten, damit Dir die Pflege, an welche Dich die letzten glücklichen Wochen gewöhnt haben, nirgends fehlt und Du überall, wenn
Du nach glücklich verlebter Nacht die Augen aufſchlägſt, in Deinem
eigenen Hauſe zu ſein glaubſt.“

„Dieſem Vorhaben, meine theure Roſaura, muß ich mich wider-
ſetzen,“ entgegnete der Graf von Weckhauſen. „Ich pflege ſtets ſehr
raſch zu reiſen und weder auf Zeit noch auf Witterungsverhältniſſe
Rückſicht zu nehmen. Du würdeſt, an häusliche Bequemlichkeiten

aller Art gewöhnt, Deine Gesundheit gefährden, und die Sorgen, welche ich fortwährend um Dich hätte, könnten nachtheilig auf die Geschäfte wirken, weil ich immer zerstreut sein würde. Ohnehin, fürcht' ich, stehen mir diesmal allerhand unangenehme Dinge bevor. Die Mittheilungen und Andeutungen meiner Geschäftsführer gefallen mir nicht. Dafür aber gebe ich Dir das feierliche Versprechen, meine Abwesenheit möglichst abzukürzen, und wenn ich zurück komme, sollst Du mit mir zufrieden sein."

Rosaura hätte es lieber gesehen, wenn Aurelio ihrem Wunsche auf halbem Wege entgegen gekommen wäre. Sie hatte dies fest erwartet; dennoch konnte sie dem zartfühlenden Manne doch auch nicht zürnen, denn hielt sie Alles zusammen, was ihm zu erledigen oblag, so hatte Aurelio Recht. Die Begleitung einer an die Strapazen weiter Reisen nicht gewöhnten Frau mußte ihm nicht blos hinderlich sein, sondern ihm noch einmal so viel Zeit rauben, als wenn er allein die nothwendig gewordene Reise antrat. Rosaura fügte sich daher der besseren Einsicht ihres Gatten und nahm, voll Hoffnung auf ein baldiges frohes Wiedersehen, von ihm Abschied.

Graf von Weckhausen blieb während seiner Abwesenheit in fortwährendem Briefwechsel sowohl mit Rosaura, wie mit dem Domcapitular, und was er schrieb, war nur geeignet, Beide zu erheitern. Erst der letzte aus Genua datirte Brief lautete nicht ganz befriedigend. Man sah es den Buchstaben an, daß die Hand des Schreibenden gezittert haben oder krank gewesen sein mußte, denn die sonst festen Schriftzüge Aurelio's waren unsicher und von sehr ungleicher Größe. Auch machte der Graf kein Hehl daraus, daß ihn unerwartet ein Unfall getroffen habe. Auf einer Reise des Nachts durch gebirgige Gegenden auf schlechten Wegen waren die Pferde vor den ungemein hellen Blitzen eines heftigen Gewitters scheu geworden, der Wagen war umgestürzt und sämmtliche darin befindliche Passagiere hatten, der Eine mehr, der Andere weniger Verletzungen bei dem Falle erhalten. Aurelio verstauchte sich den rechten Arm bei diesem fatalen Vorfalle, wodurch er genöthigt ward, mehrere Tage ruhig liegen zu bleiben. Jetzt, fügte er hinzu, seien die schlimmen Folgen schon ziemlich beseitigt, nur eine Schwäche in der Hand wolle sich nicht ganz verlieren. Am Schlusse des Briefes fügte er noch mit einigen Scherzworten eine Bemerkung hinzu, welche ein Lob der eigenen Weisheit und Vorsicht enthielt; denn wie leicht hätte Rosaura, wäre er schwach genug gewesen, ihren Bitten nachzugeben, bei diesem Unfalle gefahrvolle Verletzungen davon tragen können! —

Dieser Brief des Grafen war von einem Kästchen begleitet, dessen Aeußeres schon verrieth, daß es aus längst vergangenen Tagen stamme. Es war von schwarzem Ebenholz, mit Silber reich verziert, und auf dem Deckel befand sich in erhabener Arbeit eine Herzogskrone, deren stumpfe Spitzen aus Diamanten bestanden. Ein goldener Schlüssel, an grüner Seidenschnur hängend, die unter der Krone befestigt war, öffnete das sehr kleine Schloß dieses Kästchens und enthüllte den überraschten Blicken Rosaura's einen Schmuck von unberechenbarem Werthe. Keine Königin hätte sich zu schämen gebraucht, diesen Schmuck anzulegen, obwohl die Fassung sehr alt zu sein schien und der Schmuck selbst auch allem Anschein nach über ein Menschenalter getragen sein mochte. Ein feiner Staub, von eigenthümlich penetrantem, wenn auch nicht gerade unangenehmem Geruche, löste sich unter der Berührung der staunenden Gräfin von dem vielgliederigen Kleinode ab und bedeckte das blausammetne Bette, in dem es ruhete. Es schien, als habe Aurelio dies prachtvolle Werthstück kaum eines Blickes gewürdigt, sondern es sofort seiner Gattin unverweilt übersandt, damit sie sich daran ergötze und erfahre, wie treu und innig seine Gedanken bei ihr verweilten.

Eilig mußte es bei Absendung dieses Geschenkes zugegangen sein, denn Aurelio's Brief enthielt nicht einmal eine Andeutung darüber. Wunderte sich Rosaura schon über diese großartige Nachlässigkeit ihres Gatten, so erstaunte sie noch mehr über dessen Reichthümer. Sie vermuthete nämlich, daß der erhaltene Schmuck mit zu den Kleinodien gehören möge, welche das genuesische Handlungshaus ihm in Ermangelung baarer Mittel abgetreten habe.

Rosaura's Oheim, dem die überglückliche Nichte das erhaltene Geschenk nicht lange geheim zu halten vermochte, pflichtete derselben bei, unterwarf aber sowohl die Arbeit des Schmuckes wie die einzelnen Edelsteine, aus denen er bestand, einer sorgfältigen Prüfung. Der etwas argwöhnische Herr fürchtete nämlich, der Graf möge sich in der Eile durch Unterschieben falscher Steine haben betrügen lassen, eine Ansicht, die um so wahrscheinlicher war, als der Domcapitular bemerkt haben wollte, daß Graf von Weckhausen bei allen ihm zu Gebote stehenden Kenntnissen doch ächte Perlen und Edelsteine nicht ihrem wahren Werthe nach zu würdigen verstehe.

Um ganz sicher zu gehen, zog der geistliche Herr sogar einen anerkannt tüchtigen Juwelier zu Rathe, der jedoch jeden einzelnen Stein für ächt erklärte.

„Wie kommt aber die gnädige Frau in den Besitz dieses Schmuckes?" setzte er, denselben wieder in die Sammetpolster des Kästchens legend, hinzu. „Es ist wohl ein altes Erbstück der Grafen von Weckhausen?"

Der Domcapitular beantwortete diese ihm harmlos scheinende Frage auf eben so harmlose Weise, indem er dem Juwelier andeutungsweise mittheilte, wie der Graf genöthigt sei aus Handelsrücksichten solche alte Waare statt neuen Geldes in Zahlung zu nehmen.

„Würde sich die gnädige Gräfin wohl entschließen, den Schmuck nebst Kästchen zu verkaufen?" warf der Juwelier hin.

„Um keinen Preis!" rief Rosaura, das Kästchen an sich nehmend. „Der Schmuck ist mir gar nicht feil!"

„Aber die gnädige Gräfin können denselben ja doch nicht anlegen."

„Weshalb nicht?"

„Weil er unmodern gefaßt ist und —"

„Nun, was haben Sie sonst noch für einen Grund im Hinterhalt?"

„Die Trägerin dieses Schmuckes würde Aufsehen erregen."

„Wäre das ein großes Unglück?" fiel Rosaura lächelnd ein.

„Ich weiß nicht," erwiderte der Juwelier. „Jedenfalls ist es der Schmuck einer Herzogin."

„Bester Oheim," wandte sich jetzt Rosaura an den Domcapitular, „ist es denn nicht erlaubt, einen herzoglichen Schmuck anzulegen, auch wenn man kein Recht hat, auf die Ehren herzoglichen Ranges Ansprüche zu erheben?" Der Schmuck gehört mir ja doch; Aurélio hat ihn rechtmäßig erworben!"

Der Domcapitular wollte seiner schönen Nichte die Freude, welche ihr das reiche Geschenk des Grafen offenbar machte, nicht trüben, er wandte sich deshalb mit der Frage an den Juwelier:

„Nicht wahr, es wäre leicht, dem Schmuck eine andere, mehr moderne Fassung zu geben?"

„Wenn dies gewünscht werden sollte, bin ich gern erbötig, diese Arbeit zu übernehmen."

„Nicht doch, Oheim," fiel Rosaura ein, das Kästchen schließend und den goldenen Schlüssel wieder über die diamantgezierten Zacken der kleinen Krone legend, wie sie ihn vorgefunden hatte, „ich kann eine solche Veränderung wenigstens nur mit Einwilligung Aurelio's vornehmen lassen."

Dem Domcapitular machte diese Weigerung seiner Nichte Vergnügen. „Sie sehen," sprach er zu dem Juwelier, „wir thun sehr Unrecht, wenn wir alle Frauen der Eitelkeit bezüchtigen. Meiner Nichte würde ein Schmuck von so seltenen Steinen gewiß vortrefflich stehen, entspräche die Fassung desselben den Anforderungen der jetzigen Mode, und dennoch will sie nichts davon hören! Am Ende ist's nur die Herzogskrone, welche diesen Zauber auf Dich übt," fügte er mit gefälligem Lächeln hinzu, „denn ich habe schon bemerkt, daß Dich die Vermählung mit Weckhausen gewaltig ehrgeizig gemacht hat!"

Rosaura blieb dem Oheim auf diese Bemerkung die Antwort schuldig, dieser verabschiedete den Juwelier und rief ihm noch in's Vorzimmer nach:

„Sie sind aber doch bereit, den Schmuck umzuformen, wenn es später noch gewünscht werden sollte?"

„Zu jeder Stunde, Herr Domcapitular," lautete die devote Antwort desselben, der sich noch einmal tief vor der in jugendlicher Schönheit und hohem Glück strahlenden Gräfin von Weckhausen verbeugte.

III.

Mißglückter Versuch.

Der Juwelier kehrte nachdenklich zurück in seine Wohnung. Die Betrachtung des alten Schmuckes mit den vielen kostbaren Steinen, die zusammen für Kenner einen fabelhaften Werth hatten, stimmte ihn eigenthümlich ernst. Nur einer sehr alten reichen Familie konnte derselbe angehört haben. Daß er vielleicht schon vor geraumer Zeit in andere Hände übergegangen war, ließ sich denken, denn die politischen Stürme zu Ende des vorigen Jahrhunderts hatten manche Herrscherfamilie entthront und in die Verbannung gejagt, und es lag sehr nahe, daß die Mitglieder eines solchen unglücklichen Herrschergeschlechts in einem Augenblick drückender Noth sich gezwungen sahen, einen äußersten Schritt zu thun, um sich vor Mangel zu schützen. War es ihm doch, als hätte er vor einiger Zeit gelesen, daß wirklich ein früher regierendes Haus, das nicht namhaft gemacht war, sich auf solche Weise aus peinlicher Verlegenheit gerettet.

Während er noch darüber nachdachte, besann er sich, daß erst vor Kurzem der Verlust eines alten Schmuckes in den Zeitungen annoncirt war. Als Juwelier, der mit edeln Steinen Handel trieb und von denen man ihm oft behufs vorzunehmender Abschätzung verschiedene übergab, war ihm diese Anzeige interessant. Er hatte sich die betreffende Zeitungsnummer aufbewahrt und konnte, von Neugierde getrieben, nicht umhin, dieselbe unter einer Menge von Papieren, die ähnliche Bekanntmachungen, auch direkte Aufforderungen an Juweliere enthielten, heraus zu suchen.

Es währte nicht lange, so fand er das Blatt. Er durchlas die Anzeige, gewahrte aber sogleich, daß der in derselben bekannt gemachte Verlust auch nicht im Geringsten dem Schmucke ähnele, den er so eben längere Zeit in Händen gehabt hatte.

Mit dieser Entdeckung verlor sich das Interesse des Juweliers an dem Schmucke überhaupt, und er würde schwerlich wieder desselben gedacht haben, hätte ihn nicht einige Wochen später der Graf Aurelio von Weckhausen persönlich besucht und ein Gespräch unter vier Augen sich erbeten.

Der Juwelier sah diesen glücklichen Mann — denn dafür hielten ihn Tausende — heute zum ersten Male, und es erging ihm, wie den Meisten, welche Gelegenheit hatten, mit Weckhausen zusammen zu treffen — das ganze Wesen desselben fesselte ihn, nahm ihn für denselben ein, knüpfte ihn gewissermaßen fest an dessen Person. Es lag ein Zauber in dem Auftreten Aurelio's, dem nur Wenige sich zu entziehen vermochten.

„Ich habe eine Bitte an Sie, lieber Herr Simonides," redete der Graf den Juwelier an. „Sie müssen mir einen Gefallen thun."

„Wenn es in meiner Macht steht, Herr Graf, werde ich es mir zur Ehre anrechnen, Ihnen dienen zu können."

„Ich bin durch Zufall in den Besitz einiger Edelsteine gekommen, die ich gern, je eher je lieber, veräußern möchte," fuhr Aurelio von Weckhausen fort. „Ich wüßte sie auf keine Weise zu benutzen, und sie unbenutzt als völlig todtes Kapital liegen zu lassen, ist unzweckmäßig. Sollten Sie jedoch nicht geneigt sein, einen eigentlichen Kauf mit mir abzuschließen, so würde ich mich eben so gern zu einem Tausche bereit finden lassen."

„Was sind es für Steine, Herr Graf?" fragte Simonides.

„Sie haben darüber ein richtigeres Urtheil, als ich," erwiderte Aurelio. „Ich trage sie bei mir, es hat sie noch Niemand gesehen, und nur weil ich zu Ihnen unbedingtes Zutrauen habe, lege ich Ihnen dieselben vor."

„Es fängt bereits an zu dunkeln," entgegnete der Juwelier, „die Dämmerung ist der Betrachtung, besonders der richtigen Abschätzung von Juwelen nicht günstig. Warten wir noch kurze Zeit, bis heller Lampenschein eine genauere Prüfung Ihrer Steine erlaubt. — Sie waren längere Zeit verreist, Herr Graf?"

„Länger, als ich beabsichtigte. Ein Unfall, der mir in den Apenninen zustieß und mir, hätte das Glück mich nicht in seltener Weise begünstigt, das Leben kosten konnte, hielt mich zurück. Ich habe einen steifen Finger zum Andenken an dies Evenement behalten, was meine Handschrift seitdem bis zur Unkenntlichkeit verunstaltet."

Simonides wollte nicht unbescheiden sein, weshalb er sich nicht weiter nach den näheren Umständen dieses Unfalles erkundigte. Er ließ Licht bringen, zog die Rouleaux nieder, stellte zwei sehr hell brennende Lampen mitten auf einen mit grünem Tuch überbreiteten Tisch und verriegelte, um nicht zufällig durch den raschen Eintritt eines Dritten gestört zu werden, die Thür.

„Jetzt sind wir allein, Herr Graf," sprach er, zum Tische zurückkehrend, „wenn Sie mir also Ihre Kleinodien vorlegen wollen, bin ich bereit, mein Urtheil über dieselben abzugeben und mein Angebot zu machen."

Während Simonides diese Worte an Aurelio von Weckhausen richtete, bemerkte er, daß dessen Mittelfinger an der rechten Hand eine breite, noch jetzt fast bluthroth schimmernde Wunde trug. Nach dem so eben Vernommenen nahm er an, der Graf möge sich bei dem eben erwähnten Unfalle diese Wunde zugezogen haben.

Aurelio folgte der Aufforderung des Juweliers. Er zog eine seidene Börse hervor, durch deren Maschen der Glanz verschiedener geschliffener Edelsteine blitzte. Einzeln legte er diese auf den grünen Ueberzug des Tisches.

Simonides nahm jeden Stein einzeln in die Hand, betrachtete ihn mit großer Genauigkeit von allen Seiten und ließ ihn durch mehrfache Wendungen im Lichte spielen. Gewisse Kennzeichen sagten dem erfahrenen Manne, daß sämmtliche Steine schon einmal gefaßt gewesen seien.

„Es sind seltene Kleinodien, nicht wahr?" sprach, die Prüfung des Juweliers mit Aufmerksamkeit verfolgend, der Graf. „Man hat nicht häufig Gelegenheit, solche werthvolle Exemplare durch Tausch einzuhandeln."

„Die Steine sind allerdings werthvoll," versetzte Simonides, seine Prüfung noch einmal wiederholend, „dennoch dürfte das, was ich Ihnen dafür bieten könnte, Ihren Wünschen kaum entsprechen."

„Jedenfalls zahlen Sie doch den vollen Preis des Werthes?"

„Das eben ist es, was einem Abschlusse des von Ihnen gewünschten Geschäftes entgegensteht," erwiderte der Juwelier. „Diese Steine waren alle schon einmal gefaßt, und — die Hand, welche die Fassung entfernte, muß ungeschickt gewesen sein, denn sie hat beim Ausbrechen jeden einzelnen Stein verletzt."

„Nicht möglich," rief der Graf, den ihm zunächst liegenden Sapphir ergreifend und ebenfalls mit prüfender Aufmerksamkeit betrachtend. „Ich vermag nirgends einen Fehler zu entdecken," fuhr er nach einer Weile fort, während der Juwelier bald diesen, bald jenen Stein gegen das Licht hielt, um dessen Farbenspiel und Feuer zu erproben.

„Sehr möglich, Herr Graf," antwortete Simonides, „nichts destoweniger muß ich meinen Ausspruch aufrecht erhalten. Man hat sich zu sehr beeilt, als man die alte Fassung entfernte. Derjenige, der sich damit beschäftigte war unruhig und mißtrauisch. Er wollte nicht gestört, nicht überrascht werden, und dadurch hat er sich selbst den größten Schaden zugefügt. Bezahlten Sie einen hohen Preis für diese Steine, Herr Graf?"

Aurelio von Weckhausen wollte offenbar das Angebot des Juweliers erfahren, ehe er diesem die Summe nannte, für welche die Edelsteine sein Eigenthum geworden waren.

„Ich glaube einen anständigen Kaufpreis erlegt zu haben," versetzte er. „Darauf jedoch kommt es nicht an, ich wünsche vorläufig nur Ihr Angebot zu erfahren."

Simonides nahm die Miene eines Menschen an, der angestrengt mit Zahlen beschäftigt ist. Er ließ nochmals Stein für Stein durch seine Finger gleiten und legte sie in ein Häuflein zusammen, das einen wunderbar blitzenden Anblick durch das verschiedenartige Feuer der schönen Juwelen gewährte. Nach einigen Minuten nannte er die Summe.

„Nein, Herr Simonides," erwiderte Graf von Weckhausen, „dafür sind sie mir nicht feil, ich glaubte wenigstens das Dreifache von Ihnen zu erhalten. Sie entschuldigen, daß ich Sie bemüht habe. Vielleicht ist ein anderer Ihrer Collegen weniger scrupulös oder" — fügte er mit feinem Lächeln hinzu — „weniger vorsichtig."

„Ein wirklicher Kenner, Herr Graf, kann Ihnen nicht mehr bieten, ohne sich selbst in Schaden zu bringen," versetzte Simonides. „Sie wollen bedenken, daß wir Juweliere Handelsleute sind, und daß sich in diesen zwar gesuchten, aber im Ganzen doch immer zu kostspieligen Artikeln, um einen großen und schnellen Absatz zu erzielen, ein sehr bedeutendes Kapital verbirgt, das selten die gewünschten Zinsen trägt."

„Wohl möglich, mein Herr," gab der Graf etwas pikirt zur Antwort, „für mich kann dies jedenfalls kein Grund sein, mit Ihnen abzuschließen. Es thut mir leid, denn ich hätte meine Frau gern zu ihrem Geburtstage mit einem modernen Collier beschenkt. Sie liebt Juwelen über Alles, und da sie zur Erhöhung ihrer ganzen Erscheinung nicht wenig beitragen, so finde ich, daß sie recht thut, sich damit zu schmücken. Man muß das Leben genießen, so lange man jung ist und noch Gefallen am Genusse findet."

„Legen Sie das Fehlende zu, Herr Graf," entgegnete Simonides, „oder — um Ihnen einen anderen Vorschlag zu machen — stehen Sie mir das alterthümliche Kästchen mit dem noch alterthümlicheren Schmucke ab, das mir der hochwürdige Herr Domcapitular vor einiger Zeit zeigte."

„Das?" sagte Aurelio von Weckhausen. „Nimmermehr! Jener Schmuck, mit dem es eine eigene Bewandtniß hat, soll in meiner Familie bleiben. Ich habe ihn zu theuer erkauft!"

„Ganz wie Sie wollen, Herr Graf," sprach der Juwelier. „Ich besitze keine Macht, Sie zu zwingen; sollten Sie aber eines Tages anders darüber denken, was ja auch möglich ist, so bitte ich, sich meiner geneigtest erinnern zu wollen."

Der Graf antwortete nur durch eine Verbeugung, ließ die auf dem Tische liegenden Steine einzeln wieder in die Börse gleiten und entfernte sich verstimmt, von dem höflichen Juwelier bis an die Hausthür geleitet. Dieser blickte dem Fortgehenden nach, bis dessen Gestalt sich im Schatten der Häuser verlor.

IV.

Eine dunkele That.

Aurelio von Weckhausen kehrte nicht in seine Wohnung zurück, obwohl er Gesellschaft erwartete und sich bei dem Juwelier länger aufgehalten hatte, als es seine Absicht gewesen war. Als die Stadt hinter ihm lag, schlug er einen Seitenweg ein, der durch ein kleines Wäldchen nach dem schiffbaren Flusse führte, welcher auf der Ostseite die Stadt berührte. In diesem Wäldchen hatte man ein früheres Försterhaus zu einem Vergnügungslokale eingerichtet. Im Sommer wurden hier unter den rauschenden Laubkronen alter Bäume Concerte gegeben, im Herbst und Winter boten geräumige Zimmer dem Publikum Gelegenheit zu geselligen Zusammenkünften. An solchen fehlte es nie, da die ehemalige Försterei kaum zwanzig Minuten von der Stadt entfernt lag. —

Nach dieser anmuthigen Einsiedelei richtete Graf von Weckhausen seine Schritte. Der Pächter derselben stand unter der Thür und unterhielt sich mit einem Aurelio unbekannten Manne. Höflich grüßend trat er beim Gewahren des Grafen zur Seite. Dieser erwiderte den Gruß eben so höflich, indem er die Frage an den Pächter richtete:

„Haben Sie die Equipage des Herrn Domcapitulars vorüber fahren sehen?"

Der Pächter verneinte, worauf Aurelio in das Haus trat mit der Bemerkung, daß er in diesem Falle einige Minuten verweilen müsse, weil sie ohne Zweifel alsbald erscheinen werde.

Während nun der Pächter sein Gespräch mit dem fremden Herrn wieder aufnahm, öffnete der Graf die Thür zum ersten Gesellschaftszimmer und musterte die wenigen darin Anwesenden. An der hintersten Ecke, von den Uebrigen getrennt, saß ein Landmann von stark bäuerischem Aussehen, der aufmerksam ein Zeitungsblatt las. Diesem gegenüber nahm Aurelio Platz, zog sein Taschenbuch, entnahm demselben eine kleine Karte, die seinen Namen trug, machte unter diesem ein paar Zeichen mit Bleistift und schob sie dem Lesenden zu. Dieser schien bis jetzt weder den neuen Ankömmling noch dessen Bewegungen bemerkt zu haben. Er las ruhig fort in der Zeitung und erst nach einer Weile legte er sie auf den Tisch. Dabei gewahrte er das kleine weiße Kärtchen. Er hob es auf, betrachtete es mit völlig ruhiger

Miene und heftete dann seine scharfen schwarzen Augen fest auf den Grafen —

„Es ist unerläßlich," sprach dieser so leise, daß es nur der gegen=
übersitzende Landman hören konnte. „Der Juwelier will nicht." Der
Landmann steckte jetzt die Karte zu sich, ergriff noch einmal die Zeitung,
um darin zu blättern, stand dann auf, ohne den Grafen weiter eines
Blickes zu würdigen, ging mit großen Schritten und in ächt bäueri=
scher Haltung der Thür zu und ließ diese hinter sich recht vernehmlich
in's Schloß fallen. Draußen sprach er mit dem Pächter, der ihm
lachend guten Abend wünschte und um baldige Wiederholung seines
Besuches bat. Gleich darauf rollte ein Wagen an dem Hause vor=
über, in welchem der Pächter die Kutsche des Domcapitulars ver=
muthete, weshalb er den Grafen laut bei Namen rief, der diesen Ruf
auch beachtete und ihm unverweilt folgte. Bedauernd sagte er zu dem
heraustretenden Aurelio:

„Bitte mich gnädigst zu entschuldigen, Herr Graf, ich habe mich
geirrt. Es war die Postkutsche, die ja um diese Zeit immer retour
fährt."

„Nun, es thut nichts," erwiderte Weckhausen leicht hin. „Ich ver=
muthe, der gute Domcapitular hat eine kleine Spazierfahrt gemacht,
ehe er bei seiner Nichte absteigt. Um so mehr muß ich eilen. Auf
Wiedersehen." Unter vielen Bücklingen des höflichen Pächters schlug
er die Richtung des Wagens ein, erreichte das Ende des kleinen Wäld=
chens und sah von Weitem über Hecken und Wiesen die Lichter seines
glänzenden Landsitzes einladend schimmern. Rasch eilte er in seine
Appartements, kleidete sich um und betrat den traulichen Salon, wo
seine junge, schöne Gattin kleinere, vertrauliche Cirkel zu sehen pflegte.
Aurelio entschuldigte sich anmuthig, daß er später als seine Gäste er=
scheine, und suchte durch Liebenswürdigkeit diesen kleinen Verstoß wieder
gut zu machen.

Der Domcapitular war kurz vor dem Grafen angekommen, hatte
aber sämmtliche Anwesende sogleich durch eine Mittheilung zu fesseln
gewußt, über die jeder Einzelne die Abwesenheit des Hausherrn ver=
gaß. —

„Hast Du auch schon davon gehört, bester Aurelio?" fragte ihn
Rosaura.

„Wovon, mein Herz?" lautete die Gegenfrage des Grafen.

„Von der höchst romantischen Geschichte, mit welcher uns der Oheim so eben unterhielt, und die so fabelhaft klingt, daß wir uns Alle noch nicht entschließen können, sie für wahr zu halten."

„Ich gestehe meine Unwissenheit," erwiderte Aurelio, „da ich aber sehe, daß die Erzählung pikant sein muß, möchte ich den Herrn Oheim bitten, dieselbe auch mir nicht vorzuenthalten."

„In den nächsten Tagen schon wird sie in den weitesten Kreisen bekannt sein," versetzte der Domcapitular. „Allerdings klingt das Geschehene unwahrscheinlich, es kann aber doch nicht eine bloße Erfindung müßiger Köpfe sein, denn ich habe, was ich sagte, aus dem Munde des geheimen Obergerichtsrathes, dem man die Sache amtlich communicirt hat."

„Ist ein Verbrechen geschehen?" warf der Graf ein.

„Die Vermuthung eines verbrecherischen Anschlages liegt wenigstens nahe, obwohl das jedenfalls Geschehene auch auf Täuschung beruhen kann," entgegnete der Domcapitular.

Ein Bedienter in geschmackvoller Livree reichte Thee und Gebäck herum, die kleine ausgesuchte Gesellschaft gruppirte sich im Halbkreise um den Domcapitular, und dieser konnte der abermaligen Bitte des Grafen nicht widerstehen.

„Eine fürstliche Familie, eine der ältesten auf den Thronen Europas, deren Name jedoch verschwiegen bleiben soll," begann er, „ist von einem schweren Unglück heimgesucht worden. Vor längerer Zeit schon — wahrscheinlich vor mehr als Jahresfrist — befand sich diese Familie auf Reisen. Ihr Gefolge war zahlreich, da der Glanz des Namens an den Höfen, die man besuchte, aufrecht erhalten werden sollte. Die Reise verlief ohne jeglichen Unfall; man kehrte sehr befriedigt zurück, und namentlich fühlte sich der Fürst nicht nur durch die Aufnahme gehoben, die er allerwärts gefunden hatte, es waren auch die geheimen politischen Tendenzen, welche der Reise selbst eigentlich zu Grunde lagen, vollkommen erreicht worden. Nach Zurückkunft der fürstlichen Familie in ihr Land veranstalteten Behörden und Volk mancherlei Festlichkeiten ihr zu Ehren. Es gab Deputationen zu empfangen, Adressen entgegen zu nehmen, Anreden zu erwidern. Ein äußerst glänzender Fackelzug schloß diese Festlichkeiten. Der Fürst, ein Mann von wohlwollendem Charakter, wollte sich seinen Unterthanen erkenntlich erweisen und gab Befehl, ein Volksfest in großem Styl zu arrangiren, wobei die Unbemittelten die Gäste des Herrschers in seinem Palaste sein sollten. Dieser Befehl ward pünktlich ausgeführt, und der Jubel des Volkes war unbeschreiblich. Zum Schluß gestattete der glückliche Fürst, daß den Schaaren der jubelnden Neugierigen ausnahmsweise auch die Kunstschätze der Familie gezeigt würden, die in mehreren geräumigen Sälen des Schlosses, welche seit undenklichen Zeiten dazu bestimmt waren, aufbewahrt werden. Man hatte keinerlei Vorsicht außer Acht gelassen. Das Publikum erhielt nicht in ungeordneten Schwärmen von beliebiger Zahl Zutritt in die reich ausgestatteten Hallen, sondern truppweise, gegen Karten, die beim Eintritt einem Hatschier vorgezeigt, beim Fortgange diesem wieder abgeliefert werden mußten. Auch innerhalb der Säle und beim Vorzeigen und Erklären der vorhandenen Schätze fehlte es nicht an der gebotenen Ueberwachung. Alles verlief ungestört, in bester Ordnung. Die Säle wurden in hergebrachter Weise wieder geschlossen, die Schlüssel ganz so, wie dies immer üblich gewesen war, unter gewissen fest vorgeschriebenen Ceremonien dem Hofmarschall abgeliefert. Mehrere Monate später sollte, eine Folge jener Reise, die Vermählung der Erbprinzessin mit einem ausländischen Fürstensohne gefeiert werden. Bei solchen Gelegenheiten war es von je her üblich gewesen, nicht nur den Familienschmuck, sondern auch die alten prachtvollen Tafelgeräthschaften aus der Schatzkammer zu holen, um damit vor den fürstlichen Gästen, welche zu solchen Festen eingeladen werden, zu paradiren. Man denke sich nun die Ueberraschung, ja das Entsetzen des ganzen Fürstenhauses, als man nun die furchtbare Entdeckung macht, daß ein Theil dieser nie wieder zu ersetzenden Kleinodien spurlos verschwunden ist! Niemand hat eine Ahnung, auf welche Weise es möglich werden konnte, diese Schätze zu rauben. Man hatte sie an dem genannten Festtage den staunenden Augen des Volkes gezeigt. Damals fehlte nicht der kleinste Gegenstand. Seit jenem Tage hatte keines Menschen Fuß die Schatzkammer wieder betreten; der Schlüssel derselben lag unter dreifachem Verschluß. Die Thüren, die Fenster, Alles zeigte sich im tadellosesten Zustande, eben so die Truhen, welche die Schätze bargen, und dennoch waren Gegenstände von unermeßlichem Werthe verschwunden!

„Es wurden nun die ernstesten Nachforschungen angestellt. Hochgestellte Palastbeamte und Hofwürdenträger mußten sich mehrmaligen strengen Verhören unterwerfen, selbst Haussuchungen der peinlichsten Art konnten nicht unterbleiben, allein es war weder etwas zu finden, noch führten alle diese Maßregeln zu einer Spur, die man zu weiteren Recherchen hätte benutzen können. Bis zu dieser Stunde ist das Geschehene ein ungelöstes Räthsel. Die fürstliche Familie steht rathlos da dieser Thatsache gegenüber. Ohne schwerer Verschuldung zu verfallen und sich der maßlosesten Ungerechtigkeit gegen Andere anzuklagen, kann sie gegen Niemand einschreiten. Es giebt keine einzige Persönlichkeit, welche verdächtig erscheint.

„Unter diesen gewiß höchst eigenthümlichen Verhältnissen hat man sich entschlossen, einen eben so außerordentlichen als gewagten Schritt zu thun. Die verschwundenen Schätze veranschlagt man auf anderthalb Millionen Gulden. Den fünften Theil dieser enormen Summe will die fürstliche Familie unter Verschweigung seines Namens demjenigen als Belohnung auszahlen, der im Stande ist, ihr über das Verbleiben jener Schätze bestimmte Kunde zu geben."

Der Domcapitular machte hier eine Pause, um zu hören, was Graf von Weckhausen zu dieser Mittheilung sagen werde. Aurelio zögerte auch nicht, seine Meinung sogleich kund zu geben.

„Verehrter Herr Oheim," sprach er, „wenn diese überaus interessante Geschichte nicht etwa ein reines Phantasiegebilde ist, wird sich die fürstliche Familie, welcher das Unglück begegnete, wohl nach einem Zauberer, einem neuen Cagliostro umsehen müssen. Vielleicht auch hausen Kobolde in dem Palaste des unbekannt oder namenlos gebliebenen Herrschers, welche in der Vermählung der Prinzessin eine Beleidigung ihres Stammes erblicken und sich deshalb durch Verschleppung der erwähnten Kostbarkeiten empfindlich zu rächen suchen. Eine andere Erklärung wüßte ich wenigstens nicht zu geben, man müßte denn eine sehr geheim gehaltene, weit verzweigte Verschwörung annehmen wollen, die sich im Besitze von Nachschlüsseln und anderen Diebeswerkzeugen befände und von diesen einen eben so geschickten als weit gehenden Gebrauch gemacht hätte. Hat man denn nichts Näheres über die vermißten Gegenstände in Erfahrung gebracht?"

„Daß es sich hier um kein Märchen, sondern um eine Thatsache handelt," nahm der Domcapitular abermals das Wort, „werden Sie schon nächster Tage durch die Bekanntmachung erfahren, welche in allen Regierungsorganen erscheinen soll. Ein näheres Verzeichniß der vermißten Gegenstände oder gar eine Beschreibung derselben wird man jedoch dieser Bekanntmachung nicht beifügen."

„Und doch will man ermitteln, wo sie geblieben sind?"

„Gewiß! Das Verschweigen gerade soll zu leichterer Ermittelnng verhelfen.“

„In der That,“ sprach der Graf lächelnd, „der Weg, welchen man einschlägt, um eine dunkele That zu entdecken, ist ganz so eigenthümlich, ja unbegreiflich, wie das Ereigniß selbst.“

„Im Gegentheil, ich finde, daß es von großer Klugheit zeugt,“ versetzte der Domcapitular.

„Und Ihre Beweise, Herr Oheim?“

„Ganz in der Stille, durch diplomatische Personen läßt die er=wähnte fürstliche Familie ein sehr genaues Verzeichniß nebst Beschrei=bung der auf so unerklärliche Weise abhanden gekommenen Schätze an sämmtliche Juweliere des In= und Auslandes vertheilen. Jeder muß an Eidesstatt unverbrüchliches Schweigen über diese heimliche Mittheilung geloben. Durch dieses Verfahren bleibt das große Publikum in völliger Unkenntniß. Niemand bekommt auch nur eine entfernte Ahnung von der Beschaffenheit der verschwundenen Gegen=stände, während Jeder Juwelier der größte wie der kleinste, ganz genau erfährt, wie die verloreuen Schätze aussahen, welche Kennzeichen sie hatten, wie sie sich ungefähr ausnehmen würden, falls der Zufall sie anders gestaltete oder beschädigte. Es ist mehr als wahrscheinlich, daß nach einiger Zeit, wenn Niemand mehr von dem Vorfalle spricht, irgendwo ein Theil, irgend ein einzelnes Stück jener Schätze auftaucht und dadurch ein Fingerzeig gegeben wird, der, immer still verfolgt, schließlich doch zur Entdeckung der Urheber, der Kobolde — wie Sie sagen — die jenes Verschwinden bewirkt haben mögen, führen muß.“

„Allerdings ein Ausweg, der einer Fuchsfalle ungemein ähnlich sieht,“ meinte Aurelio von Weckhausen. „Angenommen, es haben nicht Kobolde, sondern Menschen jenes Verschwinden bewerkstelligt, kann nicht der Schalksnarr Zufall eine beträchtliche Menge Unerfahre=ner in böse Verlegenheiten bringen?“

„Sie scheinen den eingeschlagenen Weg nicht zu billigen,“ sagte der Domcapitular.

„Warum nicht?“ versetzte der Graf. „Außerordentliche Vorfälle verlangen ungewöhnliche Mittel! Nur wird man sich vorzusehen haben, wenn man sich etwa in der Lage befindet, Juwelen und dergleichen einkaufen zu können. Mich freut es jetzt, daß ein von mir schon ein=geleiteter Handel nicht zu Stande gekommen ist.“

„Du wolltest Juwelen kaufen?" sagte Rosaura, den Gatten mit glänzenden Augen anblickend. „Von Simonides?"

„Er ist der zuverlässigste, kenntnißreichste und gewissenhafteste aller Juweliere, mit denen ich jemals in Verbindung gekommen bin," antwortete Aurelio. „Ich war bei ihm, um einen Tausch zu machen, und weil wir in ein längeres Gespräch verwickelt wurden, traf ich heute später hier ein. Ich würde sagen: leider konnten wir uns nicht einigen, während mir gegenwärtig die Zähigkeit des Mannes ganz angenehm ist." —

„Welche Steine wollten Sie umtauschen?" fragte der Domcapitular.

„Einige Sapphire und Opale, von denen ich Ihnen schon erzählte."

„Dieselben, welche Sie während Ihrer letzten Reise von den säumigen Schuldnern in Genua erhielten?"

„Mit denen das genuesische Haus den Rest seiner Schuld tilgte."

„Wie schade!" rief Rosaura. „Wer weiß, wie lange ich nun noch auf die versprochenen Ohrgehänge werde warten müssen!"

„Du mußt die unheimlichen Kobolde in dem Palast der namenlosen Fürstenfamilie für dieses schreckliche Unglück verantwortlich machen," sagte scherzend Aurelio. „Wer darf wagen, Juwelen einzuhandeln, zu tauschen, wenn vielleicht geraubte Steine bereits vielfach in Umlauf gesetzt worden sind? Zum Glück haben wir nicht so große Eile, und wenn wir unter Freunden weilen, die es nicht gar so genau nehmen, kannst Du Dir ja allenfalls mit dem alten Schmuck helfen. Er kleidet Dich so ehrwürdig, daß man Dich für eine Burgherrin alten Styls halten und bewundernd nicht die Schale, sondern den Kern betrachten wird, der Dir diese Würde verleiht."

Rosaura nahm den Scherz des geliebten Gatten zwar für das, was er sein sollte, ganz zufrieden aber war sie doch nicht damit. Auch wollte ihr die Weigerung Aurelio's, gegen alte Steine neue, modern geformte einzutauschen, doch gar zu vorsichtig erscheinen. Ein Mann von dem Range, der Stellung und dem Vermögen Weckhausen's, meinte die junge Frau, könne ungefährdet einen solchen Handel abschließen. Im Stillen ein wenig, aber unbemerkt schmollend, nahm sich Rosaura vor, mit Bitten nicht eher nachzulassen, bis Aurelio seine Bedenken überwinden und seinen Vorsatz doch noch zur Ausführung bringen würde.

Nach einigen Tagen ward die von Domcapitular Rütersen erwähnte Bekanntmachung wirklich veröffentlicht. Das Aufsehen, welches

dieselbe hervorrief, war allgemein und verbreitete sich wie ein Lauf=
feuer durch alle Schichten des Volkes. Ein großer Theil des Publi=
kums konnte natürlich nur momentan davon berührt und wohl auch
angeregt werden, da die Gegenstände, um deren Verschwinden es sich
handelte, dem eigentlichen Volke gar zu unerreichbar waren. Nur für
die Elite der Gesellschaft und für jene zweideutigen Zwitterpersonen,
die bald vom Glück, das ein günstiger Zufall ihnen entgegen bringt,
bald vom Schwindel leben, hatte der eigenthümliche Fall ein höheres
und bleibendes Interesse. Was die Juweliere davon hielten und wie
die Instruktionen lauteten, die man diesen wichtigen Leuten gegeben
hatte, blieb begreiflicher Weise allen ein Geheimniß.

Aurelio von Weckhausen lachte, so oft man die Angelegenheit er=
wähnte. Er behauptete, seine Annahme werde sich als richtig erweisen,
und der Verdacht der Entwendung dieser Schätze auf den unerreichbaren
Kobolden, die ja gewissermaßen mit zur Familie des fürstlichen Hau=
ses, wie das häufig vorkomme, gehören könnten, sitzen bleiben. Die
Hartnäckigkeit, mit welcher der Graf diese muntere Ansicht fest hielt
und immer von Neuem wieder vertheidigte, hätte beinahe eine Span=
nung zwischen ihm und dem Domcapitular herbeigeführt. Letzterer
glaubte wohl an Wunder göttlichen Ursprungs, Alles aber, was mehr
den Charakter geisterhaften Spukes an sich trug, war ihm von Grund
der Seele verhaßt. Deshalb wollte er es nicht einmal haben, daß
Jemand von Volksaberglauben sprach oder sich gar mit einer gewissen
Vorliebe diesem zuwandte.

„Es ist seltsam, lieber Graf,“ sprach er eines Tages, als das Ge=
spräch zufällig wieder auf diesen Vorfall kam, „daß Sie als besonnener
praktischer und klar denkender Mann von Geist sich an — erlauben
Sie mir den etwas stark klingenden Ausdruck — an solche Narren=
possen festklammern!“

„Haben Sie die Güte, verehrter Herr Oheim,“ versetzte Aurelio in
bester Laune, „mir eine natürliche Erklärung des Vorfalles zu geben,
und ich werde Ihnen mit Freuden beispringen.“

„Halten Sie das für so unmöglich?“

„Allerdings, denn bis jetzt hat es ja noch Niemand gelingen wollen,
das unbegreifliche Geheimniß aufzuklären.“

„Sagen Sie lieber, es hat noch Keiner den Muth gehabt, seine
wahre Meinung darüber auszusprechen!“

„Aus Furcht etwa, compromittirt zu werden, oder aus sonstigen Rücksichten?"

„Aus Vorsicht, dünkt mich."

„Sollten auch Sie diesen Muth nicht haben?"

„Unter vier Augen gewiß, vor der Welt nie!"

„O dann bitte ich dringend, Herr Oheim, was denken Sie von der Sache?"

„Ich bin überzeugt, daß ein großartiger Betrug dahinter steckt," fuhr der Domcapitular fort. „Es ist ermittelt, daß der regierende Fürst einen für nicht legitim erachteten Halbbruder vor längeren Jahren zu entfernen, Andere sagen, in die Verbannung zu schicken wußte und seitdem nie wieder mit ihm in Berührung kam. Dieser aus dynastischen Gründen Verstoßene hat sich später in morganatischer Ehe vermählt, aus welcher ein Sohn entsproß, der als einziger männlicher Erbe des fürstlichen Geschlechtes lebt. Einer uralten Familientradition zufolge gilt die Vermählung eines Sprößlings jenes Fürstenhauses nicht einmal für rite vollzogen, wenn die Braut am Tage ihrer Vermählung den Familienschmuck nicht trägt. Auch die kostbaren goldenen Tafelaufsätze dürfen bei dem Banquett nicht fehlen. Liegt nun im Hinblick auf diese Verhältnisse die Vermuthung nicht nahe, ja gewinnt sie nicht sogar an Wahrscheinlichkeit, daß der verbannte Fürst, um seinem eigenen Sohne die Rechte auf den Thron zu wahren, zu einem verzweifelten Mittel gegriffen hat?"

„Entwendung oder Raub setzen die Bestechung sehr einflußreicher Personen voraus," erwiderte Graf von Weckhausen, „eine solche Bestechung wäre aber im vorliegenden Falle nur dann denkbar, wenn deren Urheber über ungewöhnliche Mittel verfügen konnte. Verbannte, Verstoßene, Enterbte pflegen aber eher Mangel als Ueberfluß an den zur Ausführung solcher Pläne erforderlichen Mitteln zu haben. Und aus diesem Grunde bleibe ich bei meiner Theorie."

„Die Theorie eines Thoren!" rief unwillig der Domcapitular.

„Ich gehe noch weiter, verehrter Herr Oheim," fuhr Aurelio in übermüthigster Laune fort, „ich erkläre mich zu einer Wette bereit."

„Daß unsichtbare Geister die fürstlichen Schätze unvermerkt aus festverschlossenen Truhen entführen?"

„Auf das Wie kommt es nicht an," fuhr der Graf fort, „wenigstens kümmert mich das nicht bei der Wette, die ich Ihnen anbieten will. Ich behaupte, daß jenes Verschwinden von werthvollen Kostbarkeiten aus der Schatzkammer der Fürsten von X sich wiederholen wird, falls nicht in Bälde über das Verbleiben der bereits unsichtbar gewordenen Gegenstände etwas Bestimmtes ermittelt werden kann."

„Welche Tollheit!" sprach der Domcapitular. „Wüßte ich nicht, daß nur der Hang, eine absonderliche Meinung für sich allein zu haben, Sie zu einer so absurden Behauptung veranlaßt, ich wäre wahrhaftig im Stande, an Ihrer vollen Zurechnungsfähigkeit zu zweifeln."

„Von meinem körperlichen Wohlbefinden können Sie sich überzeugen, wenn Sie meinen Puls fühlen wollen," versetzte Aurelio, „und daß ich nicht an geistiger Ueberspanntheit leide, will ich Ihnen beweisen, wenn Sie mich auf die Probe zu stellen wünschen. Aber geben Sie Acht, ich behalte Recht, immer angenommen, daß der Schleier des Geheimnisses nicht gelichtet wird."

„Eine solche Wette halte ich für sündhaft," sagte Kütersen verdrießlich.

„Ich finde sie spaßhaft," versetzte der Graf, „und den Gegenstand ganz zum Wetten angethan, weil wir Beide gerade gar nichts wissen, der Eine also gerade so viel Recht hat oder haben kann, als der Andere. Wetten wir deshalb der bloßen Unterhaltung wegen! Wir sind ja nicht betheiligt, wir kennen nicht einmal die Namen der Personen, um die es sich handelt, wenigstens sind mir Name und Schauplatz ein verhülltes Bild von Sais."

Der Domcapitular wendete sich schweigend ab, da er dem Manne seiner Nichte, den er so hoch achtete, keine zu unfreundliche Antwort geben mochte.

„Ich mache Ihnen einen annehmbaren Vorschlag," fuhr Aurelio von Weckhausen fort: „Werden binnen einem Jahre die Urheber des unbegreiflichen Verschwindens der bewußten, uns jedoch unbekannten Schätze ermittelt und sind dies Menschen von Fleisch und Bein, so verzichte ich zu Gunsten der milden Stiftung für unvermählt gebliebene Töchter unbemittelter Beamten auf jenen Erbschaftsantheil, den Sie vor Abfassung des letzten Codicills zu Ihrem Testamente derselben bestimmt hatten. Tritt dagegen der von mir angedeutete Fall ein, so machen Sie sich anheischig, den alten Schmuck, welchen ich meiner lieben Rosaura schenkte, auf Ihre Kosten anders fassen zu lassen. Sie dürfen dies, weil man Juwelen, welche Sie einem Juwelier einhändigen, nicht so genau betrachten wird, wie von andern Personen überbrachte. Rosaura wünscht diese Fassung schon längst, ich weiß es, und ich bin

genöthigt, ihr diese kleine Freude zu versagen, weil ich eine unbezwing=
liche Scheu habe, mich von Juwelieren, von Menschen, welche Handel
in ganz gewöhnlichem Sinne treiben, wenn es ihnen gerade einfällt,
examiniren lassen zu müssen."

Die scherzhafte Art, wie der Graf diesen Vorschlag machte, versöhnte
den Domcapitular mit demselben. Es schien ihm nicht wahrscheinlich,
daß der von Aurelio für möglich gehaltene Fall sich ereignen könne.
Auf der andern Seite hatte man es ihm schon mehrmals verdacht, daß
er in einem Anfall von Verdruß der erwähnten Stiftung eine Schenkung
wieder entzog, die seine Nichte bei dem bekannten Reichthum des Grafen
recht gut entbehren konnte. Endlich hörte er die Stimme Rosaura's
im Nebenzimmer, die ihn jederzeit willfährig stimmte. Er mußte Aurelio
in Bezug auf Rosaura Recht geben, auch konnte er den Widerwillen
des Grafen gegen Ausfragen Unbefugter sehr wohl begreifen. Dies
Alles zusammengenommen brachte Rütersen auf andere Gedanken. Er
reichte Aurelio die Hand und sagte:

„Der jungen Gräfin zu Liebe will ich ausnahmsweise einmal Thor
mit Thoren sein. Ich nehme Ihre Wette an, Herr Neffe, aber halten
Sie nun auch die Augen offen, daß man Ihnen nicht etwa ein X für
ein U macht! Verlieren Sie, so sind Sie das Capital, das Ihrem der=
einstigen Erben zu Gute kommen sollte, gewiß und wahrhaftig los!"

„Und Sie, mein gnädigster Herr Oheim," bemerkte der Graf, „Sie
sollen, wenn ich gewinne, gewiß und wahrhaftig mir einen Schmuck ein=
händigen, wie ihn noch nie ein Mann seiner glücklichen Frau zum Ge=
schenk überbrachte."

V.

Ein Rechtsfall.

Rosaura, die sich in ihrem Zusammenleben mit Aurelio sehr glück=
lich fühlte, erfuhr nichts von diesem Abkommen. Der jungen, von
Hunderten beneideten Gräfin vergingen die Tage in immer gleicher
Heiterkeit und geselliger Zerstreuung. Der Graf selbst sah am liebsten
ebenfalls Gesellschaft um sich, und da er gegen seine Gewohnheit dies=
mal Monate lang daheim blieb, nur der Gesellschaft, seiner Frau und
dem Umgange mit den Musen lebend, so erweiterte sich der Kreis der

Gäste, welche in dem gräflichen Hause verkehrten, bedeutend. Dieses war überhaupt nach und nach der Mittelpunkt gesellschaftlicher Zusammenkünfte geworden, da es mehr Räumlichkeit darbot als die Wohnung des Domcapitulars. Auch besaß Rosaura in ihrer ausgesucht glänzenden Häuslichkeit eine größere Anziehungskraft für Einheimische und Fremde, als der unbeweibte, zwar höchst zuvorkommende, aber bisweilen doch etwas stumpf werdende Domcapitular.

In dieser Zeit schlossen sich dem engern Gesellschaftscirkel des Grafen von Weckhausen mehrere neue Mitglieder an, unter denen eins der aufgewecktesten und durch seine Stellung im Staate einflußreichsten der Obergerichtsrath Bornstein war. Durch Rütersen in das Haus seiner Nichte eingeführt, fand der Graf sehr bald Gefallen an diesem kenntnißreichen Manne. Bornstein unterhielt sich seinerseits wieder gern mit Aurelio, weil er ein scharfes Urtheil in ihm entdeckte. Die vielen Reisen des Grafen und dessen Kenntnisse von Ländern und Nationen machten längere Gespräche mit ihm zu belehrendem Genuß auch für höher Gebildete.

„Weshalb treten Sie nicht in den Staatsdienst, Herr Graf?" sagte eines Tages, wo man sich auf eine Discussion über politische Gegenstände tiefer eingelassen hatte, der Obergerichtsrath. „Es ist unrecht, daß Sie Ihr Pfund vergraben, anstatt zum Besten des Allgemeinen damit zu wuchern. Eine Ihren Fähigkeiten angemessene Carriere wäre Ihnen gewiß."

„Ich liebe die Unabhängigkeit über Alles," erwiderte Aurelio mit verbindlichem Lächeln, „und ich muß aus voller Ueberzeugung mit Marquis Posa ausrufen: Ich kann nicht Fürstendiener sein!"

„Das ist sehr edel von Ihnen gedacht, Herr Graf," warf Bornstein ein, „indeß ist man nicht eigentlich Diener, wenn man regiert. Man gewinnt durch scheinbare Unterordnung unter einen höher Gestellten Gewalt über diesen und gebietet eigentlich, wo man nur Wünschen nachzukommen vorgibt. Das aber ist eine Wirksamkeit, mit der sich auch der unabhängigste Charakter befreunden kann."

„Meine auswärtigen Geschäfte, meine Verbindungen die sich ohne großen Nachtheil für mich nicht würden lösen lassen, gestatten mir die Uebernahme eines Amtes durchaus nicht," meinte der Graf.

„Ich bedaure das," sagte der Obergerichtsrath, „namentlich auch deshalb, weil ich fürchte, Sie können uns eines Tages für immer verlassen."

„Unmöglich ist dies allerdings nicht," entgegnete Graf von Weck=
hausen. „Meine Frau bringt ohnehin fortwährend mit Bitten in mich,
ich solle sie doch endlich einmal mit nach Spanien nehmen. Lange,
das fühle ich, kann ich diesen Bitten nicht mehr widerstehen; sieht aber
Rosaura erst dies wunderbare Land, athmet sie die balsamische Luft von
Cadix und Malaga, dann wird es ihr schwer fallen, für immer von
dieser herrlichen Natur Abschied zu nehmen."

„In Geschäften zu reisen, auch wenn man eher das Bedürfniß nach
Ruhe als nach den Unregelmäßigkeiten eines unbequemen Lebens in
Gasthäusern fühlt, muß doch auch seine Unannehmlichkeiten haben,"
warf der Obergerichtsrath ein.

„Für nicht daran Gewöhnte ist es ohne Zweifel lästig," sagte
Amelio, „mich zerstreut und erfrischt es."

„Sie haben aber, wie der Herr Domcapitular einige Male an=
deutete, nicht selten auch Verdruß und sind bisweilen sogar harten Ver=
lusten ausgesetzt."

„Romantische Schattenschatten, die nur dazu beitragen, die Licht=
seiten eines von Aufregungen mannigfacher Art bewegten Lebens zu
erhöhen."

„Ist Ihnen die fürstliche Familie O* bekannt?" fragte der Ober=
gerichtsrath, von dem eigentlichen Gesprächsthema abspringend. „Sie
muß, wenn ich nicht irre, in der Nähe Ihrer Quecksilbergruben Be=
sitzungen haben."

„Diese Annahme beruht auf einer Verwechselung," versetzte der
Graf. „Die Herzoge von O** sind es, deren Ländereien mit meinen
Besitzungen grenzen."

„So, so, ich wußte das nicht," sagte Bornstein „Aber Sie kennen
die Fürsten von O*?"

„Nur dem Namen nach."

„Dann werden Sie demnächst Näheres von denselben hören und
sich wahrscheinlich mehr für sie interessiren, da ein Proceß höchst selt=
samer Art die Augen der ganzen gebildeten Welt auf dieses uralte
Fürstenhaus, dessen Stammbaum bis in die ersten Jahrhunderte der
christlichen Zeitrechnung hinaufreicht, auf sich ziehen dürfte."

„Ein Proceß? Kennen Sie die Veranlassung desselben?"

„Diese gerade ist es, die durch den Proceß an den Tag kommen soll."

„Man muß aber doch vorher wissen, weshalb man überhaupt einen
Proceß anfängt."

„Allerdings. Ein Gegenstand zum Streit ist auch vorhanden, oder richtiger, der Gegenstand, um den der Proceß angestellt werden soll, wird vermißt, und eben dies Nichtvorhandensein desselben treibt die beiden streitenden Parteien zu gerichtlicher Vermittelung."

„Das verstehe ich nicht," sagte Graf von Weckhausen. „Wie kann es vernünftigen Menschen einfallen, einen Proceß um etwas überhaupt nicht Vorhandenes zu beginnen! Das Gericht kann sich auf eine derartige, dem Tollhause entstammende Angelegenheit gar nicht einlassen."

„Sie werden sich der Aufforderung in den Zeitungen erinnern, Herr Graf," versetzte der Obergerichtsrath, „die vor einiger Zeit so großes Aufsehen machte. Jetzt hat man dieselbe wohl meistentheils schon wieder vergessen. Im Stillen jedoch stellte man fortwährend Nachforschungen an. Diese haben nun zwar zu keinem wirklichen Resultate geführt, aber doch so viele Indicien geliefert, daß eben die Einleitung eines Processes, den man gleichsam im Beisein des ganzen Publikums verhandelt, gerechtfertigt erscheint."

„Sollte dieser wunderliche Handel etwa mit dem Verschwinden gewisser Kostbarkeiten aus einem fürstlichen Schatze zusammenhängen?" versetzte Aurelio. „Mein Herr Oheim hat uns seiner Zeit recht interessante, wenn auch wenig glaubwürdige Details darüber mitgetheilt."

„Es ist dieselbe Angelegenheit," sprach Bornstein, „und ich glaubte, die Familie O*, welche den bekannten Verlust erlitten, sei dieselbe, deren Besitzungen mit den Ihrigen grenzen."

„Hat man denn etwas über die verschwundenen Schätze in Erfahrung gebracht?" sagte der Graf.

„Es liegt nichts vor, als der Brief eines Juweliers, der, wahrscheinlich aus Furcht, einer ganzen Reihe von Verhören sich unterwerfen zu müssen, seinen Namen verschwiegen hat."

„Und dieser Brief, was enthält er?"

„So viel man bis jetzt in Erfahrung gebracht hat, die Mittheilung, daß, mache man sich anheischig, nach dem Namen des Schreibers erwähnten Briefes keine weiteren Nachforschungen anzustellen, dieser den Schlüssel des Geheimnisses zu erhalten Aussicht habe."

Aurelio konnte sich eines satyrischen Lächelns nicht enthalten.

„Wenn dieser vorsichtige Mann kein Dieb ist, so würde ich vorschlagen, für ihn eine Stelle unter den Weltweisen offen zu halten."

„Der an die regierende Familie der Fürsten O* gerichtete Brief

dieses Unbekannten," fuhr der Obergerichtsrath Bornstein fort, „soll
so abgefaßt sein, daß daraus ersichtlich wird, der Verfasser desselben
müsse von dem Verbleiben jener Schätze Kenntniß haben. Ferner wird
behauptet, es sei höchst wahrscheinlich, daß die bloße Bekanntmachung
des Schreibens die Entdeckung des Geheimnisses fördern helfe. Die
processualische Verhandlung soll daher auch nichts Anderes bewirken,
als die Feststellung eines zu fassenden Entschlusses. Hat man sich über
diesen Entschluß geeinigt, so beginnt der eigentliche Proceß erst vor der
Welt."

„Nun in der That, das ist so neu als originell," sagte der Graf,
„und ich gestehe, daß ich höchst gespannt auf den Beschluß bin, welchen
die Kronjuristen des Fürsten von O* fassen werden. Dürfte noch
längere Zeit darüber vergehen?"

„In der nächsten Woche schon findet die entscheidende Berathung
statt."

„So werde ich meine Abreise noch um einige Tage länger ver-
schieben," sprach Aurelio. „Ich habe ohnehin, von meiner Frau hingehalten, diesmal schon weit über die gewöhnliche Zeit meine Geschäfte
vernachlässigt. Empfangen Sie meinen Dank für Ihre interessante
Mittheilung, die mich wie Alle, welche die Veranlassung kennen, in
wirklich ungewöhnliche Spannung versetzt."

Aurelio ließ sich nichts von dem merken, was zwischen ihm und dem
Obergerichtsrath verhandelt worden war. Rosaura hatte wahrscheinlich keine Kunde davon, auch der Domcapitular schien noch ununter-
richtet zu sein. Der alte Herr freute sich, daß der Graf wider Erwarten ihm so lange Gesellschaft geleistet hatte, und richtete, als dieser
ihm anzeigte, daß der Tag der Trennung nunmehr schnell heranrücke,
die Bitte an ihn, er möge diese Trennung möglichst abkürzen. Aurelio
versprach es und traf die nöthigen Vorkehrungen für seine Abreise.

Diese letzte kurze Zeit verbrachte Graf von Weckhausen fast aus-
schließlich mit Rosaura. Gesellschaft sah das gräfliche Ehepaar nicht
bei sich, auch machte es keine Besuche. Nur der Domcapitular kam
und ging nach alter Gewohnheit in dem Palais des reichen Mannes
seiner Nichte aus und ein.

„Sie werden Ihre Wette verlieren," sagte eines Mittags, als er
sich mit Aurelio allein sah, der Domcapitular zu dem Grafen. „Obergerichtsrath Bornstein hat mir so eben ein Billet geschrieben, worin er
mir die Mittheilung gemacht, daß der Beschluß der Kronjuristen der

Fürsten von O* Veröffentlichung des anonymen Briefes verlangt, von
dessen Vorhandensein Sie unterrichtet sind. Die Fürsten O* sind eben
jene Herrscherfamilie, deren Schatzkammer auf so unerklärliche Weise,
wie ich Ihnen erzählte, von unsichtbaren Händen geplündert wurde.
Kein Mensch zweifelt mehr, daß sich das sonderbare Verschwinden der
so außerordentlich werthvollen Kleinodien ganz natürlich erklären werde
und daß diejenigen, die sich zu diesem Taschenspielerkunststück verleiten
ließen, ihren verdienten Lohn erhalten."

Aurelio hatte lächelnd den Domcapitular aussprechen lassen. Jetzt
sagte er ihm Dank für seine Mittheilung, fügte aber hinzu, daß er
gleich anfangs vermuthet habe, nur den Fürsten O* könne jenes selt-
same Unglück zugestoßen sein. „Uebrigens," fuhr er fort, „bin ich jetzt
meiner Sache mehr als gewiß, und Sie werden sehen, daß Sie doch
verlieren!"

„Dann müßten Wunder geschehen!" rief der Domcapitular. „In
wenigen Tagen schon läuft der Brief des anonym gebliebenen
Juweliers durch alle Zeitungen, er wird Gemeingut Aller, und es kann
gar nicht fehlen, daß auf irgend eine Weise dadurch Thatsachen offenbar werden müssen, die das geheimnißvolle Verschwinden der vermißten
Schätze natürlich erklären."

„Wir werden ja sehen," sagte der Graf. „Uebrigens hält mich jetzt
nichts mehr hier fest. Den sonderbaren Brief, dem man solche Zauber-
kräfte zuschreibt, kann ich ja wohl überall lesen. Darum lasse ich mich
dem Herrn Obergerichtsrath Bornstein bestens empfehlen und ver-
abschiede mich gleichzeitig auch von Ihnen. Hören wir nicht früher
von einander, so geschieht es doch jedenfalls, sobald ich das Vergnügen
haben werde, Ihnen anzeigen zu können, daß ich meine Wette gewonnen habe."

Der Domcapitular überließ sich einem herzlichen Lachen über diese
tolldreiste Behauptung des zuversichtlichen Grafen, denn der Einsturz
des Himmels hatte eben so große Wahrscheinlichkeit für sich, als die
Behauptung Aurelio's, das Verschwinden noch anderer Kleinodien aus
dem Schatze der Fürsten von O* könne sich wiederholen.

VI.

Beunruhigende Entdeckungen.

Bald nach des Grafen Abreise erschien der anonyme Brief in allen Zeitungen von deſſen Bekanntwerden ſich die fürſtliche Familie von O* eine ſo große Wirkung verſprach. Er ward von Jedermann geleſen, von Vielen kritiſirt, von den Tiefſinnigſten gleich einem alten Codex oder einem Palimpſeſt ſtudirt. Und wirklich forderte das Schreiben ſowohl die Kritik wie den Scharfſinn der Denker heraus. Man mußte zwiſchen den Zeilen zu leſen verſtehen, wenn dieſe ganz allgemein ge= haltenen Wendungen den Schlüſſel zur Löſung eines Räthſels, dem man ſchon lange nachſpürte, enthalten ſollten. Fragen, welche Einer dem Andern über dieſen Brief vorlegte, wurden mit ſehr geheimniß= vollen Mienen beantwortet, weil Keiner geſtehen wollte, daß er gerade ſo klug ſei, wie zuvor.

Auch der Domcapitular gab eine ſehr vorſichtige Antwort, als der Obergerichtsrath Bornſtein ſeine Meinung zu hören wünſchte.

„Sie halten alſo dafür, daß gerade das Nachdenken über den Brief den gewünſchten Erfolg haben kann?" ſagte Letzterer auf die Antwort des alten Herrn.

„Mir ſcheint es ſo," erwiderte Rüterſen.

„Es iſt mir lieb, dies von Ihnen zu hören," fuhr Bornſtein fort. „Was mich betrifft, ſo pflichte ich Ihnen vollkommen bei, ja ich bin ſo= gar im Stande, Ihnen eine Entdeckung zu machen."

„Eine Entdeckung, die ſich auf die Wirkung des Briefes bezieht?"

„Ich kenne den Verfaſſer deſſelben."

„Wirklich? Und Sie dürfen ihn nennen?"

„Nur gewiſſen Perſonen, Herr Domcapitular."

„Zu denen ich gehöre?"

„Ich glaube, Sie werden es mir ſpäter Dank wiſſen?"

„Kenne ich ihn etwa?"

„Simonides hat den Brief geſchrieben."

Der Domcapitular ſah den Obergerichtsrath geraume Zeit ver= wundert an, dann ſagte er: „Glauben Sie denn wirklich, daß Simo= nides um das Verſchwinden der vermißten Schätze weiß?"

„Das wohl ſchwerlich, aber er hat einzelne Stücke derſelben ge= ſehen, ja ſogar in Händen gehabt."

„Gekauft? von wem?"

„Das ist eben noch ein Geheimniß. Simonides erhielt vor Monaten schon eine Zusendung von Edelsteinen, die von einem Schreiben ohne Namensunterschrift begleitet war. Die Edelsteine hatten einen hohen Werth, und der Juwelier war sehr geneigt, auf das Geschäft, das man ihm anbot, einzugehen. Nur die Anonymität des Einsenders machte ihn bedenklich. Indeß glaubte er bei einiger Vorsicht doch den Versuch einer Anknüpfung mit dem unbekannten Einsender machen zu dürfen. Der Brief enthielt einige Zeichen, deren Simonides sich bedienen sollte, wenn er die Absicht habe, die ihm angetragenen Juwelen durch Kauf zu erwerben. Ein Billet, mit diesen Zeichen versehen, sollte in eine leere Flasche gelegt und diese, fest verkorkt, in den Strom geworfen werden. Befolge Simonides — hieß es weiter — diesen Wink, so werde in nicht gar langer Zeit ein zuverlässiger Mann bei ihm erscheinen, sich durch Ueberreichung des von dem Juwelier herrührenden Billets als befugter Unterhändler ausweisen und das Geschäft mit ihm abschließen."

„Ging Simonides auf diese seltsamen Weisungen ein?"

„Gerade die Seltsamkeit reizte ihn," sagte der Obergerichtsrath. „Er sah keine Gefahr bei dem wunderlichen Handel, aber er fürchtete mit keinen ehrenwerthen Leuten in Verbindung zu kommen. Wie oft sind schon Juwelen entwendet worden, und wie unendlich schwer ist es, sind sie erst von Hand zu Hand gegangen, sie ihrem rechtmäßigen Eigenthümer wieder zu verschaffen! Simonides wollte sich deshalb sicher stellen, um nicht später einmal einer unredlichen Handlung geziehen werden zu können. Er wendete sich an mich und theilte mir vertrauensvoll die sonderbare Zumuthung mit, zugleich sich meine Ansicht darüber und meinen Rath erbittend. Auch die Edelsteine zeigte er mir. Es waren Smaragden von ungewöhnlicher Schönheit und einige wenige schlecht geschliffene, aber sehr werthvolle Diamanten. Seiner Behauptung nach mußten dieselben zu einem außerordentlich kostbaren Schmuck gehört haben, dem man sie entnommen hatte. Mich interessirte diese Mittheilung, ich behielt eine genaue Copie des Briefes und der Zeichen, und forderte Simonides auf, die Weisung buchstäblich zu vollziehen. Obwohl ich im Geheimen Anstalten traf, das ganze Flußufer in der Gegend, wo der Juwelier die Flasche den Wellen anvertrauen sollte, zu überwachen, wurde doch nichts Verdächtiges bemerkt."

„Hatte diese sonderbare Procedur Erfolg?" fragte der Domcapitular, der mit wachsender Spannung der Erzählung Bornstein's lauschte.

„Es vergingen mehrere Wochen, ohne daß irgend eine Nachfrage erfolgte," fuhr der Obergerichtsrath fort, „und Simonides glaubte schon, die Flasche mit seinem Zettel sei verloren gegangen. Da meldete sich Abends ein Mann bei ihm, der seiner Sprache wie seiner Gesichts= farbe nach südeuropäischer Abkunft zu sein schien, und legitimirte sich durch den Zettel, welchen der Juwelier in die Flasche legte."

„Haben Sie den Mann nicht festnehmen lassen?"

„Dazu hatte ich weder ein Recht noch eine Veranlassung. Simoni= des kaufte dem Fremden die Juwelen ab und bewahrte sie sorgfältig auf. Dieser schien erfreut zu sein, einen guten Handel gemacht zu haben, und versprach in einiger Zeit wieder zu kommen."

„Natürlich ist er ausgeblieben?" meinte der Domcapitular.

„Im Gegentheil, er stellte sich ein zweites Mal bei Simonides früher ein, als dieser es erwartet hatte. Ich wußte um den Fremden, denn der Juwelier hielt ihn beim ersten Besuche so lange fest, daß es mir möglich wurde, ihn beobachten zu lassen. Er hat sich zwischen diesem ersten und zweiten Besuche stets in unserer nächsten Nähe auf= gehalten. Sie selbst kennen ihn und haben mit ihm gesprochen."

„Ich.... mit Ihrem Unbekannten?"

„Es ist der Marchese Oruna."

„Das ist unmöglich!"

„Mitunter nennt er sich auch einfach blos Oruna und hat dann die Liebhaberei, als Tabuletkrämer das Volk und seine Sitten zu studiren."

„Der Marchese Oruna war ja dem Grafen von Weckhausen empfohlen," sagte der Domcapitular, „meine Nichte gab ihm zu Ehren eine Abendgesellschaft, der Sie nur deshalb nicht beiwohnten, weil Sie leider in Dienstangelegenheiten verreist waren. Sie sehen also, Ihre Behauptung beruht auf einem Irrthume!"

„Hat der Herr Graf von Weckhausen nicht neulich bei seiner Abreise einen neuen Bedienten engagirt?" warf der Obergerichtsrath ein.

„Es ward ihm schwer, einen tauglichen Mann aufzufinden, seit sein früherer sehr erfahrener Bediente, weil er das hiesige Klima nicht ver= tragen konnte, um die Erlaubniß bat, in seine schöne Heimath zurück= kehren zu dürfen."

„Der neue Bediente spricht gut Spanisch, nicht wahr?"

„Er ist ein geborener Catalonier."

„Schade, daß Sie den Mann nicht schärfer in's Auge gefaßt haben," sagte Bornstein; „Sie würden dann gefunden haben, daß er dem

Marchese Oruna ungemein ähnlich sieht, fast so ähnlich, als seien Beide nur eine einzige Person."

„Herr Obergerichtsrath," erwiderte jetzt der Domcapitular sehr ernst, „ich will nicht hoffen, daß Sie sich einen Scherz gegen mich erlauben; eben so wenig kann ich glauben, daß allen diesen Mittheilungen eine geheime Absicht zu Grunde liegt! Der Gatte meiner Nichte ist ein Mann von Ehre, den Sie ja selbst für den Staatsdienst zu gewinnen suchten. Sein Charakter steht tadellos da. Ein solcher Mann umgiebt sich nicht mit zweideutigen Subjecten."

„Tadellose Charaktere sind oft am leichtesten zu täuschen," versetzte Bornstein. „Ich bin fest überzeugt, daß Graf von Weckhausen, eben so wenig wie Sie selbst, eine Ahnung hat, wer eigentlich die Person ist, die sich als Bedienter von ihm hat engagiren lassen."

„Wenn Sie Ihrer Sache so gewiß sind, weshalb eröffneten Sie sich nicht dem Grafen?"

„Gewichtige Gründe ließen dies nicht zu," sprach Bornstein. „Der Marchese Oruna oder wer sich sonst hinter demselben verbergen mag, ist im besten Falle ein Abenteurer, ich glaube sogar, daß er eine noch gefährlichere Persönlichkeit ist. Es hat sich nämlich herausgestellt, daß die Smaragden, welche der vorgebliche Marchese dem Juwelier Simonides zum Kauf anbot, dem Diademe entnommen sind, das den regierenden Fürsten von O* gehört und das man nebst einer Menge anderer Kleinodien zuerst bei der Vermählung der Prinzessin vermißte. Auch die Diamanten gehören zu jenem verschwundenen Familienschmuck. Sie bildeten eine Rosette, die als Broche getragen ward."

„Diese Mittheilungen versetzen mich in die größte Unruhe," sagte der Domcapitular. „Sie müssen, wenn man in dem Bedienten des Grafen von Weckhausen einen Verbrecher entdecken sollte, diesen selbst höchlichst compromittiren."

„Diese Besorgniß vermag ich nicht zu theilen," erwiderte der Obergerichtsrath, „für mich liegen augenblicklich die Dinge weit einfacher, als es auf den ersten Anblick scheinen mag. Der Marchese — wir wollen ihn einstweilen so nennen — ist entweder ein ganz gewöhnlicher Betrüger, der nur durch größere Geschicklichkeit und durch die Gabe, sich in den besten Circeln leicht und sicher zu bewegen, Fremde für sich einzunehmen versteht oder er ist wirklich jener illegitime Erbe, welcher Ansprüche auf das Fürstenthum zu erheben ein Recht zu haben glaubt. Es mag ihm gelungen sein, sich durch Bestechung oder auf sonst eine

Weise in den Besitz der so wichtigen Schätze zu setzen; weil ihm aber
zugleich auch Alles daran gelegen sein mußte, unentdeckt zu bleiben, hat
er Zuflucht im Auslande gesucht und ist nun hier darauf bedacht, vorerst einen Theil der entführten Kleinodien zum Schein zu veräußern,
um, ist sein Streich gelungen, sie später wieder an sich zu bringen. Ich
vermuthe ferner, daß er sich hier nicht mehr für sicher hielt und daß er
deshalb die sich ihm darbietende Gelegenheit, in sein Vaterland uner-
kannt zurückkehren zu können, mit beiden Händen ergriff. In dem Bedienten des Grafen Aurelio von Weckhausen vermuthet Niemand einen
Marchese, vielweniger einen Prinzen, der sich mit dem Gedanken trägt,
dereinst die Stufen eines Thrones zu besteigen!"

„Man muß den Grafen unter der Hand doch benachrichtigen, wer
sein Begleiter ist," sagte der Domcapitular.

„Allzu große Eile dürfte dies nicht haben," meinte Bornstein. „Je
länger wir schweigen, desto leichter wiegt sich der angebliche Marchese
in Sicherheit, und das ist, was wir wünschen müssen. Höchst wahrscheinlich tauchen nach einiger Zeit andere Juwelen auf, die, wofür man
Sorge getragen hat, alle an Simonides ausgeliefert werden. Das
Verzeichniß und die Beschreibung der verschwundenen Schätze befindet
sich ja in den Händen aller Juweliere. Es kann also, da man bereits
einige Juwelen bestimmt ermittelt hat, nicht schwer fallen, noch andere
dazu gehörige ebenfalls zu sammeln. Um den Grafen drücken mich
andere Sorgen!"

„Ich bitte, sich offen gegen mich auszusprechen meiner Nichte
wegen!"

„Graf von Weckhausen ist reich, freigebig, ein Freund des Glanzes
und Luxus. Er hat seiner jungen Gemahlin zu wiederholten Malen
Versprechungen gemacht, die er eines Tages sicherlich hält. Wenn es
ihm nun einfallen sollte, von dem Marchese einige jener Juwelen, die
dem fürstlichen Schmucke entnommen sind zu kaufen..."

„Von seinem Bedienten?" unterbrach der Domcapitular den Gerichtsrath. „Ein Bedienter, der seinem Herrn Juwelen zum Käufe
anbietet, würde sich selbst zum Diebe stempeln!"

„Der Tabuletkrämer ist kein Bedienter mehr, es wäre ja aber auch
möglich, daß der Tabuletkrämer zum Landmanne, zum reichen Pächter
oder zum Chef eines renommirten Handlungshauses würde, das außer
andern Gegenständen auch Edelsteine zu verkaufen hätte."

„Sollte diese Bemerkung eine tiefere Bedeutung haben?“ fragte der Domcapitular.

„Der Herr Graf hat es mir mehr als einmal gestanden, daß Juwelen, überhaupt Kostbarkeiten seltener Art eine ungewöhnliche Anziehungskraft für ihn besitzen und daß vorzugsweise diese Liebhaberei ihn veranlaßt habe, von einem großen genuesischen Handlungshause ältere Schätze dieser Art an Zahlungsstatt anzunehmen.“

„Jenes Haus ist durch Erbschaft in den Besitz der erwähnten Schätze gekommen.“

„So sagt man, neuerdings jedoch haben sich Zweifel erhoben.“

„Gegen den rechtmäßigen Erwerb der Kleinodien des erwähnten Hauses?“

„Man weiß nur, daß der Chef desselben flüchtig geworden ist.“

„Das Haus stand lange schon auf schwachen Füßen, und gerade dies veranlaßte den Gemahl meiner Nichte, auf den ihm gemachten Vorschlag so bereitwillig einzugehen.“

„Der Herr Graf hätte doch vorsichtiger sein sollen, sagte der Obergerichtsrath. „Aber freilich, wie konnte der vornehme vertrauensvolle Mann wissen, daß man ihn betrog!“

„Betrog? Der Genuese betrog den Grafen?“

„Ich bitte, Herr Domcapitular, erfüllen Sie mir eine Bitte!“ sprach Bornstein mit größerm Ernste. „Es ist ein Freund, der zu Ihnen spricht!“

„Wenn ich es vermag, haben Sie über mich zu gebieten!“

„Sie haben ein Kästchen in Verwahrung, das die Gräfin von ihrem Gatten während seiner ersten Reise nach der Vermählung zum Geschenk erhielt. Das Kästchen ist von Ebenholz, trägt eine goldne Kugel mit Brillanten verziert und enthält einen uralten, kostbaren Schmuck.... Ich bitte vertrauen Sie mir dieses Kästchen an!...“

„Halten Sie es in meiner Behausung für weniger sicher, als in der Ihrigen?“

„Ich würde es Dritten in Verwahrung geben.“

„Dem Juwelier Simonides? Er kennt es bereits.“

„Unter Verschluß des Gerichtes, glaub' ich, wäre es noch besser aufbewahrt!“

Der Domcapitular fuhr entsetzt von seinem Stuhle auf, und die Bestürzung raubte ihm fast die Sprache.

„Was.... soll das...bedeuten?“ stammelte er.

„Nichtswürdige schlaue Betrüger haben den arglosen Grafen auf eine empörende Weise hintergangen und zu seinem größten Nachtheile dupirt," versetzte der Obergerichtsrath. „Zum Glück läßt sich aber Alles noch rechtzeitig wieder in Ordnung bringen. Der Graf ist reich, er wird also gern eine Summe opfern, um unnöthiges Aufsehen zu vermeiden. Jenes Kästchen ist geraubt, von ganz gemeinen Straßenräubern einer reisenden Herrscherfamilie gewaltsam entrissen worden. Simonides machte zuerst diese Entdeckung und setzte mich davon in Kenntniß, um Sie, Ihre Nichte und den Grafen in jeder Hinsicht zu schonen. Ich überzeugte mich von der Schuldlosigkeit des Letzteren und beschloß deshalb, eine schickliche Gelegenheit abzuwarten, um ihn einer höchst fatalen Lage zu entreißen. Die Zeit, zu sprechen, ist jetzt gekommen. Darum wiederhole ich meine Bitte. Man wird keine weiteren Nachforschungen anstellen, wenn das geraubte Kästchen der Familie wieder ausgeliefert wird und der Herr Graf durch einen Eid bekräftigt, daß er dasselbe von jenem genuesischen Hause an Zahlungsstatt erhalten, dessen Chef, betrügerischer Handlungen überführt, sich auf flüchtigen Fuß gesetzt hat, vielleicht aber auch in diesem Augenblicke schon in den Händen der Gerechtigkeit sich befindet."

Der Ernst des Obergerichtsrathes, die Wärme, mit welcher er sprach, mußten dem Domcapitular die Ueberzeugung beibringen, daß der Fall ernst sei und allzulanges Besinnen unberechenbare Nachtheile bringen könne.

„Sie haben mir noch nicht Alles mitgetheilt," sprach Nütersen sich nach Kräften fassend. „Jener Betrüger ist entdeckt, — der Graf selbst compromittirt.... Lieber Himmel, was soll aus meiner armen, nichts ahnenden Nichte werden!"

„Man verfolgt die Spur des wahrscheinlichen Verbrechers, der Viele in großes Leid bringen dürfte," erwiderte Bornstein. „Graf von Weckhausen ist bis jetzt noch frei von jedem Verdacht; nur das Kästchen mit den Juwelen könnte, entdeckte man es im Besitz des Grafen, ihn wenigstens in Unannehmlichkeiten verwickeln."

„Und wenn ich es Ihnen ausliefere.... ohne des Grafen, ohne meiner Nichte Wissen, von wem hat es dann das Gericht erhalten?"

„Ein Juwelendieb, der auf der That ertappt wird und bei dem eine Menge anderer derselben Familie angehörende Kostbarkeiten entdeckt, dürfte unschwer zu überführen sein, daß gerade dieser werthvollste

Raub ihm ebenfalls zugehört. Sollte er aber leugnen, nun, so glaubt man ihm nicht."

Noch zögerte der Domcapitular, unschlüssig, ob er das verhängniß= volle Kästchen, die erste werthvolle Liebesgabe Aurelio's an Rosaura, dem Obergerichtsrath einhändigen sollte. Während er nachdenkend das Zimmer durchwandelte, klang die Glocke an der Thür des Corridor's. Der Domcapitular blieb stehen und horchte mit angehaltenem Athem.

„Es ist mein Diener, den ich bestellt habe," sagte Bornstein. „Er soll das Kästchen in Empfang nehmen. Bitte, zögern Sie nicht länger!"

Rütersen erschloß seufzend seinen Secretär und reichte dem Ober= richtsrath den alterthümlichen Familienschmuck. Dankend nahm ihn dieser entgegen.

„Sie versprechen, den Grafen in keiner Weise zu compromittiren?" fragte der Domcapitular.

„In keiner Weise, wenn er selbst nicht durch unzeitiges Prahlen die Gerichte herausfordert."

Die Glocke klang abermals, und ein Bedienter trat ein. Er trug einen Teller, auf dem ein Brief lag. Der Domcapitular winkte, den Teller auf ein Tabouret zu stellen, was der Bediente that, worauf er sich wieder entfernte.

„Ich werde Ihnen diesen Freundschaftsdienst nie vergessen," sprach der Domcapitular zu Bornstein, „und damit der Graf nicht etwa zu= fällig von dem hier während seiner Abwesenheit Vorgefallenen durch Zeitungsmittheilungen Kunde erhält, werde ich ihm noch heute davon unterrichten."

Der Obergerichtsrath, dessen Diener noch nicht angekommen war, billigte diese Vorsicht und empfahl sich, das Kästchen mit dem Ge= schmeide fest im Arme haltend, von dem höchlichst beunruhigten alten Herrn.

* * *

VII.
Beunruhigende Nachrichten.

Nach Verlauf einiger Minuten erst gedachte der Domcapitular wie= der des Briefes. Er nahm ihn auf, um ihn zu öffnen, und erkannte die Schriftzüge des Grafen. Eine trübe Ahnung bemächtigte sich seiner, als er das Couvert erbrach. Das Schreiben war aus Frankreich ohne nähere Ortsangabe datirt und meldete dem Domcapitular zuerst die in sehr kurzer Zeit erfolgende Rückkehr Aurelio's und als Neuigkeit, die wahrscheinlich ihren Weg noch nicht zu dem verehrten Oheim gefunden haben werde, einen zweiten Besuch der unsichtbaren Kobolde in der Schatzkammer der Fürsten von O*. Am Schlusse des Briefes, den Rütersen mit schwimmenden Augen durchflog, war sogar ein Verzeichniß der Kostbarkeiten aufgeführt, welche bei diesem zweiten, so räthselhaften Eingriff in den Schatz verschwunden sein sollten. Scherzend fügte der Graf diesem Verzeichniß die Worte bei:

„Nun bitte ich Sie inständigst, verehrter Herr Oheim, lassen Sie sich um's Himmels willen nicht bereden, irgend etwas von seltenen Werthsachen zu kaufen! Kein Juwelier kann augenblicklich dafür einstehen, daß nicht irgend ein tückischer, schadenfroher Kobold ihn zum Besten hat und ihm Sachen zum Kauf anbietet, an denen ein Stückchen seines guten Namens hängen bleibt. Mir aber zahlen Sie Ihre verlorene Wette! Behändigen Sie unmittelbar nach Empfang dieser Zeilen das bewußte Kästchen dem Herrrn Simonides und tauschen Sie für den Inhalt desselben ein Geschmeide ein, an welchem meine geliebte Rosaura Freude hat, so lange sie lebt. Simonides ist der einzige Juwelier, dem Sie vertrauen dürfen. Ich selbst habe ihn eines Tages absichtlich auf die Probe gestellt, und er hat merkwürdig gut bestanden. Auf Wiedersehen!"

Diesem Briefe war ein duftendes Billet an Rosaura beigeschlossen.

Der Domcapitular wußte nicht, sollte er sich über diese Nachrichten Aurelio's freuen oder betrüben. Daß er alsbald zurückkommen werde, war ihm lieb, was er ihm aber von dem räthselhaften Verschwinden werthvoller Kleinodien aus dem Schatze der Fürsten von O* mittheilte, erfüllte ihn mit ernsten Besorgnissen. Glaubte er doch in den Worten des Grafen selbst die Befürchtung zu lesen, die angeblichen Kobolde möchten sich eines Tages unerwartet in sehr greifbare Wesen verwandeln. Nur so konnte er sich die allerdings scherzhaft gehaltene Warnung Aurelio's erklären. Was aber sollte er dem Grafen sagen, wenn dieser bei seiner Rückkunft das Geschmeide für Rosaura zu sehen wünschte? Es war anzunehmen, daß Aurelio von Weckhausen aufbrausen, in der ersten Aufregung vielleicht den Obergerichtsrath zur Rede setzen werde und damit gerade das, was durch Entfernung des offenbar geraubten Kästchens verhindert werden sollte, herbeiführen könne.

Gern hätte sich der geängstigte Rütersen seiner Nichte vertraut. Damit ward aber nichts gebessert, denn wer konnte wissen, ob Rosaura nicht aus Angst das Vorgefallene ihren Freundinnen ausplauderte? Er beschloß also vorläufig die Mittheilungen des, wie es schien, sehr heiter gestimmten Grafen geheim zu halten. Einigen Zeilen an seine Nichte legte er das Billet Aurelio's bei, indem er Rosaura ihn zu besuchen bat. Er schützte Unwohlsein vor, sonst — schrieb er — würde er lieber auf's Land kommen, als sie zu sich in die geräuschvolle Stadt einladen.

Rosaura ließ nicht lange auf sich warten. Freudiger als je begrüßte sie ihren Oheim, dem sie mittheilte, Aurelio wünsche Tags nach seiner Ankunft einige Freunde bei sich zu sehen. Sie schlug zur Bequemlichkeit des Oheims vor, diese kleine Gesellschaft wie früher im Hause des Domcapitulars zu empfangen.

Rütersen schien von dieser Mittheilung nicht sehr erfreut zu sein, was er Rosaura gegenüber durch Unwohlsein entschuldigte. Die fröhliche Nichte mußte ihm sodann die Namen der von Aurelio Bezeichneten nennen, unter denen der Obergerichtsrath Bornstein gleich obenan stand. Den Schluß der Verzeichneten machte Simonides.

„Der Juwelier?" sagte Rütersen. „Wie kommt der Graf dazu, diesen Mann unter seinen Gästen sehen zu wollen?"

„Wir sind ihm zu großem Dank verpflichtet, meint Aurelio," lautete Rosaura's Antwort. „Weshalb, kann ich auch nicht errathen."

„Wirst Du Aurelio's Weisung folgen?"

„Ohne Frage, gütigster Oheim! Die Freude wäre ja nur eine halbe, wenn er Einen der ausdrücklich Genannten vermißte."

„Wahrscheinlich will er Dir eine Ueberraschung durch Simonides bereiten lassen," sprach der Domcapitular. „Ich weiß, daß er zu verschiedenen Malen mit dem Juwelier verkehrte."

„In der ersten Zeit unserer Ehe, später nicht mehr," versetzte Rosaura. „Er war unzufrieden, weil Simonides bei jedem Geschäft kleinliche Pedanterie an den Tag legte. Aurelio hat mir wiederholt versichert, er halte jeden Edelstein für unächt oder für entwendet —"

„Entwendet?" unterbrach Rütersen seine Nichte. „Wie kann ein Geschäfts- und Handelsmann gegen einen Grafen solch beleidigende Aeußerung zu thun wagen!"

„Ich wunderte mich auch darüber," sagte Rosaura „Aurelio aber machte wenig Aufhebens davon. Die Juweliere seien ohne Ausnahme mißtrauische Leute, meinte er, nur gingen Andere nicht so überaus ver-

ſichtig zu Werke wie Simonides. Jch vermuthe, daß gerade dieſe über=
triebene Vorſicht die Veranlaſſung geworden iſt, weshalb Aurelio den
Mann eingeladen hat. Er wird ein Geſchäft, einen Tauſch mit ihm
abſchließen wollen, denn ohne Juwelen kömmt Aurelio von keiner Reiſe
zurück. Als Gaſt nun, von ſeinem Wirthe mit Aufmerkſamkeit behan=
delt, kann Simonides die ſcharfen Ecken ſeines mißtrauiſchen Weſens,
ohne beleidigend zu werden, nicht in ſchroffer Weiſe herauskehren.“

Rüterſen fand, daß die Gräfin Recht haben könne, und Roſaura
traf Anſtalten, Einladungskarten herumzuſenden. Alle Geladenen nah=
men an.

Der Domcapilutar erholte ſich von der Erſchütterung, die ihm theils
die Eröffnung Bornſtein’s, theils der Brief des Grafen verurſacht hatte,
und ſah Aurelio’s Rückkunft mit ziemlicher Ruhe entgegen. Da in=
zwiſchen nichts geſchah, was ihm auffällig hätte erſcheinen können, ſo
glaubte er, mit der Auslieferung des verfänglichen Schmuckkäſtchens,
ſei eine drohende Gefahr, die unter allen Umſtänden viel von ſich würde
reden gemacht haben, wäre ſie bekannt geworden, von ſeinem nächſten
Verwandten glücklich abgewendet. Jhm blieb nur noch übrig, einen
günſtigen Moment abzuwarten, um dem aufbrauſenden Grafen die
Nothwendigkeit ſeines Handelns klar zu machen.

So vergingen noch etwa acht Tage. Ein zweiter, direct an Roſaura
gerichteter Brief Aurelio’s war ebenfalls in munterer Laune geſchrieben
und enthielt am Schluſſe die lakoniſche Frage: „Hat der gütige Oheim
Wort gehalten?“

Roſaura verſtand dieſe Frage nicht und legte ſie deshalb dem Dom=
capitular vor, der doch darum wiſſen mußte.

Lächelnd erwiderte Rüterſen darauf: „Es iſt Alles auf’s Beſte be=
ſorgt. Beruhige Dich nur!“

Sich ſelbſt ſagte er, daß Graf von Weckhauſen mit dieſer Frage
nur den Umtauſch des alten Schmuckes in ein neues brillantes Ge=
ſchmeide für Roſaura gemeint haben könne.

VIII.

Eine entscheidende Unterredung.

Zur festgesetzten Stunde umarmte Aurelio seine von Glück und Jugend strahlende Gattin, um sich dann in Rosaura's Gesellschaft zum Domcapitular zu verfügen. Dieser empfing den Grafen ernster als sonst, erkundigte sich aber mit Theilnahme nach dessen Erlebnissen.

„Im Allgemeinen", gab Aurelio zur Antwort, „hat das Glück mich begünstigt. Die Ausbeute meiner Gruben hat sich sogar noch ergiebiger als in früheren Jahren erwiesen. Wenn die Personen, mit denen man nun einmal zu thun hat, nur etwas zuverlässiger und weniger arrogant wären! Ein paar Menschen, denen ich vorzugsweise mein Vertrauen schenkte, haben mich leider recht hämisch hintergangen, und so schwer es mir fiel, sie zu entfernen, mußte ich mich doch für immer von ihnen trennen.

„Hatten sie das ihnen geschenkte Vertrauen gemißbraucht?" fragte der Domcapitular.

„Auf die schmählichste Weise", fuhr der Graf fort. „Sie kennen mein langjähriges Verhältniß mit dem genuesischen Hause —"

„Das niemals zahlte?"

„Dasselbe! Mit Noth und Mühe glaubte ich endlich zu dem Meinigen gekommen zu sein —"

„Indem Sie Edelsteine, Gold und Silber an Zahlungsstatt annahmen."

„Alles, was werthvoll und verwerthbar war, gütigster Herr Oheim. Ich hatte natürlich Verluste dabei, nicht eigentlich, was den Werth der mir gelieferten alten und schadhaften Kostbarkeiten betraf, sondern weil deren Verwerthung stets mit Schwierigkeiten verbunden war. Der Eine wollte silberne Geräthe, wenn ich ihm nur goldene bieten konnte; der Andere mäkelte an den besten Steinen, ein Dritter zog deren Echtheit in Zweifel, ein Vierter endlich hatte gar Bedenken noch schlimmerer Art. Genug, ich war fest entschlossen, nach glücklich erfolgter Abwickelung mit dem mir unbequemen genuesischen Hause alle Verbindungen abzubrechen. Statt nun aber meinen Weisungen, die in diesem Falle doch als von mir ausgehende Befehle zu respectiren waren, pünktlich sich zu fügen, gewährt der eigensinnige Mensch dem Genuesen auf's Neue einen bedeutenden Credit, eine Eigenmächtigkeit, die mich in empfindliche Verluste bringen kann."

„Hat das Haus fallirt?"

„Das nicht, aber der Chef desselben ist heimlich entwichen, und nun bringe ich zu meinem größten Erstaunen in Erfahrung, daß überhaupt schon seit Jahren Unredlichkeiten mancherlei Art vorgekommen sind. Darüber erbittert, habe ich den Mann, der mir diese ärgerlichen Erfahrungen durch pünktlichen Gehorsam so leicht hätte ersparen können, abgelohnt und fortgeschickt."

„Sie können sich immer noch Glück wünschen, daß Sie zu rechter Zeit Kunde erhielten von dem Stande der Dinge," versetzte der Domcapitular. „Nicht Jeder kann sich solcher Gunst Fortuna's rühmen. In Ihrer Abwesenheit hat man hier ebenfalls eine Entdeckung gemacht, die noch böse Untersuchungen zur Folge haben wird."

„Hier?... In dieser Stadt?..." fragte Aurelio.

„Sie kennen den Brief, der, wie jetzt bekannt ist, in Sachen des Schatzes der Fürsten von O* die Runde durch alle Zeitungen machte."

„Ach ja," fiel Aurelio dem Domcapitular in's Wort. „Dieser Brief hat mich amusirt. Er war so gescheidt abgefaßt, daß ihn nur ein Allwissender oder Hexenmeister verstehen konnte."

„Halten Sie ihn für unecht?"

„Keineswegs, sein Verfasser ist aber jedenfalls ein Spaßvogel, welcher der leichtgläubigen Menge etwas aufbinden will."

„Ich las ihn auch," sagte der Domcapitular, „allein und mit Andern, und uns schien er Andeutungen von Wichtigkeit zu enthalten."

„Zum Beispiel?"

„Es wird aus denselben ersichtlich, daß diebische Hände den Schatz der Fürsten von O* heimlich zu öffnen verstanden."

Graf von Weckhausen lachte sehr heiter.

„Mein Brief, gütigster Oheim, und meine in die Form einer Bitte eingekleidete Bestellung haben Ihnen bereits gesagt," erwiderte er, „daß diese Vermuthungen grundlos sind. Meine Hypothese von den Kobolden, welche dem Fürstenhause zürnen, war richtiger. Sie hatten doch die Güte, meine Bitte zu beachten?"

Rüterfen sah jetzt dem Grafen scharf in's Auge. Aurelio behielt den lächelnden Zug bei, der den Ausdruck seiner Mienen verschönernd belebte.

„Wenn ich es nun nicht gethan hätte," fragte er den Grafen nach einer kleinen Weile, „würden Sie mir wohl für mein Zögern dankbar sein?"

Das Lächeln in Aurelio's Antlitz verlor sich und machte einem Schimmer von Traurigkeit Platz.

„Es würde mich meiner geliebten Rosaura wegen betrüben," versetzte er.

„Meine Nichte besitzt der Kostbarkeiten mehr als nöthig sind, um glücklich leben zu können," fuhr der Domcapitular fort. „Ein kluger Mann, welcher die Liebe seiner Gattin für das höchste Gut hält, das der Himmel ihm geschenkt hat, muß weise Maß zu halten verstehen und die Frau nicht durch zu reiche Geschenke verwöhnen. Weil es mir nun schien, als wäre es Ihnen unmöglich, dies Maß zu beobachten, habe ich Ihren Auftrag nicht vollzogen."

Aurelio's leise Betrübniß verwandelte sich, wie sein Mienenspiel verrieth, offenbar in Aerger. Er stand auf, stieß den Stuhl, der ihn getragen hatte, unsanft zurück, und sagte in fast unehrerbietig klingendem Tone zu Rütersen: „Dann will ich das Versäumte sogleich nachholen. Rosaura hat mein Wort zum Pfande und erwartet schon lange, daß ich es einlösen werde. Ich ersuche um Auslieferung des Kästchens mit dem alten Schmucke."

Ehe der Domcapitular auf diese sehr bestimmt ausgesprochene Forderung antworten konnte, überreichte ihm der eintretende Bediente ein Billet mit der Bemerkung:

„Von dem Herrn Obergerichtsrath Bornstein."

Rütersen stand jetzt ebenfalls auf, trat an's Fenster und öffnete es, ein Wort der Entschuldigung an den Grafen richtend. Während er die erhaltenen Zeilen durchlas, ward er sehr blaß. Sinnend faltete er das Billet wieder zusammen und kehrte zu seinem Sessel zurück. Er stützte sich auf die Lehne desselben und sagte dann mit Nachdruck: „Jenes Kästchen befindet sich nicht mehr in meiner Verwahrung. Ich ward von einem Freunde gebeten, es ihm zu überlassen."

Aurelio von Weckhausen erschrak sichtlich.

„Fürchteten Sie vielleicht man könnte bei Ihnen nachfragen, auf welche Weise Sie in den Besitz desselben gekommen seien?" sagte er übereilt

„Ich nicht, aber ein Freund von Ihnen fürchtete etwas der Art," versetzte der Domcapitular. „Es wird nöthig werden zu ermitteln, von wem das Kästchen herrührt und wer es Ihnen käuflich überließ."

Der Graf war offenbar unangenehm von dieser Mittheilung überrascht, er mußte sich indeß schnell zu fassen, und ohne die letzte Frage

Rüterfen's zu beantworten, sagte er: „Sie dürfen mir den Namen die=
ses Freundes nicht vorenthalten, theurer Herr Oheim. Jedenfalls
findet hier eine Verwechselung zweier Gegenstände statt, die einander
ähneln. Ich gestehe offen, daß ich eine solche Möglichkeit immer ge=
fürchtet habe und daß ich gerade deshalb einen Umtausch des Schmuk=
kes, welchen mein Geschenk an Rosaura birgt, schon seit längerer Zeit
wünschte. Ich muß also, wie Ihnen einleuchten wird, unsern ebenso
aufmerksamen als vorsichtigen Freund sogleich sprechen."

„Obergerichtsrath Bornstein wird gewiß sehr erfreut sein, Sie wie=
der zu sehen", meinte der Domcapitular.

„Bornstein?" wiederholte Aurelio nachdenklich. „Also Born=
stein! .... Ich hätte es vermuthen können! ...."

Darauf ward er plötzlich auffallend zerstreut, sprach noch kurze Zeit
über gleichgültige Dinge mit dem Oheim seiner Gattin, fragte wieder=
holt, ob auch sämmtliche Eingeladene bei dem morgenden freundschaft=
lichen Abendcirkel erscheinen würden, und empfahl sich endlich unter
einem Strom von Dankesworten, wie der Domcapitular sie noch nie
in so reicher Fülle von dem Grafen vernommen hatte.

Kaum sah sich Rüterfen allein, als er auch Befehl ertheilte, seinen
Wagen anspannen zu lassen. Das erhaltene Billet Bornstein's zu sich
steckend, fuhr er zu dem Obergerichtsrathe. Unterwegs gab er sich der
Hoffnung hin, er werde den Grafen bei Bornstein treffen. Aurelio
von Weckhausen hatte sich aber nicht daselbst sehen lassen. Die Unter=
redung des Domcapitulars mit dem Obergerichtsrath dauerte lange.
Sie endigte mit der Versicherung des Letzteren, daß alles Aufsehen ver=
mieden werden solle. Auf die Haltung des Grafen nur würde es an=
kommen, ob das Unerläßliche still vor sich gehen könnte, oder ob man
Gewalt werde brauchen müssen.

„Und meine Nichte?" rief der erschütterte Domcapitular. „Sie
hat keine Ahnung von dem, was ihr bevorsteht! .... Wer auch konnte
vermuthen, daß sich ein Verbrecher in diesem vollendeten Gentleman
verberge!"

„Die Gräfin ist vorbereitet", erwiderte Bornstein. „Uebrigens
fällt auf den Grafen der geringere Antheil an der Schuld. Er half das
Verbrechen nur fördern, er beging es nicht selbst. Der wirkliche Ver=
brecher ist jener Marchese Oruna, in dem sich, wie man ermittelt hat,
in der That der illegitime Erbe verbirgt, welcher Ansprüche auf den
Thron der Fürsten von O* erhebt. Gelang die kühne That — und

es fehlte wenig, sie wäre vollständig gelungen — so würde Graf von
Weckhausen als ein reicher Mann von seiner gewagten Vermittler- oder,
wenn Sie lieber wollen, von seiner zweideutigen Hehlerrolle zurückgetreten sein und völlig makellos in der Gesellschaft dagestanden haben."

„Ich bitte um Schonung meiner Nichte," bat Rütersen, als er den
Obergerichtsrath verließ. „Das Kästchen ist doch noch in Ihren Händen?"

„Gewiß," sagte Bornstein, dem erschütterten Greise die Hand drü-
ckend. „Und damit es in die Hände keines Unberufenen und Uneinge-
weihten komme, werde ich Sorge tragen, daß es dem Grafen zu rechter
Zeit wieder eingehändigt wird."

„Sie wollten? . . . . Können, dürfen Sie die Großmuth so weit
treiben? . . . ."

„Verlassen Sie sich ganz auf meine Vorkehrungen, Herr Domcapitular", fiel Bornstein ein. „Sie entsprechen vollkommen dem Ziele,
das wir erreichen müssen. Und da ich voraussetzen darf, daß auch der
Graf in dieser Stunde bereits von dem wahren Stande der Angelegenheit unterrichtet ist, wird er mich gewiß verstehen und sich meinen Anordnungen durchaus nicht widersetzen. Als Mann von Erziehung wird
er im Augenblick des Unglücks erkennen, was er dem guten Ton und
der Ehre seines Standes schuldig ist."

* * *

IX.

Das Ende.

Rosaura war früher als Aurelio auf ihren schönen Landsitz zurückgekehrt. Hier fand sich ein Schreiben Bornstein's vor, welches die
Anzeige enthielt, daß ihr Gatte in Folge eingetretener Umstände wahrscheinlich spät, vielleicht auch gar nicht die Stadt werde verlassen können. Eine plötzlich eingetretene Trauerbotschaft aus seinen fernen Besitzungen fordere ein längeres Verweilen des Grafen, um sogleich die
nöthigen Weisungen zu geben. Bornstein fügte hinzu, Graf von Weckhausen habe ihn als Freund gebeten, der Gräfin diese Mittheilung zu
machen.

Zwar wunderte sich Rosaura über diese Nachricht, besonders auffällig erschien sie ihr jedoch nicht. Sie kannte die intime Verbindung ihres Gatten mit dem Obergerichtsrathe und vermuthete deshalb, Aurelio werde den Rath, wo nicht die Vermittelung des Freundes bedurft haben, um etwaigen Verlusten in Zeiten vorzubeugen.

Sehr erfreut war die Gräfin, als Aurelio kurz vor Mitternacht noch seine Behausung betrat, nur sein Aussehen flößte ihr Schrecken ein. Es mußte ihm in der That etwas Entsetzliches zugestoßen sein, sonst hätte der blühende Mann, den sie nur froh und glücklich zu sehen gewohnt war, sich innerhalb weniger Stunden nicht so auffallend verwandeln können.

„Entdecke mir Dein Leid, Aurelio“, flehte Rosaura mit schmeichelndem Liebestone. „Es wird Dir leichter werden, wenn Du Deinen Schmerz, Deinen Kummer mit mir theilst!“

„Morgen sollst Du Alles erfahren,“ erwiderte der Niedergeschlagene. „Morgen nach dem Souper.“

„Wäre es nicht besser, wir ließen absagen? Der Oheim würde gern dafür Sorge tragen.“

„Nein,“ sagte Aurelio fest. „Ich wünsche nicht, daß dieser Unfall, der meine Existenz gefährden kann, im Publikum bekannt wird. Die Nachricht hat mich, weil sie zu unerwartet kam, allerdings überrascht, bis morgen Abend jedoch habe ich mich wieder gefaßt und ich werde fest sein in meinen Entschließungen.“

„Kann Bornstein nichts für Dich thun? Er schreibt doch so liebreich, so theilnehmend über Deinen Unfall! Lies selbst.“

Rosaura reichte Aurelio das Billet des Obergerichtsrathes, der es zerstreut, mit irrenden Blicken überflog. Ohne Antwort gab er es dann der Gräfin wieder zurück.

„Du scheinst mit den Vor- oder Rathschlägen unseres Freundes nicht einverstanden zu sein,“ sagte Rosaura schüchtern.

„Doch, doch,“ erwiderte Graf von Weckhausen. „Er meint es sehr gut, denn er ist zum Entsetzen ehrlich! Nun aber laß uns zur Ruhe gehen! ... Der Schlaf wird mich erquicken, und über Nacht kommen mir wohl auch gute Gedanken! ...“

Rosaura, obwohl von dem seltsamen Wesen ihres Gatten beunruhigt, entschlief bald, Aurelio aber blieb wach. Er stellte sich schlafend, bis er sich überzeugt hatte, daß Rosaura fest entschlummert sei.

Darauf erhob er sich von seinem Lager und begab sich nach seinem Zimmer. Hier wühlte er geraume Zeit in Papieren, von denen er eins bei Seite legte. Dann öffnete er den eleganten Schrank, in welchem eine Menge werthvoller Gold= und Silbergeräthschaften aufbewahrt wurde, theils Geschenke, die das gräfliche Paar bei seiner Vermählung erhalten hatte, theils Gegenstände von denen, welche Aurelio von dem genuesischen Hause an Zahlungsstatt erhalten haben wollte. Unter diesen Werthsachen befand sich auch der kunstvoll gearbeitete Pokal, den der Domcapitular für ein Werk Benevenuto Cellini's oder eines seiner Schüler hielt

Aurelio nahm diesen Pokal, ergriff dann das Papier, öffnete es und rieb die starke goldene Höhlung so stark damit aus, daß es sich unter dem Druck seiner Finger fast ganz auflößte. Dann suchte er zum zweiten Male sein Lager auf, das er nicht eher, als am Morgen wieder verließ.

Rosaura's Antlitz überflog ein glückliches Lächeln, als sie Aurelio beim Erwachen dem äußeren Anschein nach ganz heiter erblickte. Nur in seinem Auge dämmerte bisweilen eine Wolke, die es vorübergehend trübte.

Von den beunruhigenden Mittheilungen war zwischen dem gräflichen Paar nicht die Rede. Rosaura schmückte sich mit Sorgfalt für die Abendgesellschaft bei ihrem Oheim und bestieg hoffnungsmuthig mit Aurelio den Wagen, welcher Beide nach der Stadt trug. —

Die nur aus wenigen Personen bestehende Gesellschaft war belebt, und der Graf von Weckhausen trug, wie man dies schon an ihm gewohnt war, viel bei zu deren Unterhaltung. Da er sich gewissermaßen als Wirth des Hauses betrachten durfte, übernahm er auch bereitwillig die Pflichten eines solchen.

Mit Bornstein wechselte Aurelio nur wenige Worte, desto öfter ruhten seine Blicke auf demselben. Dieser behandelte dafür Rosaura mit ausgesuchter Aufmerksamkeit, die man für gewöhnlich an dem sehr ruhigen Manne eher vermißte. Dem Grafen, dem diese Aufmerksamkeit nicht entging, entlockte sie nur ein Lächeln.

„Sie haben mir einen fatalen Streich gespielt, Herr Simonides," redete Aurelio den Juwelier an, als er mit demselben zusammentraf. „Ich werde Sie dafür strafen."

Simonides lächelte ebenfalls, sein Auge aber glitt düster und traurig von der vornehmen Erscheinung des Grafen auf die liebliche Rosaura, die wie eine Fee den Salon durchwandelte, und durch ihre Grazie und Liebenswürdigkeit Jeden bezauberte.

„Du haft etwas vergeffen, Geliebte," flüfterte der Graf feiner Gattin im Vorübergehen heimlich zu.

„Was könnte das fein?" entgegnete Rofaura.

„Der Pokal, der bei keinem frohen Mahle fehlen foll."

„Bitte, verzeihe mir!"

„Du warft zu befchäftigt und wohl auch zu aufgeregt, Theuerfte," fuhr der Graf fort. „Zum Glück dachte ich an den Becher und habe ihn mitgenommen. Du wirft ihn auf der Tafel wieder finden."

„Wie dank' ich Dir!" rief Rofaura froh bewegt und drückte Aurelio zärtlich die Hand.

„Wir wollen diefen Kelch, wie immer, wenn wir glücklich waren, zufammen leeren," fprach der Graf. „Wie er uns bindet, fo wird er das auf Momente mir untreu gewordene Glück uns auch wieder zurückführen."

Rofaura entfernte fich mit lächelndem Augenwink, da fie Bornftein herankommen fah.

„Ich habe mir erlaubt, Herr Graf," redete er Obergerichtsrath Aurelio an," noch einen Gaft Ihnen zuzuführen, einen Bekannten, der Ihnen zu Dank verpflichtet ift."

Der Graf verbeugte fich, ohne etwas zu erwidern.

„Sie werden erftaunt fein über diefe Bekanntfchaft," fuhr Bornftein fort, „Ich verfpreche aber, Ihnen jeden gewünfchten Auffchluß zu geben, das heißt, wenn Sie es für nöthig erachten follten."

Aurelio's Antwort beftand in einer abermaligen ftummen Verbeugung.

„Finden Sie nicht," ergriff der Obergerichtsrath von Neuem das Wort, „daß Herr Simonides in merkwürdig gedrückter Stimmung zu fein fcheiut?"

Aurelio verneinte.

„Ganz gewiß, er ift nicht heiter," betheuerte Bornftein. „Zufällig kenne ich auch den Grund feiner Verftimmung."

„Was wäre Ihnen nicht bekannt!" fagte Graf von Weckhaufen.

„Ich weiß allerdings Manches, was Andern verborgen bleibt," fuhr der Obergerichtsrath fort, „doch halte ich dies für kein Verdienft. Es ift das natürliche Ergebniß der Stellung, die ich einnehme."

Er zog jetzt den Grafen mit fich in eine Fenfternifche, und hier ihn fefthaltend, fagte er fchnell:

„Man hat bei dem Juwelier in aller Stille vergangene Nacht Haussuchung gehalten...."

Aurelio war ungeduldig. Er wollte gehen, Bornstein aber legte seinen Arm in den des Grafen.

„Die Diamanten und andern Edelsteine aus dem Diadem der fürst= lichen Familie von O* sind zum Theil in den Besitz des Herrn Simo= nides übergegangen — Der Mann, welcher sie ihm zu Kauf und Tausch anbot, ist ein vornehmer Herr.... der Marchese...."

„Marchese Oruna!" meldete in diesem Augenblick der Bediente, die Flügelthür öffnend, und herein trat, von noch einem andern Herrn be= gleitet, der Genannte.

„Ach, Marchese Oruna!" wiederholte Bornstein. „Sie haben auf sich worten lassen."

Der Graf zitterte als das Auge des Marchese ihn traf.

Rosaura erschrak ebenfalls und ward bleich.

„Gnädige Gräfin," fuhr Bornstein fort, dem Begleiter des Mar= chese einen verhüllten Gegenstand abnehmend, „Sie erlauben, daß ich behülflich bin, den Grafen eines Versprechens zu entbinden, das ihn lange schon drückt. Sie erhielten eines Tages ein Kästchen von Eben= holz, in dem sich ein sehr alter Schmuck befand. Der Graf, welcher Sie mit diesem Geschenk überraschte, wollte den Schmuck mit einem modernen entweder vertauschen, oder ihn anders fassen lassen. Zu die= sem Behufe erhielt ihn Herr Simonides vor einiger Zeit. Leider hat sich nun aber ein Unglücksfall ereignet. Der Schmuck ist verschwun= den...."

„Verschwunden?...." rief mehr als eine Stimme.

Graf von Weckhausen trat in den glänzend erhellten Speisesaal, der jetzt von den Bedienten geöffnet wurde.

„Ja, verschwunden!" betheuerte Bornstein. „Das Verschwinden scheint eine eigenthümliche Eigenschaft dieses alten Schmuckes zu sein, denn schon einmal verschwand er anderswärts.... aus dem Schatze der Fürsten von O*...."

„Er ward geraubt?" rief Rosaura aus. „Und Aurelio...."

„Gnädige Frau Gräfin," fiel Bornstein der Erschrockenen in's Wort, „die Kobolde, welche bei jenem seltsamen Verschwinden thätig waren, hielten nicht reinen Mund. So ward es möglich, den verschwundenen Schatz zu entdecken. Aber seltsam, kaum ward er durch Simonides ermittelt, als der werthvolle Inhalt des Ihnen bekannten Kästchens sich verwandelte. Beweis genug, daß, wie der Herr Graf behauptete, Geisterhände bei dem Verschwinden thätig sein mußten."

Aurelio lehnte an der Tafel und ergriff wie spielend den goldenen Becher.

„Der Herr Graf mag sich von der Wahrheit meiner Worte über=zeugen", fuhr der Obergerichtsrath fort. „Der Marchese wird die Güte haben, das Kästchen vor ihm zu öffnen und zugleich die Bitte an ihn richten, den jetzigen Inhalt desselben brüderlich mit ihm zu theilen."

Auf einen Wink Aurelio's schenkte ein Diener ihm Wein in den alten Becher. Der Graf leerte den Pokal in einem Zuge. Gleichzeitig trat der Marchese an den Wankenden, der Deckel des Kästchens mit der Krone sprang auf, und da, wo sonst der Schmuck gelegen hatte, befan=den sich jetzt zwei Paar glänzende Handfesseln von Stahl....

Aurelio zuckte zusammen. Seine ausgestreckte Hand erfaßte den Deckel und drückte ihn wieder zu, ehe noch Einer der Anwesenden den Inhalt des Kästchens erblicken konnte. Dann ward er bleich, röchelte und sank unter krampfhaftem Zittern auf den nächsten Stuhl.

Der Domcapitular stand neben ihm. Noch einmal schlug er das Auge auf und flüsternd vernahm Rosaura's Oheim von dem Sterben=den die Worte:

„Ich habe....gefehlt!....Der Marchese....der illegtime Erbe des Fürstenthrones von O*....verleitete mich....Rosaura.... darf nichts erfahren......"

Nach einigen Athemzügen war Aurelio eine Leiche.

Marchese Oruna ward ohne Aufsehen abgeführt durch das sichere Geleit, das seiner in den Vorzimmern harrte. Die übrigen Anwesen=den waren zu sehr bestürzt, um sich den innern Zusammenhang des Geschehenen erklären zu können....Es hieß allgemein, Graf von Weck=hausen sei vor Schreck am Schlage gestorben. Man sagte, ein Todten=kopf mit brillantenem Schmuck habe in dem Kästchen gelegen, und Kopf und Schmuck habe der Graf gekannt....

Vom Marchese Oruna hörte man nichts mehr. Aurelio ward ohne Gepränge beerdigt und Rosaura reiste wenige Tage später in Beglei=tung ihres Oheims in's Ausland.